"十二五"职业教育国家规划教材
经全国职业教育教材审定委员会审定
广东省"十四五"职业教育规划教材
21世纪高等职业教育精品教材·财富管理专业

证券投资分析

Zhengquan Touzi Fenxi

（第四版）

刘旭东　赵红梅　主编

东北财经大学出版社
Dongbei University of Finance & Economics Press
大连

图书在版编目（CIP）数据

证券投资分析 / 刘旭东，赵红梅主编．—4版．—大连：东北财经大学出版社，2023.8（2024.8重印）

（21世纪高等职业教育精品教材·财富管理专业）

ISBN 978-7-5654-4899-7

Ⅰ.证…　Ⅱ.①刘…②赵…　Ⅲ.证券投资-投资分析-高等职业教育-教材　Ⅳ.F830.91

中国国家版本馆CIP数据核字（2023）第134268号

东北财经大学出版社出版

（大连市黑石礁尖山街217号　邮政编码　116025）

网　　　址：http://www.dufep.cn

读者信箱：dufep@dufe.edu.cn

大连图腾彩色印刷有限公司印刷　　东北财经大学出版社发行

幅面尺寸：185mm×260mm　　字数：387千字　　印张：17

2023年8月第4版　　　　　　　2024年8月第2次印刷

责任编辑：李丽娟　宋雪凌　　　　责任校对：张晓鹏

封面设计：张智波　　　　　　　　版式设计：原　皓

定价：45.00元

党的二十大报告提出，"健全资本市场功能，提高直接融资比重。"全面实行的股票发行注册制，给证券市场带来了根本性变化，给投资者带来了机遇与挑战。投资者在进行高收益与高风险并存的证券投资时，需要有专业的知识、较好的心理素质、正确的思维模式和严格的纪律约束。首先，投资者要分析自己的风险偏好，测试自己的风险承受能力；其次，要进行证券分析，选择适合的投资对象；再次，要了解证券交易技术，掌握证券操作方法；最后，需要构建投资组合，并采取正确的投资策略。投资者只有将投资看作一种职业行为，在实践中不断地学习和积累经验，才能提高自己的分析能力和判断力，才能在证券市场上获得成功。本书站在投资者的角度，按照证券投资分析的过程进行布局，重点对证券投资的基本分析和技术分析进行阐述。本次修订紧贴股市现状，反映市场热点，具有鲜明的时代特色。

本书主要有以下特点：

第一，以项目为导向，以工作任务为驱动。本书将证券投资分析化解为几个有相关性的项目，介绍证券投资分析的理论和方法。本书的结构体系以证券投资工作任务为驱动，适合高等职业教育的教学特点。

第二，体现岗、课、证融通。本教材编写过程中，以证券从业资格考试大纲为依据，以证券投资岗位操作流程为规范，以证券投资案例为分析蓝本，介绍了证券投资基本面分析、技术分析等理论，以及证券投资分析技巧，做到了岗、课、证三者融通。

第三，突出可操作性。本书在正文中穿插了大量的图表，用来说明技术方法的应用；使用了诸多实际案例，分析和验证技术方法的有效性，方便学生学习和模拟练习。

第四，配套微课等数字资源。每个项目都配套了微课等数字资源，增强了教材的可视性、可听性，使教材更加立体化。学生可以利用微课等资源进行自主学习，提高学习能力，增强学习效果。

第五，有机融入课程思政。为落实立德树人根本任务，每个项目的学习目标中设有"职业素养"目标，每个项目设置"行业视窗"专栏，聚焦行业及相关政策的最新发展情况，体现行业的新政策、新发展、新变化，引导学生关注国家宏观政策，树立正确的人生观、价值观，培养良好的职业道德和职业操守。

本书在编写过程中力求做到结构新颖，内容务实创新，努力将理论知识与股市现状结合起来。每个项目都附有学习目标、职业素养、微课堂、行业视窗、项目小结、过程考核、项目实训等环节，帮助学生了解各项目所学的主要内容，准确把握所学内容的重点、难点，加强理论与实践的结合，增强学生对金融投资理论的领悟，并且对学生进行课堂实训，有助于学生将所学的投资理论转化为投资技能。

本书由中山职业技术学院刘旭东教授、赵红梅教授任主编，中山职业技术学院王永胜讲师、内蒙古财经大学王妍副教授任副主编。本书共分七个项目，编写分工如下：项目一由刘旭东编写；项目二由王妍编写；项目三由赵红梅编写；项目四、项目五由王永胜编写；项目六、项目七由中山职业技术学院郁万荣副教授编写。本书由刘旭东负责组织编写、总纂；赵红梅统筹本书的课程思政。华泰证券中山营业部梁传宝投资顾问提供了部分案例并予以指导，为本书的编写做出了贡献。

本书在编写过程中，参考了大量相关资料和论著，并吸收了其中的一些研究成果，在此谨向所有文献作者致谢。

由于编写时间仓促，加之编者水平有限，书中难免有不尽如人意之处，敬请广大读者不吝赐教。

编　者

2023 年 8 月

项目一

证券投资分析认知

学习目标

职业知识：

1. 掌握证券投资的含义及原则；
2. 掌握证券投资的步骤；
3. 熟悉证券投资基本分析法的主要内容和基本程序；
4. 熟悉证券投资技术分析法的主要内容和基本程序；
5. 掌握证券风险的含义、类型及度量；
6. 掌握证券收益的含义、核算方法及度量。

职业能力：

1. 能了解证券公司的实际情况、组织机构及岗位，能使用证券公司的基本礼仪和服务用语；
2. 能运用证券投资基本分析法和技术分析法进行分析；
3. 能运用证券风险理论指导证券投资，度量证券投资的风险；
4. 能运用证券收益理论指导证券投资，度量证券投资的收益。

职业素养：

1. 通过学习证券投资知识，提高对我国资本市场的认识，增强资本市场的发展对经济发展重要性的认知；
2. 关注国家关于资本市场的重要改革举措，提升关心国事家事天下事的责任感；
3. 引导学生树立正确的投资价值观。

任务一   证券投资认知

中国资本市场发展的里程碑：科创板的诞生

科创板，英文是 Sci-Tech Innovation Board（STAR Market），是国家主席习近平于 2018 年 11 月 5 日在首届中国国际进口博览会开幕式上宣布设立的，是独立于现有主板市场的新设板块，我国在该板块内进行注册制试点。

设立科创板并试点注册制是提升服务科技创新企业能力、增强市场包容性、强化市场功能的一项资本市场重大改革举措。通过实行发行、交易、退市、投资者适当性、证券公司资本约束等新制度，引入中长期资金等配套措施，增量试点、循序渐进，新增资金与试点进展同步匹配，力争在科创板实现投融资平衡、一二级市场平衡、公司的新老股东利益平衡，并促进现有市场形成良好预期。2019 年 1 月 30 日，中国证监会发布《关于在上海证券交易所设立科创板并试点注册制的实施意见》；3 月 1 日，中国证监会发布《科创板首次公开发行股票注册管理办法（试行）》和《科创板上市公司持续监管办法（试行）》；6 月 13 日，科创板正式开板，首批公司于 7 月 22 日上市。

科创板诞生历程：

2018 年 11 月 5 日，国家主席习近平在首届中国国际进口博览会上提出，将在上交所设立科创板并试点注册制。

2018 年 12 月下旬，中央经济工作会议指出，要推动科创板及试点注册制尽快落地，中国证监会、上交所宣布科创板落地为 2019 年重点工作任务之首。

2019 年 1 月 23 日，中央全面深化改革委员会第六次会议审议通过科创板以及试点注册制的实施方案及意见。

2019 年 3 月 2 日，中国证监会、上交所正式发布并开始实施科创板"2+6"制度规则，内容包括中国证监会制定发布的两项部门规章和上交所制定发布的 6 项配套业务规则。

2019 年 3 月 18 日，上交所科创板股票发行上市审核系统正式开始接受发行人申请。当日，首批 9 家受理企业出炉。

2019 年 6 月 5 日，上交所科创板上市委员会召开第一次审议会议，审议通过微芯生物、天准科技、安集科技 3 家企业的上市申请。

2019 年 6 月 13 日，在陆家嘴论坛上，证监会主席易会满宣布，科创板正式开板。

2019 年 6 月 14 日，中国证监会同意华兴源创、睿创微纳首次公开发行股票注册。

2019 年 7 月 22 日，首批公司上市。

问题：为什么设立科创板？科创板与主板、中小板和创业板有什么区别？

分析提示：第一，设立科创板是完善中国资本市场的重要举措，是宏观经济从高速度向高质量发展、产业升级转型的必然选择，是增强产业核心竞争力的必然选择。第二，科创板试点注册制，在发行、交易、退市、投资者适当性、证券公司资本约束等新制度以及引入中长期资金等配套措施方面与主板、中小板都有区别。

知识准备

一、证券投资的含义

微课堂 1-1

证券投资认知

1. 投资的内涵

（1）投资的定义

投资是指投资者运用自己持有的资本，购买实际资产或金融资产，或取得这些资产的权利，目的是在一定时期内预期获得资产增值和一定收入[①]。

（2）投资的分类

第一，根据投资对象和内容的不同，可以将投资分为实物投资与金融投资。实物投资是指创办一个生产经营性实体，从事某种（些）产品（劳务）的生产经营活动，或者投资某些实际资产（如房地产、古董、字画、艺术品等）以期获利的行为；金融投资是指投资金融产品以期获利的行为，如投资银行和金融机构的储蓄产品、股票、债券、证券投资基金等。

第二，根据投资时间跨度的不同，可以将投资分为短期投资与长期投资。短期投资是指周期在 1 年或 1 年以内的投资，如购买 9 个月期的国债；长期投资是指周期超过 1 年的投资，如投资创办一家企业，其投资的回收周期一般比较长。

第三，根据投资收益固定与否，可以将投资分为固定收益投资与非固定收益投资。投资的目的是获得收益，但不同投资方式的收益是不同的。有的投资可以获得固定收益，如国债，这种投资即固定收益投资；有的投资的收益是不固定的，如股票，这种投资即非固定收益投资。

2. 证券投资的内涵

（1）证券投资的定义

知识链接 1-1

科创板与主板、中小板、创业板的区别

证券投资是指自然人、法人及其他社会团体通过买卖有价证券，借以获得收益的投资行为。证券投资是金融投资的重要形式，是社会储蓄向投资转换的重要途径，在优化资源配置、促进经济发展等方面发挥着越来越重要的作用。

（2）证券投资的要素

证券投资有 3 个基本要素，即收益、风险与时间。

第一，收益。任何证券投资都是为了实现资产的保值与增值，获得收益是实现这一目标的必然途径。一般来说，证券投资的收益包括利息、股息等经常性收益和由证券价格上涨所带来的资本利得两部分。

第二，风险。证券投资的风险是证券投资所获得的未来收益的不确定性。一般来说，风险与收益成正比，风险越大，收益越高，反之也成立。

第三，时间。无论是哪种证券投资，获得收益都必须经过一个时间跨度。不同的证

[①] 曹凤歧. 证券投资学 ［M］. 2 版. 北京：北京大学出版社，2000.

券品种，其时间跨度是不同的。债券一般都有还本期限，而股票没有还本期限。风险还与投资的时间跨度有关，一般来说，时间越长的投资，其风险越大，反之也成立。

拓展阅读 1-1 ▶▶▶   **证券投资与投机的区别**

　　本杰明·格雷厄姆给出的投资与投机的定义是："投资是指根据详尽的分析，作出本金安全和满意回报有保证的操作。不符合这一标准的操作就是投机。"他同时定义了投资与投机，强调了两者的本质区别。投资定义的核心是"安全性"，不符合投资标准的投机必然缺乏"安全性"。安全边际思想是格雷厄姆投资理论的中心思想。安全边际主要是指证券的市场价格低于其内在价值的差额。他提出："我们建议以'安全边际'这一概念为标准来区分投资业务和投机业务。"

　　证券的内在价值是更本质的东西，市场价格主要起"比较"作用，因此投资中"安全性"的真正来源是"价值"，投资的真正目标是"价值"。"价值投资"一词直观地表达了这种含义。投资的"本金安全和满意回报"是分享价值的结果。为了分享价值，先要寻找、发现价值，即进行"详尽的分析"。所以，投资是寻找并分享价值。投机是判断市场走势并采取相应行动，即看涨时做多，看跌时做空，实际上是与持相反观点并行动的人"对赌"。所以，投机是预判并下注于价格变动。

　　资料来源：张振乾. 证券投资与投机的区别［N］. 第一财经日报，2012-12-08.

二、证券投资的原则

1. 投资自主原则

　　投资者在从事股票投资时，要靠自己渊博的专业知识、智慧和经验去细致地分析和独立地判断股市行情，遵循投资自主原则，而不能感情用事。

2. 克制贪心原则

　　投资者投资股票的目的是获取收益，克制贪心是投资者必须遵循的原则。纵观世界股票交易市场，因贪心而陷入绝境的事例比比皆是。这里不妨举一个例子来说明贪婪所带来的后果，见知识链接 1-3。

知识链接 1-2

克制贪心原则

3. 分散投资原则

　　由于证券投资收益的不稳定性，投资者不能将资金全部投资于一种证券①。投资者应采取分散投资原则，以规避风险。

4. 收益和风险最佳组合原则

　　在证券投资中，收益和风险是相伴而生的一对矛盾。投资者在投资证券时，应该谨慎地处理好这一矛盾。一般来说，在风险一定的条件下，要尽可能使投资者收益最大化。这一原则要求投资者培养自己驾驭风险的能力，在证券买卖中尽力保护本金，以增加收益、减少风险。投资者应该切记："先避风险，再谈利润。"

---

　　① 相对于大资金而言。

▶▶▶

沃伦·爱德华·巴菲特（Warren Edward Buffett）于1930年8月30日出生于美国，他被誉为"当代最成功的投资者"。在历史上伟大的投资者中，巴菲特以其敏锐的业务评估技术引人注目。石油大王约翰·D.洛克菲勒、钢铁大王安德鲁·卡内基和软件大王比尔·盖茨都有一个共同特点，即他们的财富都来自一种产品或发明。而巴菲特却是一位纯粹的证券投资商，他从零开始，仅从事股票和企业投资，是20世纪世界大富豪之一。

从童年开始，巴菲特就有超乎年龄的谨慎，并具有敏锐的商业头脑。到高中毕业时（1947年），他靠勤劳和智慧积攒了6 000美元。在哥伦比亚大学学习期间，巴菲特师从投资大师格雷厄姆，逐渐接受了其"价值投资"理念（寻找市场价格远低于其内在价值的股票进行投资），并得到了格雷厄姆在哥伦比亚大学执教22年来给过的唯一的"A+"。

1956年5月，巴菲特成立了合伙公司——巴菲特有限公司，筹集到了105 000美元的资金，到1962年就增值到了720万美元。1962年，巴菲特入股伯克希尔（Berkshire）公司，并于1965年接管该公司。1970年，巴菲特成为伯克希尔公司董事会主席。1980年，伯克希尔公司股票卖到375美元/股；1987年，该公司股票涨到约4 000美元/股；1998年，涨到约80 000美元/股。巴菲特也因是该公司最大的股东而成为当时世界上第二富有的人，个人财富最高时曾达440亿美元。有人测算过，如果一位投资者在1956年把1万美元交给巴菲特投资，到2001年，他的财富将变成2.7亿美元。

巴菲特作为当今世界上最成功的投资者之一，证明了股票投资不是碰运气的游戏，而是一种合理的、具体的事业。他在经济和社会生活中都追求最高的权益资本收益率。巴菲特投资方法的驱动力来自资本的合理配置，为了达到这一目标，他在决策中把他的推理能力发挥到极致并在投资实践中不断提高。通过推理，巴菲特测算出了公司的内在价值，进而通过市场价格和内在价值的差异作出正确的投资决策。"巴菲特方法"没有超越大部分投资者可以理解的范围，投资者不必在公司估价方面拥有MBA（工商管理硕士）学历就能成功地运用它。

对那些追求财富的人来说，巴菲特提出了两条具体原则：第一，千万不要亏损；第二，千万不要忘记第一条原则。

资料来源：根据相关资料整理所得。

5.认真分析市场行情原则

投资者在从事股票投资时，应亲自了解市场的实际状况，分析市场的行情。报纸、广播及有关股票市场行情的报告都会提供有用的信息。通过学习，投资者可以掌握股票市场的实际情况。

▶▶▶

拓展阅读 1-3　　　　　　上海证券交易所编制行情日报表

上海证券交易所每天都编制行情日报表，每周都编制行情周报表，以供投资者分析时参考。每一天，各种股价变动的情况都不一致。根据各种股价变化的情况，可以判断整个市场的动向是否正常。现摘录上海证券交易所行情表中的有关内容，以说明怎样解读这类行情（如图1-1所示）。

委比	+27.47%		522
卖盘	5	51.32	244
	4	51.31	102
	3	51.30	163
	2	51.29	165
	1	51.28	15
买盘	1	51.27	936
	2	51.26	182
	3	51.25	56
	4	51.24	1
	5	51.23	36

在买盘51.20位置有 3133手 买单! 查看详细

最新	51.27	开盘	52.33
涨跌	-1.08	最高	52.50
涨幅	-2.06%	最低	51.17
振幅	2.54%	量比	0.53
总手	62.67万	换手	0.58%
金额	32.39亿	换手(实)	0.58%
市盈(静)	11.19	市盈(动)	6.11
总市值	9372亿	流通值	5554亿
涨停	57.59	跌停	47.12
外盘	27.45万	内盘	35.21万
市盈[TTM]	9.73	市净率	1.03
总股本	182.8亿		

图1-1　上海证券交易所行情表

行情表各栏中名称的含义：

最高价：指在某一特定时期内，某种股票在证券交易所交易市场成交的每股最高价格。

最低价：指在某一特定时期内，某种股票在证券交易所交易市场成交的每股最低价格。

开盘价：指某种股票在交易所开市后第一笔成交的每股价格。

收盘价：指在交易所每个营业日闭市前某种股票最后一次成交的每股价格。

涨跌：指某种股票当日收盘价与上一个交易日该股票收盘价相比后的增减数。正号表示价格较上一个交易日上涨，负号表示价格较上一个交易日下跌。

成交量：指某一特定时期内，在证券交易所交易市场成交的某种股票的数量，通常以某种股票成交股数表示。

金额：指某一特定时期内，在证券交易所交易市场成交的某种股票的金额，通常以元为单位。

总市值：指根据股票的股本乘以当日收盘价格计算的股票总金额，是描述股票市场规模的重要指标。

市盈率（又称本益比）：指在证券交易所上市的股票每股成交价格的平均数或实际成交价格与每股收益之比。

市盈率的比值越小，说明股票投资价值越大。它是国际通用的衡量股票投资价值的重要指标，但该指标也有其局限性。

从上述行情表中各栏的数字变化可以了解股市行情的变化。例如，一周来某种股票的最高价和最低价相差越大，说明该股票的交易越活跃，波动性越大；反之，则说明该股票行情平稳。如果开盘价高于收盘价，说明这种股票行情下跌，卖盘势强；反之，则行情看涨，买盘势强。如果与上日价差数额较大，说明该股票与上一个交易日相比价格变动较大；数额较小，则说明该股票盘档。成交量与成交额两栏受前几栏影响较大，如果前面几项变动较大，股市动荡过度，则成交量与成交额会相应上升。图1-1主要是为了便于投资者了解一周以来、一天以来、当天与上一个交易日相比股票行情的变化。一般来说，数额变化大，则说明该股票交易活跃，为热门股；数额变化小，则说明该股票交易平稳。分析股票市盈率可以使投资者判断出该股票价值的高低。一般来说，只有当发行公司盈利正常而稳定时，这个比率才具有估计其普通股价值的意义。在美国，一般公司股票的市盈率在10倍左右被认为是正常的。纵观世界股市，发达国家股票的市盈率为20倍左右，发展中国家股票的市盈率为50倍左右。当一家公司的股票市盈率大大超过其正常比率时，一方面说明投资者对该股票的价值保持乐观，另一方面说明该股票的市价过高。这种结果往往使投资者不敢购买这种股票，或抛出手中的这种股票。

对投资者来说，如果对上述行情比较熟悉，并且有一段时间的资料积累，则能对股票行情变化作出基本的分析，也等于投资者在股市投资或投机中有了一根拐杖。

资料来源：根据相关资料整理所得。

三、证券投资的步骤

1. 确定证券投资策略

确定证券投资策略是投资过程的第一步，涉及确定投资目标和可投资金的数量。由于证券投资属于风险投资，因此客观和合适的投资目标应当是在赚钱的同时，也承认可能发生的亏损。投资目标的确定应包含风险和收益两项内容。

2. 进行证券投资分析

作为投资过程的第二步，进行证券投资分析指对投资过程第一步所确定的金融资产类型中个别证券或证券组合具体特征的分析。证券投资分析的方法很多，大致可分为三类：第一类称为技术分析；第二类称为基本分析；第三类称为心理分析。

3.组建证券投资组合

组建证券投资组合是投资过程的第三步，涉及确定具体的投资资产和投资者的资金对各种资产的投资比例。在这里，投资者需要注意个别证券选择、投资时机选择和多元化3个问题。

4.投资组合的修正

投资组合的修正实际上就是定期重温前三步。随着时间的推移，当前持有的证券投资组合可能不再是最优组合了，投资者需要卖掉现有组合中的一些证券并购买一些新的证券以形成新的组合。这一决策主要取决于交易成本和修订组合后投资业绩改善的幅度。

5.投资组合业绩评估

这主要是定期评价投资的表现，其依据不仅包括投资回报率，还有投资者所承受的风险。通过评估，投资者可以发现现实与投资目标的偏差，寻找原因，反馈调整，最终使得投资达到预期目标。

------------▶▶▶

拓展阅读 1-4　　海富通精选证券投资基金的投资管理模式与投资管理程序

1.投资管理模式

通过对中外合资海富通基金管理公司投资管理模式的分析，我们看到，一家基金管理公司必须有IT平台与数据库，通过信息平台与数据库为股票分析师、债券分析师以及定量分析师提供研究资料。这3个方面的分析师进行行业研究与个股选择、债券市场研究和债券券种的选择、定量分析投资策略的研究，在这些研究的基础上提出基金产品要求和风险控制的要点。另外，策略分析师根据数据库的资料，从宏观经济研究以及资产配置策略方面提出基金产品要求和对风险控制的看法。最后由投资决策委员会通过投资决策程序、风险控制制度、战略资产配置的要求，委派基金经理对各方案进行优化，确定基金产品要求与风险控制措施，由集中交易室执行基金组合具体交易指令。在风险控制方面，有交易前的风险控制以及交易后的风险控制，最后进行业绩评估并反馈给分析师，对投资方案进行调整。数据库以及分析工具是投资组合管理的基础。海富通基金管理公司的投资管理模式如图1-2所示。

2.投资管理程序

定量分析师进行步骤一：市场实证分析，确定定价指标，分析个股定价指标水平，形成备选股票池I。具体方法是通过对中国股票市场的实证研究，寻找影响股票收益率持续跑赢整个市场的因素，确定股票分析决策支持系统的定价指标；然后分析所有A股市场股票（剔除PT股票）的相关定价指标水平，在考虑交易成本等因素对分析出的定价指标水平进行适当调整后，筛选出至少有一个定价指标低于行业、市场平均水平的股票，形成备选股票池I。

各类研究机构与分析师进行步骤二：盈利预测分析，以盈利预测为基础对备选股票池I进行筛选，筛选出盈利预测指标高于行业、市场平均水平的股票，形成备选股票池II。

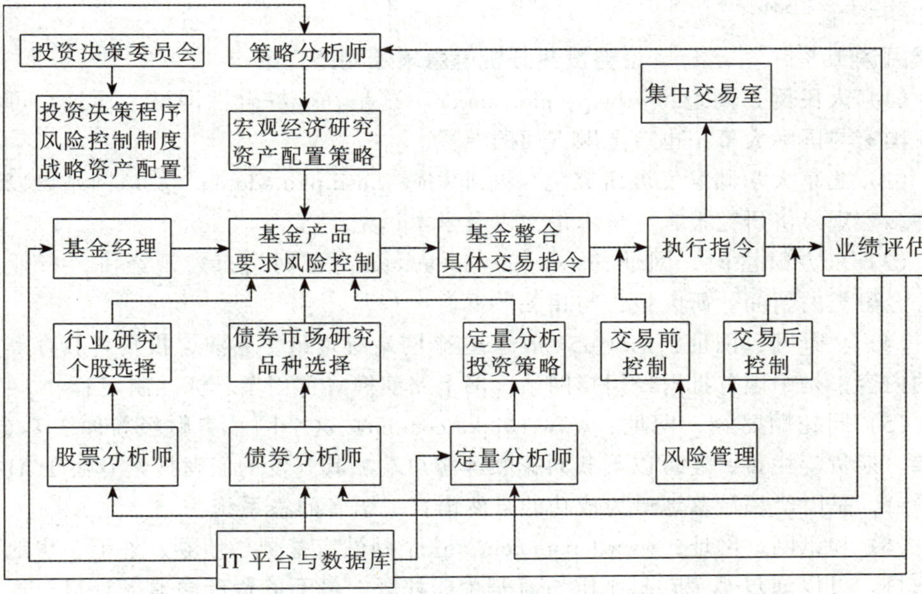

图1-2   海富通基金管理公司的投资管理模式

基金经理与分析师进行步骤三：对上市公司进行调研，掌握第一手资料。在此基础上，通过数据平台、研究机构和分析师的宏观经济及企业环境分析，对国内外经济、宏观政策、产业环境等对行业和企业的影响进行"自上而下"和"自下而上"相结合的分析，并进行风险识别，建立预测和估价模型，精选个股，形成重点关注股票池。

基金经理和分析师进行步骤四：对重点关注股票池进行限制性检验、流动性检验和组合风险度检验，剔除问题股票、流动性差的股票以及有操纵股价行为的股票。

基金经理和分析师进行步骤五：结合定价指标、盈利预测指标、市场调研深度分析以及限制性因素、流动性因素和组合风险度因素分析，拟订投资组合方案，制订买入、卖出操作方案，然后结合资产配置原则和市场风险分析，构建投资组合。

最后，基金经理将不间断地对上市公司进行跟踪分析，及时更新各公司的经营和财务数据，对盈利预测和估价模型进行调整和修正，研究拟订投资组合的调整方案，以便随时根据市场状况和资产配置策略的变化调整基金的投资组合。

资料来源：佚名. 海富通精选证券投资基金更新招募说明书摘要［EB/OL］.（2013-09-29）［2015-01-28］. http://stock.sohu.com/20130929/n387470793.shtml.

四、证券投资信息收集

1. 公开渠道

公开渠道主要是指各种报纸、杂志、出版物以及电视、广播、互联网等媒体，如《中国证券期货统计年鉴》、《中国经济年鉴》、《中国统计年鉴》、中国证监会网站、中国证券业协会网站、东方财富网、同花顺财经、和讯网、全景网、i问财等各类搜索引擎等。

拓展阅读 1-5　　　　　　　　证券投资分析信息来源网站介绍

（1）人民网，网址：www.people.com.cn。这是一个综合性网站，通过它可以了解国家与国际大事，也有金融方面的专栏。

（2）北京大学国家发展研究院，网址：www.nsd.pku.edu.cn。从该网站可以得到许多宏观经济研究报告、学术论文以及学术讨论稿等。

（3）东方财富网，网址：www.eastmoney.com。该网站有宏观经济、行业经济、金融类的新闻、研究报告与相关数据。

（4）全景网，网址：www.p5w.net。这个网站有资讯、路演、投资者教育等方面的内容，是中国首批财经门户网站，网上路演模式首创者、标准制定者。

（5）同花顺财经，网址：www.10jqka.com.cn。这个网站有财经新闻、基金、股票、期货等栏目，还可以下载同花顺等客户端。其开发的问财搜索专注于 AI 投顾平台，是财经领域落地最为成功的自然语言、语音问答系统。

（6）和讯网，网址：www.hexun.com。这个网站有基金、债券、外汇、房地产等栏目，可以通过基金栏目了解所有基金的评级、最新的资产净值等资料；通过债券栏目可以了解各交易所交易债券的剩余年限、到期收益率、久期与凸性以及收益率曲线。

（7）中国证券业协会网站，网址：www.sac.net.cn。从这个网站可以了解从业资格考试、从业资格认定信息等资讯。

（8）中国证券监督管理委员会网站，网址：www.csrc.gov.cn。通过这个网站可以了解最新的证券市场法律、法规和政策。

（9）上海证券交易所网站，网址：www.sse.com.cn。通过这个网站可以查询上交所上市公司、债券等相关信息。

（10）深圳证券交易所网站，网址：www.szse.cn。通过这个网站可以查询深交所上市公司、债券等相关信息。

（11）北京证券交易所网站，网址：www.bse.cn。通过这个网站可以查询北交所上市公司、债券等相关信息。

以上网站适合收集宏观经济分析、行业与公司财务分析资料。此外，各种行情软件的资料，各大证券公司网站、基金网站、投资咨询公司网站和市场比较贴近，很适合进行市场研究。

资料来源：根据相关资料整理。

2. 商业渠道

公开渠道的信息种类繁多，提供的信息量极为庞大，某些商业机构便对这些信息进行筛选、分类，使用者在支付一定费用后，可以利用这些经过整理的信息资料，从而节省时间，大大提高工作效率。这些信息资料包括会计公司、投资咨询公司、证券公司、银行、资信评估机构的有偿研究报告、信息数据库等。

3.实地访查

实地访查是获得证券分析信息的又一来源，它是指证券投资分析人员直接到有关的上市公司、证券交易所、政府部门等去实地了解进行证券分析所需要的信息资料。

4.其他渠道

这些渠道包括通过家庭成员、朋友、邻居等的介绍，通过到商场了解公司产品的畅销程度，通过调查上市公司的竞争对手等收集资料。

信息的收集、分类、整理和保存是进行证券投资分析的最基础工作，是进行证券投资分析的起点。分析人员最终所得出的分析结论的准确性除了与采用的分析方法和分析手段相关外，更重要的是其占有信息的广度和深度。

实践操作

一、证券投资行情

目前，供中国个人投资者选择的证券投资行情软件很多，同花顺证券行情软件即为其一。下面我们演示怎样进行同花顺行情软件的下载与安装。

1.登录同花顺行情软件官方网站 http：//www.10jqka.com.cn/，下载同花顺行情软件，如图1-3所示。

图1-3　下载同花顺行情软件界面

2.进行软件下载与安装，如图1-4所示。

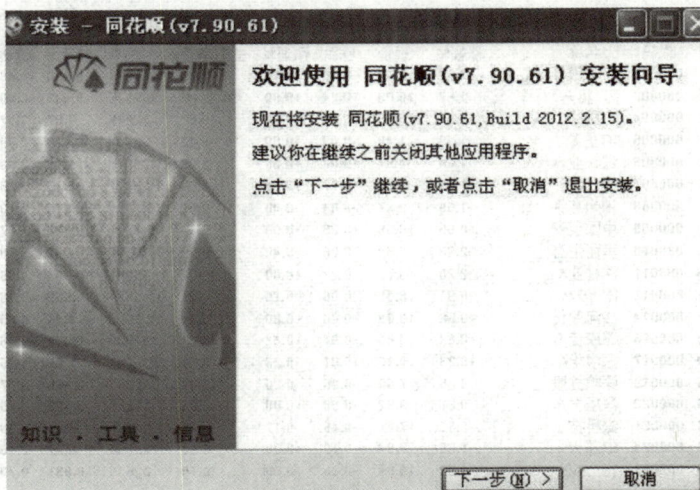

图1-4　同花顺行情软件的下载与安装

3.进行注册与登录，如图1-5所示。

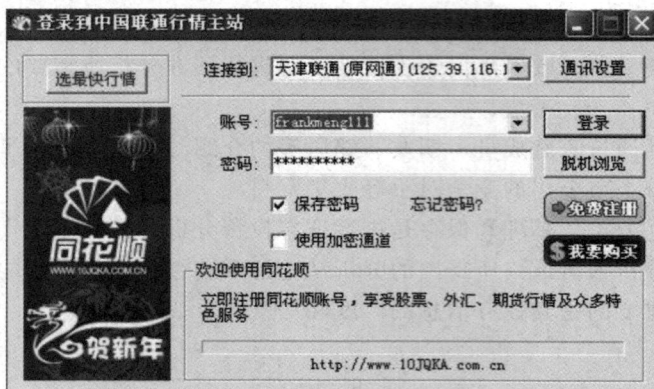

图1-5　同花顺行情软件的注册与登录

4.按小键盘1，回车，进入同花顺上海证券交易所A股行情界面，如图1-6所示。

	代码	名称	.	.	涨幅%	现价	涨跌	涨速%	主力净量	总手	换手%	量比
1	600000	浦发银行			-0.65	7.62	-0.05	+0.00	-0.01	55.00万	0.187	0.59
2	600004	白云机场			-0.28	14.31	-0.04	+0.00	-0.00	13.50万	0.571	0.78
3	600006	东风汽车			-2.50	5.86	-0.15	-0.17	-0.13	31.84万	1.59	0.70
4	600007	中国国贸			+0.91	18.89	+0.17	+0.11	-0.03	58918	0.585	0.62
5	600008	首创环保			-0.93	3.18	-0.03	-0.31	-0.08	72.09万	0.982	0.61
6	600009	上海机场			-1.17	49.12	-0.58	-0.02	-0.05	74675	0.388	0.73
7	600010	包钢股份			-1.61	1.83	-0.03	-0.54	-0.06	154.1万	0.489	0.59
8	600011	华能国际			+1.75	9.86	+0.17	+0.31	-0.01	76.84万	0.699	1.27
9	600012	皖通高速			+3.24	10.84	+0.34	+0.28	-0.05	19.22万	1.65	0.88
10	600015	华夏银行			-0.66	6.03	-0.04	+0.33	-0.02	42.41万	0.331	0.43
11	600016	民生银行			-1.45	4.09	-0.06	+0.00	-0.12	204.9万	0.578	0.33
12	600017	日照港			-1.19	3.31	-0.04	+0.00	-0.03	43.42万	1.41	0.40
13	600018	上港集团			+0.00	5.69	+0.00	-0.18	-0.01	23.78万	0.103	0.58
14	600019	宝钢股份			-3.27	6.51	-0.22	-0.31	-0.02	69.33万	0.317	0.62
15	600020	中原高速			+1.06	3.83	+0.04	-0.26	-0.08	33.83万	1.51	0.56
16	600021	上海电力			+2.70	11.40	+0.30	-0.18	0.02	121.3万	4.63	1.10
17	600022	山东钢铁			-1.28	1.54	-0.02	+0.00	-0.02	49.49万	0.463	0.48
18	600023	浙能电力			+2.77	4.82	+0.13	+0.00	0.04	105.0万	0.783	1.19
19	600025	华能水电			+0.67	7.53	+0.05	+0.00	0.01	43.87万	0.244	1.28

图1-6　同花顺上海证券交易所A股行情界面

5.按小键盘3，回车，进入深圳证券交易所A股行情界面，如图1-7所示。

	代码	名称	.	.	涨幅%	现价	涨跌	涨速%	主力净量	总手	换手%	量比
1	000001	平安银行			-1.79	12.62	-0.23	-0.16	-0.06	88.56万	0.456	0.49
2	000002	万 科A			-1.57	15.06	-0.24	+0.00	-0.08	46.95万	0.483	0.48
3	000004	ST国华			+0.47	10.66	+0.05	+0.38	-0.22	22275	1.87	0.57
4	000005	ST星源			-1.99	1.48	-0.03	+0.00	0.02	50694	0.479	0.39
5	000006	深振业A			-1.64	4.81	-0.08	+0.00	0.09	15.97万	1.18	0.63
6	000007	*ST全新			-1.66	4.15	-0.07	+0.48	-0.57	18.94万	6.13	3.83
7	000008	神州高铁			-1.59	2.47	-0.04	-0.40	-0.01	16.18万	0.615	0.43
8	000009	中国宝安			+0.55	10.89	+0.06	+0.03	0.03	18.47万	0.724	0.87
9	000010	美丽生态			-2.33	2.52	-0.06	-0.40	0.09	78852	1.51	0.89
10	000011	深物业A			-2.20	9.77	-0.22	+0.00	-0.03	36991	0.703	0.66
11	000012	南 玻A			-0.91	6.52	-0.06	+0.15	-0.01	11.50万	0.588	0.68
12	000014	沙河股份			+0.56	10.69	+0.06	+0.00	-0.01	10.80万	4.46	0.63
13	000016	深康佳A			+0.84	4.83	+0.04	+0.42	-0.02	97030	0.608	0.86
14	000017	深中华A			+0.23	4.36	+0.01	-0.23	0.00	39162	1.29	1.25
15	000019	深粮控股			-0.65	7.68	-0.05	-0.26	-0.03	39953	0.960	0.77
16	000020	深华发A			-0.81	9.82	-0.08	+0.00	-0.05	10560	0.583	0.76
17	000021	深科技			-2.52	17.41	-0.45	+0.00	-0.49	128.7万	8.25	1.80
18	000023	ST深天			-1.68	7.04	-0.12	+0.29	-0.58	85590	6.17	2.10
19	000025	特 力A			-1.62	16.99	-0.28	-0.06	-0.10	32635	0.831	0.70

图1-7　同花顺深圳证券交易所A股行情界面

6.同花顺外汇即期行情报价界面如图1-8所示。

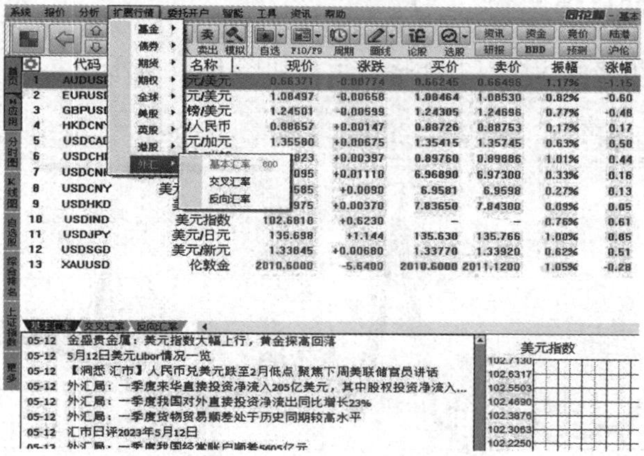

图1-8　同花顺外汇即期行情报价界面

7.同花顺封闭基金行情报价界面如图1-9所示。

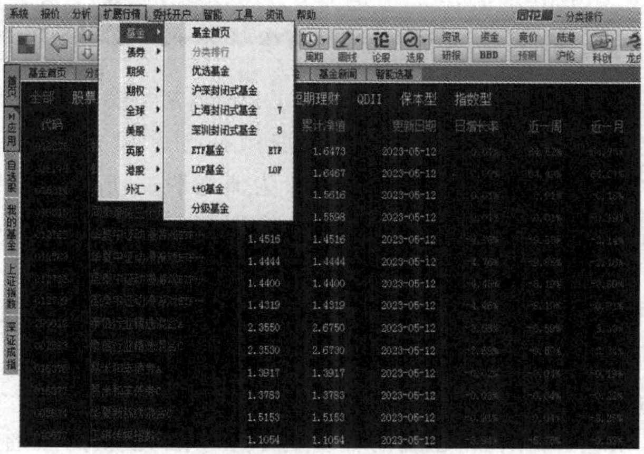

图1-9　同花顺封闭基金行情报价界面

8.同花顺债券行情报价界面如图1-10所示。

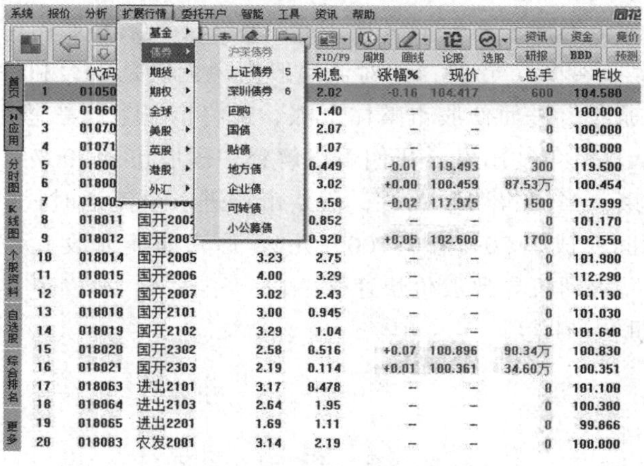

图1-10　同花顺债券行情报价界面

二、证券投资行情实例

1995年7月至2023年5月的上证指数走势如图1-11所示。

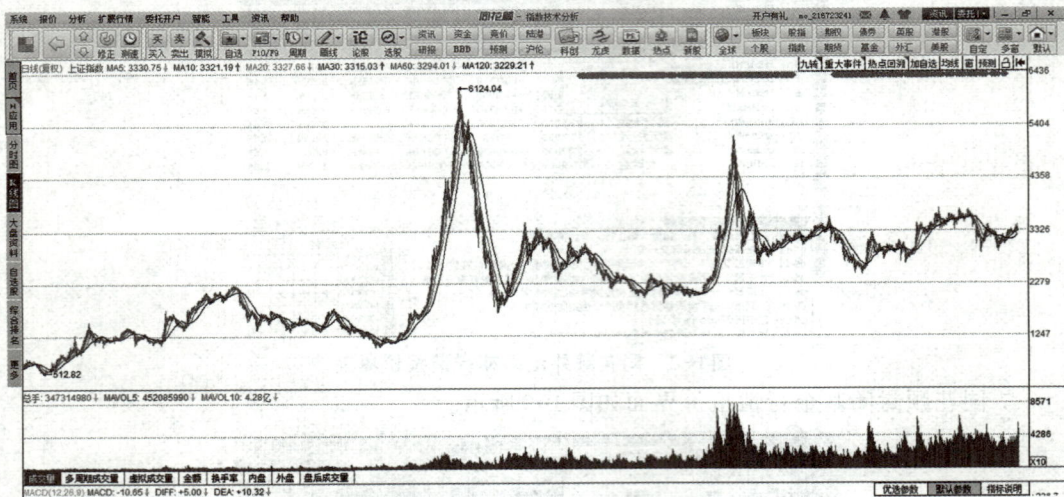

图1-11　上证指数走势图（1995年7月至2023年5月）

以中国股权分置改革为背景，假设中国股市初创，股票市场只有100股，每股1元。其中，50股为国有非流通股，剩下的50股为流通股，所以市场中股票总市值为100元。随着股市的发展，50股流通股出现了溢价，涨到5元/股，但非流通股仍为1元/股，这样算下来，市场中股票总市值为5×50+1×50=300（元）。

中国股市进行股权分置改革，解决同股不同权的问题，进入全流通时代。这意味着原来1元/股的非流通股现在如果变成流通股就会瞬间变成5元/股。

如果你是流通股股民，你同意吗？

根据超买超卖原理，原来1元/股的非流通股变成5元/股的流通股，非流通股股东产生强烈的抛售动机，导致股价下跌，原来5元/股的流通股股东遭受损失。解决的办法就是设定限售期，在限售期内，非流通股股东对原来的流通股股东进行补偿。假设非流通股股东对原来的流通股股东每股补偿2元，那么，在限售期内，原来5元/股的流通股可以获得2元补偿而变成7元/股，这对流通股来说无疑是重大利好，可以使资金追逐能够获得补偿的流通股，进而使股市整体上涨，最终市场上股票总市值可以涨到7×50+1×50=400（元）。从这个角度出发，我们可以解释中国股市从2007年开始大涨的原因。

事情还没有结束。当限售期结束后，股票市场进入全流通时代。股市市值从7×50+1×50=400（元）瞬间变成7×50+7×50=700（元），原来非流通股1元/股，现在变成7元/股，于是解禁后的抛售动机导致股价快速下跌。

资料来源：根据相关资料整理。

任务二　了解证券投资分析

理性"炒新"

2014 年 1 月，随着 IPO 重启，"炒新"再度成为市场关注的热点。投资者参与新股上市首日交易的热情高涨，投机行为颇为盛行。面对新股上市后不断攀升的价格，不少投资者忽视上市公司的基本面情况，盲目跟风炒作，结果高位被套，损失惨重。为此，泛欧贵金属专业人士多次提醒投资者要注意"炒新"风险。

上交所创新实验室对沪市 2006 年以来上市首日买入新股的收益率统计表明，上市首日买入新股的亏损账户中，个人投资者亏损比例较大。其中，持有市值不超过 10 万元的投资者在首日买入后 5 个交易日的亏损账户占 46.3%，平均亏损幅度为 5.4%；首日买入后 10 个交易日的亏损账户占 40.7%，平均亏损幅度为 5.4%。在个别新股上（如中国石油等），投资者的亏损比例达 99% 以上。

问题：如何防范"炒新"的风险？

分析提示：第一，坚持价值投资、理性投资理念，切忌盲目跟风。公司价值评估要综合考虑生产经营能力、财务数据、行业发展前景、市场近期状况等因素。第二，一定要及时关注证券交易所发布的风险提示和临时停牌公告，认清市场风险，避免盲目追捧新股造成损失。第三，有关研究表明，大量资金对小盘股的疯狂追逐已经使得我国小盘股估值在国际上处于畸高的水平。非理性的投资行为扭曲了股票价格，导致市场波动加剧、投资环境恶化，造成社会资源的极大浪费。

资料来源：佚名. 理性"炒新"［N］. 证券日报，2013-12-02.

知识准备

微课堂 1-2

了解证券投资
分析

一、证券投资分析的定义

证券投资分析是指人们通过各种专业分析方法对影响证券价值或价格的各种信息进行综合分析，以判断证券价值或价格及其变动的行为，一般分为基本分析法、技术分析法和现代证券组合理论分析方法等。以下仅介绍基本分析法和技术分析法。

二、基本分析法

基本分析法又称基本面分析法，是指证券投资分析人员根据经济学、金融学、财务管理学及投资学的基本原理，通过对决定证券投资价值及价格的基本要素（如宏观经济指标、经济政策走势、行业发展状况、产品市场状况、公司销售和财务状况等）的分析，评估证券的投资价值，判断证券的合理价位，从而提出相应的投资建议的一种方法。

基本分析法主要从宏观经济、行业、公司三个方面进行分析。基本分析法主要适用于选择长期投资的股票、相对成熟的市场——以业绩为投资取向的市场，以及预测精确度相对不高的领域。

三、技术分析法

技术分析法是仅从证券的市场行为来分析和预测证券价格未来趋势的方法。其中，证券的市场价格和成交量的变化、完成这些变化所需要的时间是市场行为最基本的表现形式。

技术分析法的理论基础是建立在以下三个假设基础之上的：市场的行为包含一切信息、价格沿趋势移动、历史会重演。技术分析法在我国适用于短期行情预测，要进行周期较长的行情预测必须结合其他分析方法。技术分析法的结论仅仅是一种建议，并且是以概率的形式出现的。

实践操作

程式化买卖计划系统案例

首先将一笔资金分成两半，用其中一半买入股票，如股价升了25%，就立即将这25%的利润了结，变成现金；相反，如果股价下跌了20%，就动用另一半现金买入市值为20%的同一种股票，像这样坚持下去，严格地执行这个程式化买卖计划。经过长期实战验证，此法优于捂股不放的做法。

举例说明，某人有20万元本金，留10万元现金，再用其余的10万元买进现价10元的某股1万股，若股价升至12.50元，即已赚取25%的利润，就立即卖出2 000股，即将2.5万元的利润变为现金，这时股票为8 000股（现价12.50元/每股），现金为12.5万元。其后股价跌至10元，即损失了市值20 000元，这时应动用现金买入2 000股，即增持20 000元的股票，现股票变为1万股（现价10元/每股），现金为10.5万元。

若买入股票一直持有，升升跌跌之后，股票为1万股（现价10元/每股），现金仍为10万元，上上下下，坐了一回电梯，一无所获。而如果采用程式化买卖计划，你的资本会越滚越大。

程式化买卖计划的操作要点：

（1）是否赚钱的关键在于能否长期地严格执行这个程式化买卖计划，长期坚持下去可以避免追涨杀跌，降低风险，增加利润。

（2）现金与股票最初的比例是1∶1，但慢慢地现金的比例就会越来越大，1年之后，你可以重新建立1∶1的比例，使资本增值得更快。

（3）上述例子中，上升25%就卖出，下跌20%就买入。实战中，投资者可自行确定上升和下跌的幅度，如上升20%时卖出，下跌15%时买入。

（4）运用这个计划，最好买入一部分绩优股。

（5）可以调整为股票占60%，现金占40%等。

资料来源：佚名. 程式化买卖计划系统案例［EB/OL］.［2014-01-28］. http://www.hexun.com.

任务三   证券投资风险与收益

任务导入

科创板独自狂飙后是否仍然具有赚钱效应？

2019 年是经济转型的关键之年，股市出现了"冰火两重天"的景象。一方面，主板大盘低迷，传统产业蓝筹股相继沉沦；另一方面，以科创板为代表的新兴产业股票大幅崛起。2019 年 6 月 13 日，科创板正式开板，首批 25 只公司股票于 2019 年 7 月 22 日上市，涨幅惊人，带来令人兴奋的赚钱效应。

问题：科创板独自狂飙后是否仍然具有投资价值？投资风险表现在哪些方面？

分析提示：第一，这是我国宏观经济从高速度向高质量发展的必然选择。第二，美国退出量化宽松带来一定的风险，并与以流动性紧张为特征的市场利空因素交织在一起。第三，科创板发行势必带来股票供应的增加，资金利率还会进一步上升，股市运行很可能仍受制于流动性偏紧的约束。第四，科创板将重点支持信息技术、高端装备、新材料、新能源等高新技术产业和战略性新兴产业，推动互联网、大数据、云计算、人工智能和制造业深度融合。

资料来源：根据相关资料整理。

知识准备

微课堂 1-3

证券投资风险
与收益

一、证券投资风险的定义

风险就是指遭受各种损失的可能性。证券投资风险则是指投资者难以取得预期收益或遭受各种损失的可能性。

二、证券投资风险的类型

证券投资的总风险可以分为两部分，即系统性风险和非系统性风险。

（1）系统性风险是指某种因素会给证券市场上所有证券都带来损失的可能性，如国家某项经济政策变化、有关法律的制定等，会影响整个证券市场价格。系统性风险源于市场风险、利率风险、购买力风险等。

（2）非系统性风险是指某些因素对单个证券造成损失的可能性，如市场对某公司的产品需求减少，就会造成该公司的证券价格和收益下降。非系统性风险源于经营风险、财务风险、违约风险等。

由此可见，系统性风险强调的是对整个证券市场所有证券的影响，而且这种风险通常难以回避和消除；非系统性风险强调的是对某一证券的个别影响，人们一般可以通过合理的投资组合来避免。

综上所述，股票投资风险的来源是多种多样的，不同的风险有不同的特点，从而对投资者产生不同的影响（如图1-12所示）。

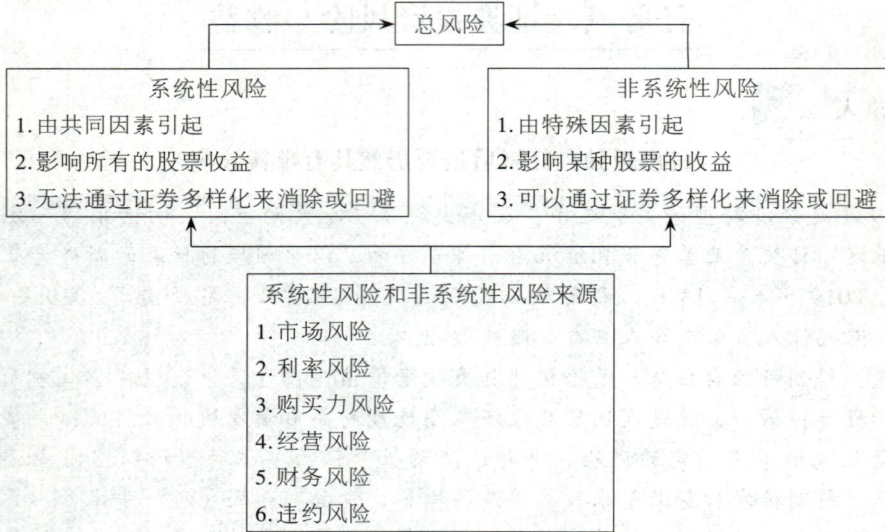

图1-12 总风险示意图

三、证券投资收益的定义

收益是指企业期间交易的已实现收入和相应费用之间的差额。证券投资收益是指证券投资所取得的利润、股利和债券利息等收入减去投资损失后的净收益。

四、证券投资收益构成

证券投资的目的在于获得一定的收益。下面主要介绍债券投资、股票投资的收益构成。

1. 债券投资的收益构成

债券投资的收益体现在两个方面：①债券投资可以获得固定的高于银行存款利率的利息，因为债券是投资者对债券发行单位进行的直接投资，省却了中间环节。②债券可以在流通市场上买卖，获得比一直持有到偿还期更高的收益。

2. 股票投资的收益构成

股票投资的收益由三部分组成：①股票增值。它视企业资产增加的程度和公司经营状况而定，具体体现为股票价格上升所带来的收益。②股息。它是以股票面额计算的相对稳定的收益，一般为面额的一个固定百分比。③红利。它一般是指普通股的收益，其发放视企业的经营状况而定。

实践操作

一、证券投资风险与收益模型

1. 单个证券收益和风险的衡量

证券投资的收益有两个来源，即股利收入（或利息收入）加上资本利得（或资本损失）。比如，在一定期间进行股票投资的收益率等于现金股利加上价格的变化，再除以初始价格。假设投资者购买了100元的股票，该股票向投资者支付7元现金股利。1年后，该股票的价格上涨到106元。这样，该股票的投资收益率是（7+6）÷100×100%＝13%。

证券投资单期的收益率可定义为：

$$R = \frac{D_t + (P_t - P_{t-1})}{P_{t-1}} \tag{1.1}$$

式中：R 是收益率；t 是特定的时间段；D_t 是第 t 期的现金股利（或利息收入）；P_t 是第 t 期的证券价格；P_{t-1} 是第 $t-1$ 期的证券价格。在式（1.1）的分子中，括号里的部分 $(P_t - P_{t-1})$ 代表该期间的资本利得或资本损失。

由于风险证券的收益不能事先确定，投资者只能估计各种可能发生的结果（事件）及每一种结果发生的可能性（概率），因而风险证券的收益率通常用统计学中的期望值来表示：

$$\overline{R} = \sum_{i=1}^{n} R_i P_i \tag{1.2}$$

式中：$\overline{R}$ 是预期收益率；R_i 是第 i 种可能的收益率；P_i 是收益率 R_i 发生的概率；n 是可能性的数目。

预期收益率描述了以概率为权数的平均收益率。实际发生的收益率与预期收益率的偏差越大，投资该证券的风险也就越大。

单个证券的风险通常用统计学中的方差或标准差来表示。标准差 σ 可用公式表示如下：

$$\sigma = \sqrt{\sum_{i=1}^{n} (R_i - \overline{R})^2 P_i} \tag{1.3}$$

标准差的直接含义是，当证券收益率服从正态分布时，2/3的收益率在 $\overline{R} \pm \sigma$ 范围内，95%的收益率在 $\overline{R} \pm 2\sigma$ 范围内。

2. 证券组合收益和风险的衡量

到目前为止，我们仅讨论了单项投资的风险和收益，但实际上，投资者很少把所有财富都投资在一种证券上，他们会构建一个证券组合。下面讨论证券组合收益和风险的衡量。

（1）双证券组合收益和风险的衡量

假设投资者不是将所有资产都投资于单个风险证券上，而是投资于两种风险证券，那么该风险证券组合的收益和风险应如何衡量呢？假设某投资者将其资金分别投资于风险证券 A 和 B，投资比重分别为 X_A 和 X_B，$X_A + X_B = 1$，则双证券组合的预期收益率 $\overline{R}_P$

等于单个证券预期收益率$\overline{R}_A$和$\overline{R}_B$以投资比重为权数的加权平均数，用公式表示为：

$$\overline{R}_P = X_A\overline{R}_A + X_B\overline{R}_B \tag{1.4}$$

由于两种证券的风险具有相互抵消的可能性，双证券组合的风险就不能简单地等于单个证券的风险以投资比重为权数的加权平均数，而是用收益率的方差$\sigma_P{}^2$表示，其公式为：

$$\sigma_P{}^2 = X_A{}^2\sigma_A{}^2 + X_B{}^2\sigma_B{}^2 + 2X_AX_B\sigma_{AB} \tag{1.5}$$

式中：σ_{AB}是证券A和B实际收益率和预期收益率离差之积的期望值，在统计学中称为协方差。

协方差可以用来衡量两种证券收益之间的互动性，其计算公式为：

$$\sigma_{AB} = \sum_{i=1}^{n}(R_{Ai} - \overline{R}_A)(R_{Bi} - \overline{R}_B)P_i \tag{1.6}$$

正的协方差表明两个变量朝同一方向变动，负的协方差表明两个变量朝相反方向变动。两种证券收益率的协方差衡量这两种证券一起变动的程度。

要表示两种证券收益变动之间的互动关系，除了协方差外，还可以用相关系数ρ_{AB}表示。两者的关系为：

$$\rho_{AB} = \sigma_{AB}/\sigma_A\sigma_B \tag{1.7}$$

相关系数的一个重要特征为其取值范围介于-1与$+1$之间，即$-1 \leqslant \rho_{AB} \leqslant +1$。

因此式（1.5）又可以写成：

$$\sigma_P{}^2 = X_A{}^2\sigma_A{}^2 + X_B{}^2\sigma_B{}^2 + 2X_AX_B\rho_{AB}\sigma_A\sigma_B \tag{1.8}$$

当取值为-1时，表示证券A和B收益完全负相关；当取值为$+1$时，表示证券A和B收益完全正相关；当取值为0时，表示证券A和B收益完全不相关。当$0 < \rho_{AB} < 1$时，表示正相关；当$-1 < \rho_{AB} < 0$时，表示负相关，如图1-13所示。

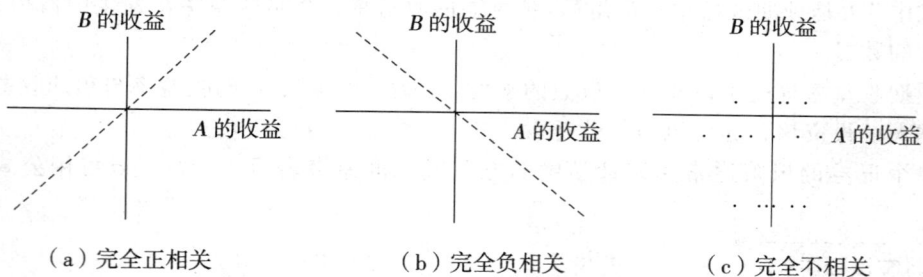

（a）完全正相关　　　　　　（b）完全负相关　　　　　　（c）完全不相关

图1-13　相关系数的3种典型情况

从式（1.5）至式（1.8）可以看出，当$\rho = 1$时，$\sigma_P = X_A\sigma_A + X_B\sigma_B$；当$\rho < 1$时，$\sigma_P < X_A\sigma_A + X_B\sigma_B$；当$\rho = -1$时，$\sigma_P = 1/2X_A\sigma_A - X_B\sigma_B1/2$。

从上面的分析可知，双证券组合的风险不仅取决于每种证券自身的风险（用方差或标准差表示），还取决于两种证券之间的互动性（用协方差或相关系数表示）。

为了更好地理解分散化对降低风险的作用，我们举个例子：假设市场上有A、B两种证券，其预期收益率分别为8%和13%，标准差分别为12%和20%。A、B两种证券的相关系数为0.3。某投资者决定用这两种证券组成投资组合。

根据式（1.4）和式（1.5），该证券组合的预期收益率和方差为：

$$\overline{R}_P = X_A\overline{R}_A + X_B\overline{R}_B$$

$$\sigma_P{}^2 = X_A{}^2 12\%^2 + X_B{}^2 20\%^2 + 2X_A X_B \times 0.3 \times 12\% \times 20\%$$
$$= 0.0144\, X_A{}^2 + 0.04\, X_B{}^2 + 0.0144 X_A X_B$$

（2）三种证券组合收益和风险的衡量

假设 X_1、X_2、X_3 分别为投资于证券1、证券2、证券3的投资百分比，$X_1 + X_2 + X_3 = 1$，$\overline{R}_1$、$\overline{R}_2$、$\overline{R}_3$ 为其预期收益率，σ_1^2、σ_2^2、σ_3^2 为方差，σ_{12}、σ_{13}、σ_{23} 为协方差，则三种证券组合的预期收益率 $\overline{R}_P$ 为：

$$\overline{R}_P = X_1 \overline{R}_1 + X_2 \overline{R}_2 + X_3 \overline{R}_3 \tag{1.9}$$

三种证券组合的风险为：

$$\sigma_P^2 = X_1^2 \sigma_1^2 + X_2^2 \sigma_2^2 + X_3^2 \sigma_3^2 + 2X_1 X_2 \sigma_{12} + 2X_1 X_3 \sigma_{13} + 2X_2 X_3 \sigma_{23} \tag{1.10}$$

（3）N 种证券组合收益和风险的衡量

① N 种证券组合的收益

由上面的分析可知，证券组合的预期收益率就是组成该组合的各种证券的预期收益率的加权平均数，权数是投资于各种证券的资金占总投资额的比例，用公式表示为：

$$\overline{R}_P = \sum_{i=1}^{n} X_i \overline{R}_i \tag{1.11}$$

式中：X_i 是投资于 i 证券的资金占总投资额的比例或权数；$\overline{R}_i$ 是证券 i 的预期收益率；n 是证券组合中不同证券的总数。

② N 种证券组合的风险

证券组合的风险（用标准差表示）计算不能简单地对组合中每种证券的标准差进行加权平均而得到。其计算公式为：

$$\sigma_P = \sqrt{\sum_{i=1}^{n} \sum_{j=1}^{n} X_i X_j \sigma_{ij}} \tag{1.12}$$

式中：n 是组合中不同证券的总数目；X_i 和 X_j 分别是证券 i 和证券 j 投资资金占总投资额的比例；σ_{ij} 是证券 i 和证券 j 可能收益率的协方差。

式（1.12）也可以用矩阵来表示，双加号 $\sum\sum$ 意味着把矩阵（$n \times n$）的所有元素相加，假定 n 等于4，即该证券组合的方差为以下矩阵中各元素之和，该矩阵称为方差–协方差矩阵（Variance-Covariance Matrix），见表1-1。

表1-1   方差–协方差矩阵

行次	第一列	第二列	第三列	第四列
第一行	$X_1 X_1 \sigma_{1,1}$	$X_1 X_2 \sigma_{1,2}$	$X_1 X_3 \sigma_{1,3}$	$X_1 X_4 \sigma_{1,4}$
第二行	$X_2 X_1 \sigma_{2,1}$	$X_2 X_2 \sigma_{2,2}$	$X_2 X_3 \sigma_{2,3}$	$X_2 X_4 \sigma_{2,4}$
第三行	$X_3 X_1 \sigma_{3,1}$	$X_3 X_2 \sigma_{3,2}$	$X_3 X_3 \sigma_{3,3}$	$X_3 X_4 \sigma_{3,4}$
第四行	$X_4 X_1 \sigma_{4,1}$	$X_4 X_2 \sigma_{4,2}$	$X_4 X_3 \sigma_{4,3}$	$X_4 X_4 \sigma_{4,4}$

由上可知，证券组合的方差不仅取决于单个证券的方差，还取决于各种证券间的协方差。随着组合中证券数目的增加，在决定组合方差时，协方差的作用越来越大，而方差的作用越来越小。这一点可以通过考察方差–协方差矩阵看出来。在一个由两种证券组成的组合中，有两个加权方差和两个加权协方差。对一个大的组合而言，总方差主要

取决于任意两种证券间的协方差。例如，在一个由30种证券组成的组合中，有30个方差和870个协方差。若一个组合进一步扩大到包括所有的证券，则协方差几乎就成了组合标准差的决定性因素。

二、证券投资风险与收益评估

例题一：某证券收益的概率、预期收益率和标准差见表1-2。

表1-2   某证券收益的概率、预期收益率和标准差

可能的收益率 R_i	概率 P_i	预期收益率 $\overline{R}$ 计算	方差 σ^2 计算
		$R_i P_i$	$(R_i - \overline{R})^2 P_i$
−0.10	0.05	−0.005	$(−0.10−0.09)^2 × 0.05$
−0.02	0.10	−0.002	$(−0.02−0.09)^2 × 0.10$
0.04	0.20	0.008	$(0.04−0.09)^2 × 0.20$
0.09	0.30	0.027	$(0.09−0.09)^2 × 0.30$
0.14	0.20	0.028	$(0.14−0.09)^2 × 0.20$
0.20	0.10	0.020	$(0.20−0.09)^2 × 0.10$
0.28	0.05	0.014	$(0.28−0.09)^2 × 0.05$
	$\sum = 1.00$	$\sum = 0.090 = \overline{R}$	$\sum = 0.00703 = \sigma^2$
			标准差 $= 0.00703^{0.5} = 0.0838 = \sigma$

在表1-2的可能收益率分布中，该证券预期收益率等于9%，标准差为8.38%。

例题二：计算证券组合的方差和标准差。假定某股票年预期收益率为16%，标准差为15%；另一股票年预期收益率为14%，标准差为12%。两种股票的预计相关系数为0.4，每种股票投资的金额各占一半。那么，证券组合的预期收益率是：

$\overline{R}_P = 0.5 × 16\% + 0.5 × 14\% = 15\%$

证券组合的方差等于下面的方差-协方差矩阵的所有元素的加总，见表1-3。

表1-3   证券组合的方差

	第一种股票	第二种股票
第一种股票	$0.5^2 × 1.0 × 0.15^2$	$0.5 × 0.5 × 0.4 × 0.15 × 0.12$
第二种股票	$0.5 × 0.5 × 0.4 × 0.12 × 0.15$	$0.5^2 × 1.0 × 0.12^2$

因此：

$\sigma^2 = 0.5^2 × 1.0 × 0.15^2 + 2 × 0.5 × 0.5 × 0.4 × 0.12 × 0.15 + 0.5^2 × 1.0 × 0.12^2$

$\quad = 0.012825$

$\sigma = 0.012825^{0.5} = 11.3\%$

从上例可知，只要两种证券的相关系数小于1，证券组合的标准差就小于两种证券标准差的加权平均数 $0.5 × 15\% + 0.5 × 12\% = 13.5\%$。实际上，不论证券组合中包括多少种证券，只要证券组合中每对证券间的相关系数小于1，证券组合的标准差就会小于单个证券标准差的加权平均数。这意味着只要证券的变动不完全一致，单个有高风险的证券就能组成一个只有中低风险的证券组合。

【行业视窗】

我国的股票发行注册制改革

2013 年 11 月，党的十八届三中全会通过《中共中央关于全面深化改革若干重大问题的决定》，明确提出"推进股票发行注册制改革"。

2018 年 11 月 5 日，习近平总书记在首届中国国际进口博览会开幕式上宣布，在上海证券交易所设立科创板并试点注册制，标志着注册制改革进入启动实施阶段。

2018 年 12 月，习近平总书记在中央经济工作会议上发表重要讲话，指出要通过深化改革，打造一个规范、透明、开放、有活力、有韧性的资本市场。

2019 年 1 月 23 日，习近平总书记主持召开中央全面深化改革委员会第六次会议并发表重要讲话。会议审议通过了《在上海证券交易所设立科创板并试点注册制总体实施方案》《关于在上海证券交易所设立科创板并试点注册制的实施意见》。会议指出，要稳步试点注册制，统筹推进发行、上市、信息披露、交易、退市等基础制度改革，建立健全以信息披露为中心的股票发行上市制度。

2019 年 7 月 24 日，习近平总书记主持召开中央全面深化改革委员会第九次会议并发表重要讲话。会议审议通过了《关于支持深圳建设中国特色社会主义先行示范区的意见》，提出研究完善创业板发行上市、再融资和并购重组制度，创造条件推动注册制改革。

2020 年 4 月 27 日，中央全面深化改革委员会第十三次会议审议通过了《创业板改革并试点注册制总体实施方案》，创业板改革并试点注册制工作启动。

2020 年 10 月，党的十九届五中全会明确提出，全面实行股票发行注册制，建立常态化退市机制，提高直接融资比重。

2021 年 3 月 11 日，《中华人民共和国国民经济和社会发展第十四个五年规划和 2035 年远景目标纲要》获通过，提出全面实行股票发行注册制，建立常态化退市机制，提高上市公司质量。

资料来源：根据中国证监会官网发布的消息整理。

如何评价我国试点注册制取得的成效？

述评：

一是探索形成了符合我国国情的注册制架构。特别是以信息披露为核心，引入更加市场化的制度安排，对新股发行的价格、规模等不设任何行政性限制，显著提升了审核注册的效率、透明度和可预期性。

二是提升了对科技创新的服务功能。科创板、创业板均设立了多元包容的发行上市条件，允许未盈利企业、特殊股权结构企业、红筹企业上市，契合了科技创新企业的特点和融资需求。特别是一批处于"卡脖子"技术攻关领域的"硬科技"企业登陆科创板，在集成电路、生物医药、高端装备制造等行业形成产业集聚，畅通了科技、资本和实体经济的高水平循环。

三是推进了交易、退市等关键制度创新。科创板、创业板新股上市前 5 个交易日不设涨跌幅限制，此后日涨跌幅限制由 10% 放宽到 20%，同步优化融资融券机制，二级市场定价效率显著提升。建立常态化退市机制，简化退市程序，完善退市标准，退市力度明显加大。

四是优化了多层次市场体系。注册制改革是以板块为载体推进的。在此过程中，上交所新设科创板，深交所改革创业板，合并主板与中小板，新三板设立精选层进而设立北交所，建立转板机制。改革后，多层次资本市场的板块架构更加清晰，特色更加鲜明，各板块通过 IPO（挂牌）、转板、分拆上市、并购重组加强了有机联系。

五是完善了法治保障。新证券法、刑法修正案（十一）出台实施，从根本上扭转了违法违规成本过低的局面。中办、国办印发《关于依法从严打击证券违法活动的意见》，"零容忍"执法司法体制机制不断健全。首例证券集体诉讼"康美案"判决赔偿投资者 24.59 亿元，成为资本市场法治史上的标志性事件。

六是改善了市场生态。在一系列改革措施的推动下，资本市场的优胜劣汰机制更加完善，上市公司结构、投资者结构、估值体系发生积极变化，科技类公司占比、专业机构交易占比明显上升，新股发行定价以及二级市场估值均出现优质优价的趋势。市场秩序更加规范，发行人和中介机构对市场的敬畏之心显著增强。

项目小结

通过本项目的学习，我们了解到，证券投资分析能够帮助投资者在投资过程中控制风险，提高投资成功的概率。理性的证券投资过程包括确定证券投资策略、进行证券投资分析、组建证券投资组合、投资组合修正、投资组合业绩评估五个步骤。需要注意的是，投资分析是投资过程的一部分。

本项目介绍了基本分析法与技术分析法的理论基础、适用条件以及优缺点。

本项目最后对证券投资风险和收益的方法及模型进行了简要介绍，通过分析风险的成因，了解利用哪些方式能够有效规避风险。

过程考核

一、单项选择题

1.证券投资的目的是（　　　）。

A.证券流动性最大化

B.证券风险最小化

C.证券投资净效用最大化

D.证券投资预期收益与风险固定化

2.（　　）向社会公布的证券行情、按日制作的证券行情表等信息是技术分析中的首要信息来源。

A. 政府部门　　　　　　　　　　B. 证券交易所

C. 上市公司　　　　　　　　　　D. 中介机构

3.一般选择投资中风险、中收益证券，如指数型投资基金、分红稳定持续的蓝筹股，以及高利率、低等级企业债券等的投资者属于（　　）投资者。

A.稳健成长型　　　B.积极成长型　　　C.保守稳健型　　　D.以上都不是

4.（　　）是指以宏观经济形势、行业特征及上市公司的基本财务数据作为投资分析对象与投资决策基础的投资分析流派。

A.技术分析流派　　　　　　　　B.学术分析流派

C.行为分析流派　　　　　　　　D.基本分析流派

5.下列不是技术分析假设的是（　　）。

A.价格随机波动　　　　　　　　B.市场行为涵盖一切信息

C.价格沿趋势移动　　　　　　　D.历史会重复

二、判断题

1.技术分析流派是目前西方投资界的主流派别，其分析方法体系体现了以价值分析理论为基础、以统计方法和现值计算方法为主要分析手段的基本特征。　　　（　　）

2.对于稳健成长型投资者，安全性是其最重要的考虑因素。　　　　　　（　　）

3."长期持有"投资战略以获取平均的长期收益率为投资目标，这是学术分析流派与其他流派最重要的区别之一。　　　　　　　　　　　　　　　　（　　）

4.基本分析法的内容包括宏观经济分析、行业分析和区域分析以及基本心理分析4部分。　　　　　　　　　　　　　　　　　　　　　　　　　　　（　　）

5.技术分析法的优点是能够比较全面地把握证券价格的基本走势。　　　（　　）

三、填空题

1.根据投资对象和内容的不同，可以将投资分为_____与_____。

2.证券投资有3个基本要素，即_____、_____与_____。

3.证券投资的原则有_____、_____、_____、_____和_____。

4.证券投资的步骤是_____、_____、_____、_____和_____。

5.证券投资信息收集渠道有_____、_____、_____和_____。

四、简述题

1.什么是证券投资分析？理性的证券投资过程通常包括哪几个基本步骤？

2.证券投资分析信息来源的渠道有哪些？

3.证券投资分析的主要步骤有哪些？

4.何谓基本分析法？其理论基础是什么？

5. 何谓技术分析法？其理论基础是什么？

五、论述题

1. 证券投资分析中易出现的失误主要有哪些？

2. 基本分析法与技术分析法的优缺点各是什么？它们的适用范围又是什么？

项目实训

1. 我国证券市场参与者及其角色（职责）分析实训

实训任务	面向初入市的投资者，介绍我国证券市场的主要参与者及其在证券市场中的角色（职责）与地位
条件要求	能接入互联网的证券实验室（配有投影仪）
资料准备	第一，我国证券市场主要参与者的有关文字资料；第二，向学生提供下列机构网址：中国证监会、中国证券业协会、上海证券交易所、深圳证券交易所、中国证券登记结算有限公司、某证券公司（如广发证券）、某基金管理公司（如华安基金管理公司）
考核要求	完成实训报告，做好 PPT 汇报材料
实训过程提示	第一，说明本次实训的任务与目标；第二，说明实训报告填写的基本框架；第三，提示学生收集资料的主要途径；第四，对学生进行分组，每组指定一名同学做好 PPT，准备上讲台汇报；第五，组织、指导学生实训；第六，请一至两组学生代表模拟介绍我国证券市场参与者及其角色（职责）分析
实训报告	

2. 证券投资风险识别实训

实训任务	能准确识别证券投资风险
条件要求	能接入互联网的证券实验室（配有投影仪）
资料准备	向学生提供下列机构网址：中国证监会、中国证券业协会、上海证券交易所、深圳证券交易所等
考核要求	完成实训报告，做好 PPT 汇报材料
实训过程提示	（1）经国务院批准，财政部决定从 2007 年 5 月 30 日起，调整证券（股票）交易印花税税率，由 1‰ 调整为 3‰。沪深股市当日放量下跌，伴随着 4 152.6 亿元的历史天量，两市收盘跌幅均超过 6%，跌停个股达 859 只之多，12 346 亿元市值在一日间被蒸发。此后短短不到 5 个交易日内，上证指数下探到 3 404.15 点，跌幅高达 21.5%（参见下图）。 具体实训任务如下： 第一，请说明上述风险的类型； 第二，上网查询，列出近年来我国印花税调整的具体情况； 第三，分析印花税税率提高，股市大幅下挫的原因。

实训任务	能准确识别证券投资风险
实训过程提示	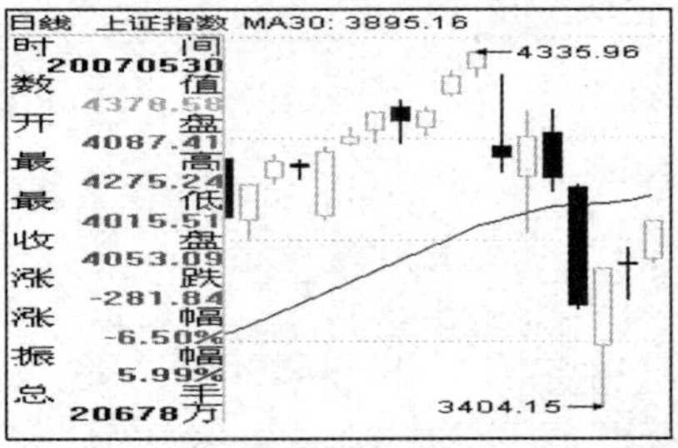 （2）2002年6月24日，沪深两市在国务院决定对国内上市公司停止执行《减持国有股筹集社会保障资金管理暂行办法》中关于利用证券市场减持国有股的规定，并不再出台具体实施办法的利好的刺激下，股票几乎全部涨停。当日大盘出现9%以上的涨幅，成交量两市合计达到900亿元以上，创历史新高。一时间，投资者的信心得到恢复，市场人气重又聚集，翻江倒海卷巨澜式的资金好像是从天而降（参见下图）。 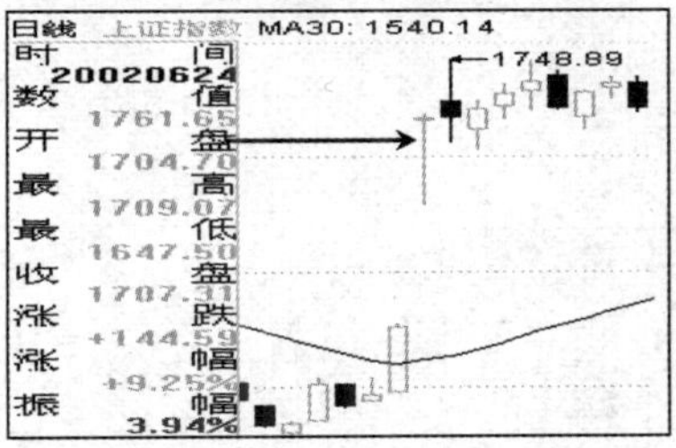 具体实训任务如下： 第一，请说明上述风险的类型； 第二，分析"6·24"行情的成因； 第三，结合我国股市的具体情况，对我国股市是否是政策市给出自己的分析结论
实训报告	

项目二

有价证券价值评估

学习目标

职业知识：

1.掌握债券的投资价值分析理论及方法；

2.掌握股票的投资价值分析理论及方法；

3.掌握投资基金的投资价值分析理论及方法；

4.掌握股指期货的投资价值分析理论及方法；

5.掌握可转换债券的投资价值分析理论及方法。

职业能力：

1.能运用股票投资价值分析理论指导证券投资，评估股票的价值；

2.能运用投资基金投资价值分析理论指导证券投资，评估投资基金的价值；

3.能运用股指期货投资价值分析理论指导证券投资，评估股指期货的价值；

4.能运用可转换债券投资价值分析理论指导证券投资，评估可转换债券的价值。

职业素养：

1.培养学生独立思考的能力。通过学习有价证券价值评估的各种方法，培养学生运用专业知识评估有价证券的价值，进行独立思考，不受外部因素的干扰。

2.培养学生求真务实的工作作风。有价证券的价值评估有科学的方法，要认真钻研，把这些方法灵活运用在采集数据的过程中，要求真务实。

任务一　评估债券价值

任务导入

可转换债券的价值分析

可转换债券是债券持有人可按照发行时约定的价格将债券转换成公司普通股股票的债券。当前，大多数可转换债券的面值为 100 元，期限多为 6 年期，极少数为 5 年期，票面利率为递进利率，每年的利率都不一样。从目前市面上的可转换债券来看，以 6 年期为例，最高的递进利率为 0.5%、0.7%、1%、1.5%、2%、3%，最低的递进利率为 0.3%、0.5%、1%、1.3%、1.5%、1.8%，其他的都落在这两种利率区间之中。

1. 以最低预期年化 6% 的收益率为基础，不考虑换股的情况，以 0.5%、0.7%、1%、1.5%、2%、3% 的递进利率，票面价值为 100 元，到期赎回溢价为 10%，即到期赎回价为 110 元，6 年期为例，假定利息税为 20%，我们购买该债券的最高折价是多少？

Fv（扣税）=115.36，r=6%，n=6，pv=81.33

Fv（扣税）=114.96，r=6%，n=5，pv=85.91

Fv（扣税）=114.40，r=6%，n=4，pv=90.62

Fv（扣税）=113.60，r=6%，n=3，pv=95.38

Fv（扣税）=112.40，r=6%，n=2，pv=100.036

2. 以最低预期年化 6% 的收益率为基础，不考虑换股的情况，以 0.3%、0.5%、1%、1.3%、1.5%、1.8% 的递进利率，票面价值为 100 元，到期赎回溢价为 10%，即到期赎回价为 110 元，6 年期为例，假定利息税为 20%，我们购买该债券的最高折价是多少？

Fv（扣税）=115.08，r=6%，n=6，pv=81.13

Fv（扣税）=114.84，r=6%，n=5，pv=85.82

Fv（扣税）=114.04，r=6%，n=4，pv=90.33

Fv（扣税）=113.00，r=6%，n=3，pv=94.87

Fv（扣税）=111.56，r=6%，n=2，pv=99.29

综上所述，所有方案的利率变动整体上对折现价格的变动影响不是特别大，只是纯债价值，一般来说人们没有购入欲望。

问题：可转换债券具备投资价值吗？

分析提示：可转换债券都是在二级市场自由流通的，因此对已满 6 个月的可转换债券来说，套利机会基本为零。

知识准备

微课堂 2-1

评估债券价值

一、债券的定义

债券是一种有价证券，是社会各类经济主体为筹集资金而向债券投资者出具的、承诺按一定利率定期支付利息并到期偿还本金的债权债务凭证。

二、债券要素

1. 票面价值

债券的票面价值是债券票面标明的货币价值，是债券发行人承诺在债券到期日偿还给债券持有人的金额。

2. 偿还期限

债券的偿还期限是指自债券发行之日起到最后一笔本息偿清之日止的时间。按照偿还期限的长短，债券有短期、中期和长期之分。

3. 票面利率

债券的票面利率也称债券的名义利率，是债券年利息与债券票面价值的比率。影响债券利率的因素主要有：第一，借贷资金市场利率水平；第二，筹资者的资信；第三，债券期限的长短。

4. 发行者名称

债券的发行者名称指明了该债券的债务主体，既明确了债券发行人应履行对债权人偿还本息的义务，也为债权人到期追索本金和利息提供了依据。

三、债券特征

1. 偿还性

这是指债券有规定的偿还期限，债务人必须按期向债权人还本付息。

2. 流动性

这是指债券能迅速和方便地变现为货币的能力。如果债券的发行者即债务人资信度较高，则债券的流动性就比较强。

3. 安全性

这是指债券持有人的收益相对固定，不随发行者经营收益的变动而变动，并且可以按期收回本金。

4. 收益性

这是指债券为投资者带来一定的收入，即债权投资的报酬。债券的收益有两种形式：一是利息收入；二是资本损益，即债权人到期收回本金与买入债券或中途卖出债券与买入债券之间的价差收入。

四、债券分类

1. 按发行主体分类

根据发行主体不同，债券可以分为政府债券、金融债券和公司债券。

（1）政府债券

政府债券的发行主体是政府。中央政府发行的债券也可以称为国债，其主要目的是满足政府投资的公共设施或重点建设项目的资金需要或弥补国家财政赤字。我国的国库券如图2-1所示。

图2-1　我国的国库券

（2）金融债券

金融债券的发行主体是银行或非银行金融机构。金融机构发行债券的目的主要有两个：一是筹资用于某种特殊用途；二是改变本身的资产负债结构。金融债券如图2-2所示。

图2-2　金融债券

（3）公司债券

公司债券是公司依照法定程序发行、约定在一定期限还本付息的有价证券。由于公司经营存在一定的不确定性，因此，公司债券的风险相对于政府债券和金融债券要大一些。公司债券如图2-3所示。

图2-3　公司债券

2. 按付息方式分类

根据债券合约条款中是否规定在约定期限向债券持有人支付利息，债券可分为零息债券、附息债券和息票累积债券。

（1）零息债券

零息债券也称零息票债券，指债券合约未规定利息支付的债券。通常情况下，这类债券以低于面值的价格发行和交易，债券持有人实际上以买卖（到期赎回）价差的方式取得债券利息。

---▶▶▶

拓展阅读 2-1　　　　　　　　零息债券

在国外，贴水发行的折现债券有两种，分别为贴现债券和零息债券。贴现债券是期限比较短的折现债券，通常来说，短期国库券（Treasury Bills）都是贴现债券。20 世纪 80 年代，国外出现了一种新的债券，它是"零息"的，既没有息票，也不支付利息。实际上，投资者在购买这种债券时就已经得到了利息。零息债券的期限普遍较长，最长可到 20 年。它以低于面值的贴水方式发行，投资者在债券到期日可按债券的面值得到偿付。例如，一种 20 年期限的债券，其面值为 20 000 美元，它发行时的价格可能只有 6 000 美元。在国外有经纪公司经营的特殊零息债券，由经纪公司将息票和本金相剥离之后再独立发行。美林、皮尔斯和佛勒·史密斯经纪公司就发行过一种零息债券，由美国政府担保，其本金和息票相互剥离。

资料来源：根据相关资料整理所得。

（2）附息债券

附息债券在债券合约中明确规定，在债券存续期内，对持有人定期付息，通常每半年或每年支付一次。

（3）息票累积债券

与附息债券相似，这类债券也规定了票面利率，但是，债券持有人必须在债券到期时一次性获得还本付息，存续期间没有利息支付。

3. 按债券形态分类

债券有不同的形式，根据券面形态，债券可以分为实物债券、凭证式债券和记账式债券。

（1）实物债券

实物债券是一种具有标准格式实物券面的债券。在标准格式的债券券面上，一般印有债券面额、债券利率、债券期限、债券发行人全称、还本付息方式等各种债券票面要素。

拓展阅读 2-2   人民胜利折实公债

人民胜利折实公债是我国于 1950 年发行的一种以实物为计算标准的公债。其发行目的是支援解放战争，迅速统一全国，以利于安定民生，恢复和发展经济。为避免受物价波动的影响，该公债的募集和还本付息均以实物为计算标准，其单位定名为分。每分以上海、天津、汉口、西安、广州、重庆六大城市的大米（天津为小米）3 千克、面粉 0.75 千克、白细布 1.33 米和煤炭 8 千克的批发价，用加权平均的方法计算。平均市价每 10 日公布一次。发行总额原定为 2 亿分，年息 5 厘，分 5 年偿还。第一期发行 1 亿分，第二期因国家财政经济状况好转，停止发行。到 1956 年 11 月底，本息全部偿清。

人民胜利折实公债如图 2-4 所示。

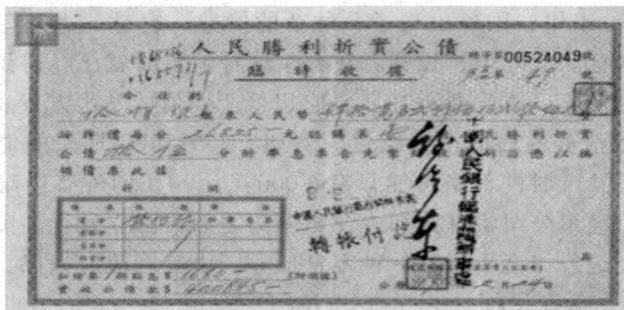

图2-4 人民胜利折实公债

资料来源：根据相关资料整理所得。

（2）凭证式债券

凭证式债券是债权人认购债券的一种收款凭证，而不是债券发行人制定的标准格式的债券。

拓展阅读 2-3   凭证式国债

凭证式国债是指国家采取不印刷实物券，而用填制"国库券收款凭证"的方式发行的国债。我国从 1994 年开始发行凭证式国债。凭证式国债具有类似储蓄又优于储蓄的特点，人们通常称其为"储蓄式国债"，是以储蓄为目的的个人投资者理想的投资方式。与储蓄相比，凭证式国债的主要特点是方便、安全、收益适中。

第一，凭证式国债发售网点多，购买和兑取方便，手续简便；

第二，可以记名挂失，持有的安全性较好；

第三，利率比银行同期存款利率高 1~2 个百分点（但低于无记名式和记账式国债），提前兑取时按持有时间采取累进利率计息；

第四，凭证式国债虽不能上市交易，但可提前兑取，变现灵活，地点就近，投资者如遇特殊需要，可以随时到原购买点兑取现金；

第五，利息风险小，提前兑取按持有期限长短，取相应档次利率计息，各档次利率均高于或等于银行同期存款利率，没有定期储蓄存款提前支取只能按活期计息的风险；

第六，没有市场风险，凭证式国债不能上市，提前兑取时的价格（本金和利息）不随市场利率的变动而变动，可以避免市场价格风险。

因此，购买凭证式国债不失为一种安全、灵活、收益适中的理想的投资方式。凭证式国债可就近到银行各储蓄网点购买。

凭证式国债如图2-5所示。

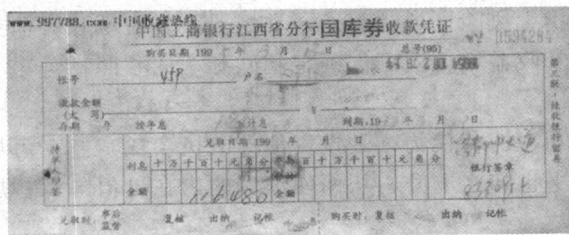

图2-5　凭证式国债

资料来源：根据相关资料整理所得。

（3）记账式债券

记账式债券是没有实物形态的债券，利用账户通过电脑系统完成国债的发行、交易及兑付的全过程。记账式债券可以记名、挂失，安全性强；同时由于记账式债券的发行和交易均实现了无纸化，所以发行时间短，发行效率高，交易手续简便，成本低，交易安全。

五、影响债券投资价值的因素

1. 影响债券投资价值的内部因素

（1）债券期限的长短

通常来说，在其他条件不变的情况下，债券的期限越长，其市场价格变动的可能性就越大，投资者要求的收益率补偿也越多。

（2）债券的票面利率

债券的票面利率越低，债券价格的易变性就越大。在市场利率提高的时候，票面利率较低的债券的价格下降较快；当市场利率下降时，它们的增值潜力也很大。

（3）债券的提前赎回条款

债券的提前赎回条款是债券发行人所拥有的一种选择权，它允许债券发行人在债券到期前按约定的赎回价格部分或全部偿还债务。因此，有较高提前赎回可能性的债券也具有较高的票面利率，其内在价值相对较低。

（4）债券的税收待遇

一般来说，免税债券的到期收益率比类似的应纳税债券的到期收益率低。此外，税收还以其他方式影响债券的价格和收益率。

（5）债券的流动性

债券的流动性是指债券可以随时变现的性质，反映债券规避由市场价格波动而导致的实际价格损失的能力。因此，流动性好的债券与流动性差的债券相比，前者具有较高的内在价值。

（6）债券的信用级别

债券的信用级别是指债券发行人按期履行合约规定的义务、足额支付利息和本金的可靠性程度。信用级别越低的债券，投资者要求的收益率越高，债券的内在价值也就越低。

2.影响债券投资价值的外部因素

（1）基础利率

基础利率一般是指无风险证券利率。通常情况下，短期政府债券风险最小，可以近似看作无风险证券，其收益率可被用作确定基础利率的参照物。

（2）市场利率

市场利率是债券利率的替代物，是投资债券的机会成本。在市场总体利率水平上升时，债券的收益率水平也随之上升，从而使债券的内在价值降低；反之，使债券的内在价值提高。

（3）其他因素

通货膨胀水平和外汇汇率风险都能对债券的投资价值产生影响。通货膨胀的存在可能使投资者从债券投资中实现的收益不足以抵补由通货膨胀而造成的购买力损失。当投资者投资某种外币债券时，汇率的变化会使投资者的未来本币收入出现贬值损失或升值利得。

实践操作

一、债券价值评估模型

1.假设条件

在评估债券基本价值前，要假定各种债券的名义和实际支付金额都是确定的，而且要假定通货膨胀的程度可以精确地预测出来，从而使人们对债券的估价可以集中在时间的影响上。完成这一假设后，就可以考虑其他因素对债券基本价值的影响了。

2.货币的时间价值

货币的时间价值是指使用货币按照某种利率进行投资的机会是有价值的，因此一笔货币投资的未来价值高于其现值，多出的部分相当于投资的利息收入；而一笔未来的货币收入（包含利息）的当前价值（现值）必须低于其未来值，低于的部分也就相当于投资的利息收入。

（1）终值的计算方法

如果我们知道投资的利率为r，若进行一项为期n年的投资，到第n年时，货币总额为：

$P_n = P_0(1+r)^n$（按复利计算）

或

$$P_n = P_0(1 + r \cdot n) \text{（按单利计算）} \tag{2.1}$$

式中：P_n 是从现在开始 n 个时期后的未来值；P_0 是本金；r 是每期的利率；n 是时期数。

（2）现值的计算方法

根据现值是未来值的逆运算关系，运用未来值计算公式，可以推出现值。根据未来值求现值的过程，就是贴现。

$$P_0 = P_n / (1 + r)^n \text{（按复利计算）}$$

或　　$P_0 = P_n / (1 + r \cdot n) \text{（按单利计算）}$ $\tag{2.2}$

式中：P_0 是现值；P_n 是未来值；r 是每期的利率；n 是时期数。

3.债券的基本估价方法

债券估价就是估算债券的内含价值。

（1）债券估价通用模型

债券估价通用模型是指按复利方式，通过折现计算债券投资现金流入的现值的估价模型。其计算公式为：

$$P = \frac{C}{(1 + r)} + \frac{C}{(1 + r)^2} + \cdots + \frac{C}{(1 + r)^n} + \frac{M}{(1 + r)^n}$$

$$= \sum_{t=1}^{n} \frac{C}{(1 + r)^t} + \frac{M}{(1 + r)^n} \tag{2.3}$$

（2）一次还本付息且不计复利的债券估价模型

我国很多债券运用了这种模型，其计算公式为：

$$P = \frac{M(1 + r)^n}{(1 + k)^m} \tag{2.4}$$

式中：P 是债券的价格；M 是票面价值；n 是从发行日至到期日的时期数；r 是必要收益率；k 是该债券的贴现率；m 是买入日至到期日的所余时期数。

（3）债券基本估价的简化公式

如果计算的年限很长，用上述两个公式计算很复杂，可以用等比数列求和公式将复利计算公式转化为：

$$P = C \times \left[\frac{1 - (1 + r)^{-n}}{r} \right] + \frac{M}{(1 + r)^n} \tag{2.5}$$

式中：P 是债券的价格；C 是每年支付的利息；M 是票面价值；n 是所余年数；r 是必要收益率即贴现率。

二、债券价值评估

例如，某面值 1 000 元的 5 年期债券的票面利率为 8%，2020 年 6 月 1 日发行，在发行后第 2 年（即 2022 年 6 月 1 日）买入。假定当时此债券的必要收益率为 6%，那么买卖价应该为：

$$P = \frac{1\,000 \times (1 + 0.08)^5}{(1 + 0.06)^3} = 1\,233.67 \text{（元）}$$

任务二   评估股票价值

任务导入

2019 年的半导体股票价值预测

2019 年，受智能手机市场趋于饱和及全球贸易摩擦等的影响，全球半导体行业从第二季度开始，销售额以及半导体设备出货额的同比增速明显放缓，全球半导体行业已经进入下行周期，半导体行业的发展不容乐观。

中美贸易摩擦、技术禁售、多项半导体产品大幅跌价、新手机销售不振、美元升值及全球股市修正造成这次令人畏惧的半导体下行周期，但明显不同于 1997 年亚洲金融危机、2000 年全球科技泡沫和 2008—2009 年全球金融危机的是，使用可编程芯片（FPGA）和人工智能云端及边缘运算端芯片的新产品开发如火如荼地进行，合理财务杠杆及资本支出、5G、可折叠屏智能手机、电动/自动驾驶汽车、物联网、光通信和云计算等新应用正在崛起，再加上国产半导体替代产品的兴起，将推动国产半导体产业快速增长。

因为结构性问题，人们不看好国内 12 英寸晶圆代工及其后道逻辑封测的发展前景，但因为较高的进入门槛及供给不足，较看好国内存储芯片制造、封测、模组产业链、功率器件、IC 设计等，这些领域都是因为需求强烈、自给率偏低、竞争力有差距，反而加速了国产化进程。

问题：2019 年半导体行业股票具备投资价值吗？

分析提示：宏观经济下行趋势持续时间较长，半导体行业复苏力度不及预期；进入门槛较高及供给不足，存储芯片封测产业链营收增长动能及获利将反转。

资料来源：根据 2019 年 1 月 2 日芯智讯相关资料整理所得。

知识准备

微课堂 2-2

评估股票价值

一、股票的定义

股票是指股份有限公司签发的证明股东所持股份的凭证。股票一般可以通过买卖方式有偿转让，股东能通过股票转让收回其投资，但不能要求公司返还其出资。股东与公司之间的关系不是债权债务关系。股东是公司的所有者，以其出资额为限对公司负有限责任，承担风险，分享收益。真空电子股票如图 2-6 所示。

图 2-6   真空电子股票

▶▶▶

拓展阅读 2-4　　　　　　　　清政府印造昭信股票

1898年2月4日，清政府准奏印造昭信股票100万张。当时，清政府因《马关条约》规定的第四期赔款即将到期，外债难举，右中允黄思永请造自强股票，筹借华款，户部拟定章程，奏准施行。昭信股票发行总额为1亿两，面额分100两、500两、1 000两3种；年息5厘，分20年还清。该股票可抵押售卖。发行时，地方官吏有"名为劝借，实则勒索追催，骚扰闾阎"，甚至有"计亩苛派，按户分口严传，不到者锁拿严押"的现象，不久即停办。昭信股票如图2-7所示。

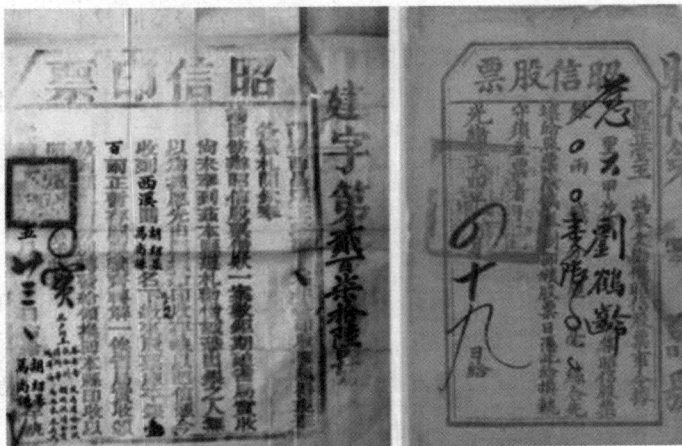

图2-7　昭信股票

资料来源：根据相关资料整理所得。

二、股票要素

股票的基本要素包括面值、市值、股息、分红和股权。

1. 面值

面值是股份公司在发行的股票票面上所标明的金额，即票面金额。股票面值通常以每股为单位。发行公司将资本额分为若干股，每一股所代表的资本额即每股面值。

2. 市值

市值即股票的市场价格。股票市场是一个波动的市场，股票的市场价格亦是不断波动的。股票的市场价格主要有开市价、收市价、最高价、最低价。收市价是最重要的，是研究股市以及绘制股票市场行情图表的基本数据。

3. 股息

股息是指股份公司按股票份额的一定比例支付给股票持有者的收益。股息是股份公司把每股投资应得的收入作为利息分配给股东。优先股的股息是固定的，按一定的比率取得；普通股的股息可以随公司利润的增减而增减。股息一般以3种形式发放：现金股息、股票股息、财产股息。

4. 分红

分红是股份公司在盈利中每年按股票份额的一定比例支付给投资者的红利。普通股可以享受分红，而优先股一般不享受分红。股份公司只有在获得利润时才能分配红利。分红主要有两种形式：一是现金分红，以现金支付红利；二是以本公司的股票作为分红。

5. 股权

股权即股票持有者所具有的与其拥有的股票比例相应的权益及承担一定责任的权利。股东根据所持股票份额的大小，享有参与公司经营的不同权利；股东有公司利润的分配权，股东可以根据所持股票份额的多少，获得一定的收入和分红；股东有公司剩余财产索偿权，即公司解散或破产时，股东可以根据所持股份要求赔偿，但股东按其所持股份对债权人承担有限责任。

三、股票特征

1. 不可偿还性

股票是一种无偿还期限的有价证券，投资者认购了股票后，就不能再要求退股，只能到二级市场卖给第三者。股票的转让只意味着公司股东的改变，并不减少公司资本。从期限上看，只要公司存在，它所发行的股票就存在，股票的期限等于公司存续的期限。

2. 参与性

股东有权出席股东大会，选举公司董事会，参与公司重大决策。股票持有者的投资意愿和享有的经济权益通常是通过行使股东参与权实现的。股东参与公司决策的权力大小取决于其所持有股份的多少。从实践来看，只要股东持有的股票数量达到左右决策结果所需的实际多数时，就能掌握公司的决策控制权。

3. 收益性

股东凭其持有的股票，有权从公司领取股息或红利，获取投资收益。股息或红利的多少主要取决于公司的盈利水平和公司的盈利分配政策。

4. 流通性

股票的流通性是指股票在不同投资者之间的可交易性。流通性通常以可流通的股票数量、股票成交量以及股价对交易量的敏感程度来衡量。可流通股数越多，成交量越大，价格对成交量越不敏感（价格不会随着成交量一同变化），股票的流通性就越好，反之就越差。

5. 价格波动性和风险性

股票在交易市场上作为交易对象，同商品一样，有自己的市场行情和市场价格。由于股票价格受到公司经营状况、供求关系、银行利率、大众心理等多种因素的影响，其波动有很大的不确定性。这种不确定性可能使股票投资者遭受损失。价格波动的不确定性越大，投资风险也越大。因此，股票是一种高风险的金融产品。

四、股票分类

1.按股东享有权利的不同，可以将股票分为普通股和优先股

普通股是标准股票，是最基本、最常见的一种股票，其持有者享有股东的基本权利并承担相应的义务。股利完全随公司盈利的高低而变化。在公司盈利和剩余财产的分配顺序上列在债权人和优先股股东之后，故其承担的风险也较高。

优先股是特殊股票，在股东权利义务中附加了某些特别条件。其股息率是固定的，股东权利受到一定限制，在公司盈利和剩余财产的分配上比普通股股东享有优先权。

2.按股票是否记载股东姓名，可以将股票分为记名股票和不记名股票

记名股票是指在股票票面和股份公司的股东名册上记载股东姓名的股票。很多国家的公司法都对记名股票的有关事项作出了具体规定：归某人单独所有，则应记载持有人的姓名；归国家授权投资的机构或者法人所有，应记载国家授权投资的机构或者法人的名称；持有者因故改换姓名或者名称，应到公司办理变更姓名或者名称的手续。

不记名股票是指在股票票面和股份公司股东名册上均不记载股东姓名的股票。其与记名股票的主要差别在股票的记载方式上。不记名股票发行时一般留有存根联，它在形式上分为两部分：一部分是股票的主体，记载了有关公司的事项，如公司名称、股票所代表的股数等；另一部分是股息票，用于进行股息结算和行使增资权利。

五、影响股票投资的因素

影响股票价格变动的因素主要表现为内在因素和外在因素两个方面。内在因素是指股份公司本身的经营状况等；外在因素是指政治、经济、军事、社会因素等。每个因素的变动都会影响股票价格的涨跌。

1.外在因素

（1）宏观经济发展水平

宏观经济是指整个国民经济或国民经济总体及其经济活动和运行状态，即总量经济活动。宏观经济发展水平和状况是影响股票价格的重要因素。宏观经济影响股票价格的特点是波及范围广、干扰程度深、作用机制复杂和股价波动幅度较大。

（2）经济增长

经济增长通常是指在一个较长的时间跨度上，一个国家或地区人均产出（或人均收入）水平的持续提高。经济增长率的高低体现了一个国家或地区在一定时期内经济总量的增长速度，也是衡量一个国家或地区总体经济实力增长速度的标志。一个国家或地区的社会经济是否能持续稳定地保持一定的发展速度，是股票价格能否稳定上升的重要因素。当一国或地区运行势态良好时，一般来说，大多数企业的经营状况也良好，它们的股票价格会上升，反之股票价格会下降。

（3）经济周期

经济周期也称商业周期、景气循环，是指经济运行中周期性出现的经济扩张与经济紧缩交替更迭、循环往复的一种现象。一般来说，每个经济周期都经历高涨、衰退、萧条、复苏4个阶段。经济周期对股票市场的影响非常显著，可以说，是经济周期变动从根本上决定了股票价格的长期变动趋势。

一般情况下，经济周期变动与股价变动的关系如图2-8所示。

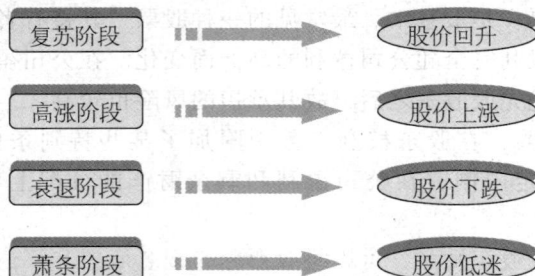

复苏阶段	⟶	股价回升
高涨阶段	⟶	股价上涨
衰退阶段	⟶	股价下跌
萧条阶段	⟶	股价低迷

图2-8　经济周期变动与股价变动的关系

经济周期变动通过图2-9所示的环节影响股票价格。

经济周期变动 ▷ 公司利润增减 ▷ 股息增减

股票价格变化 ◁ 供求关系变化 ◁ 投资者决策变化

图2-9　经济周期变动影响股价的传导机制

（4）货币政策

货币政策是指中央银行通过调整货币供给以及调控利率等各项措施来实现充分就业、抑制通胀、经济增长和国际收支平衡的宏观经济目标。中央银行通常采用存款准备金制度、再贴现政策、公开市场业务等货币政策手段调控货币供应量，从而实现发展经济、稳定货币等政策目标。无论是中央银行采取的政策手段，还是最终的货币供应量变化，都会影响股票价格。

（5）财政政策

财政政策是指国家根据一定时期政治、经济、社会发展的任务而规定的财政工作的指导原则，通过财政支出与税收政策的变动来影响和调节总需求，是政府的重要宏观经济政策。财政政策通过调整国家预算、税收政策、国债发行量等对股票价格施加影响。

（6）市场利率

市场利率是市场资金借贷成本的真实反映，而能够及时反映短期市场利率的指标有银行间同业拆借利率、国债回购利率等。如果利率提高，利息负担加重，公司净利润和股息相应减少，股票价格下降；如果利率下降，利息负担减轻，公司净盈利和股息增加，股票价格上升。

（7）通货膨胀

通货膨胀指因货币供给大于货币实际需求，引起一段时间内物价持续而普遍地上涨的现象。其实质是社会总需求大于社会总供给。在通货膨胀之初，公司会因产品价格的提升和存货的增值而增加利润，从而增加可以分派的股息，并使股票价格上涨。在物价上涨时，股东的实际股息收入下降，股份公司为股东利益着想，会增加股息派发，使股息名义收入有所增加，也会促使股价上涨。但是，当通货膨胀严重、物价居高不下时，企业因原材料、工资、费用、利息等各项支出增加，其利润减少，从而引起股价下降。同时，严重的通货膨胀会使社会经济秩序紊乱，使企业无法正常地开展经营活动，所以对股票价格的负面影响更大。

（8）汇率变化

汇率是一国货币兑换另一国货币的比率，是以一种货币表示另一种货币的价格。一般而言，汇率下降，即本币升值，不利于出口而有利于进口；汇率上升，即本币贬值，不利于进口而有利于出口。汇率变化对股价的影响要视其对整个经济的影响而定。若汇率变化趋势对本国经济发展影响较为有利，股价会上升；反之，股价会下降。

（9）国际收支状况

狭义的国际收支是指一国或地区在一定时期（通常为1年）内对外收入和支出的总额。广义的国际收支不仅包括外汇收支，还包括一定时期的经济交易。一般来说，若一国或地区国际收支连续出现逆差，政府为平衡国际收支会采取提高国内利率并提高汇率的措施，以鼓励出口、减少进口，股价就会下跌；反之，股价会上涨。

2.公司内部因素

股份公司的经营状况是股票价格的基石。一般来说，公司经营状况与股票价格同方向变动。公司经营状况好，股价上升；反之，股价下跌。公司经营状况的好坏可以通过以下各项来分析：

（1）公司资产净值

公司资产净值或净资产是公司现有的实际资产，是总资产减去总负债的净值。公司资产净值是全体股东的权益，也是决定股票价格的重要基准。股票作为投资的凭证，每一股都代表一定数量的净值。从理论上讲，每股净值应与股价保持一定比例。净值增加，股价上涨；净值减少，股价下跌。

（2）盈利水平

公司业绩集中表现在盈利水平的高低上，公司的盈利水平是影响股票价格的基本因素之一。一般情况下，公司盈利水平提高，股息也会相应增加，股票的市场价格上涨；公司盈利水平下降，股息相应减少，股票的市场价格下降。值得注意的是，股票价格的涨跌和公司盈利水平的变化并不是同时发生的，通常股价的变化要先于盈利水平的变化，股价的变动幅度也要大于盈利水平的变化幅度。

（3）公司的派息政策

公司的派息政策直接影响股票价格。股息与股票价格同方向变动，股息高，股价涨；股息低，股价跌。股息来自公司的税后盈利，公司盈利的增加只为股息派发提供了可能，并非盈利增加股息就一定增加。公司为了把盈利合理地运用到扩大再生产和回报股东、支付股息等用途上，制定了一定的派息政策。派息政策体现了公司的经营作风和发展潜力，不同的派息政策对各期股息收入有不同影响。

（4）股票分割

股票分割又称拆股、拆细，是将一股股票均等地拆成若干股。股票分割一般在年度决算月份进行，通常会刺激股价上涨。股票分割给投资者带来的不是现实的利益，但是投资者持有的股票数增加了，这就给投资者带来了今后可多分股息、多得收益的希望，因此股票分割往往比多派发股息对股价上涨的刺激作用更大。

（5）增资和减资

公司因业务发展需要增加资本额而发行新股，在产生相应效益前减少每股净资产，会促成股价下跌。但增资对不同公司股票价格的影响不尽相同，对那些业绩优良、财务结构健全、具有发展潜力的公司而言，增资意味着增强公司的经营实力，会给股东带来更多回报，股价不仅不会下跌，可能还会上涨。公司宣布减资多半是因为经营不善、亏损严重、需要重整，所以股价会大幅下降。如果公司为缩小规模、调整主业而减资，则有提升业绩、刺激股价上涨的效果。

（6）销售收入

公司的盈利来自销售收入，销售收入增加，通常说明公司销售能力增强，利润增加，股价随之上涨。值得注意的是，销售收入增加并不意味着利润一定增加，还要分析成本、费用和负债状况。另外，股价的变动一般也先于销售收入的变动。

（7）原材料供应及价格变化

原材料是公司成本的重要项目，原材料供应情况及价格变化也会影响股价的变动，特别是那些所需原材料是稀缺资源或是依赖国外进口的公司，其原材料供应情况及价格变化对股价的影响更大。比如，石油价格的变化会立即引起世界各国股价的迅速变动。

（8）主要经营者更替

更换公司主要经营者会改变公司的经营方针、管理水平、财务状况和盈利水平。一个锐意进取、管理有方的经营者可能使一家濒临破产的公司起死回生，而一个因循守旧、不谙管理的经营者也可能使有过辉煌业绩的公司江河日下。

（9）公司合并

公司合并有多种情况，有的是为了扩大规模、增强竞争力，有的是为了消灭竞争对手，有的是为了控股，也有的是为了操纵市场而进行恶意兼并。公司合并总会引起股价剧烈波动。这时要分析公司合并对公司是否有利，合并后是否能改善公司的经营状况，这是决定股价变动方向的决定因素。

（10）意外灾害

因发生不可预料和不可抵抗的自然灾害或不幸事件而造成损失，而损失又得不到相应赔偿，股价会下跌。

实践操作

一、股票价值评估模型

1. 收入资本化法在普通股价值分析中的运用

（1）收入资本化法的一般形式

收入资本化法认为，任何资产的内在价值都取决于持有资产可能带来的未来现金流收入的现值。由于未来现金流取决于投资者的预测，其价值采取将来值的形式，因此，需要利用贴现率将未来现金流调整为它们的现值。在选用贴现率时，不仅要考虑货币的时间价值，而且应该反映未来现金流的风险大小，用数学公式表示（假定对所有未来现金流选用相同的贴现率）如下：

$$V=\frac{C_1}{(1+y)}+\frac{C_2}{(1+y)^2}+\frac{C_3}{(1+y)^3}+\cdots=\sum_{t=1}^{\infty}\frac{C_t}{(1+y)^t} \tag{2.6}$$

式中：V 是资产的内在价值；C_t 是第 t 期的现金流；y 是贴现率。

（2）股息贴现模型

收入资本化法运用于普通股价值分析中的模型，又称股息贴现模型。公式表达式如下：

$$V=\frac{D_1}{(1+y)}+\frac{D_2}{(1+y)^2}+\frac{D_3}{(1+y)^3}+\cdots=\sum_{t=1}^{\infty}\frac{D_t}{(1+y)^t} \tag{2.7}$$

式中：V 是普通股的内在价值；D_t 是普通股第 t 期支付的股息；y 是贴现率，又称资本化率。

股息贴现模型假定股票的价值等于它的内在价值，而股息是投资股票唯一的现金流。事实上，绝大多数投资者并非在投资之后永久持有所投资的股票，即在买进股票一段时间之后可能抛出该股票。所以，根据收入资本化法，卖出股票的现金流收入也应该纳入股票内在价值的计算中。那么，股息贴现模型如何解释这种情况呢？

假定某投资者在第三期期末卖出所持有的股票，根据式（2.7），该股票的内在价值为：

$$V=\frac{D_1}{(1+y)}+\frac{D_2}{(1+y)^2}+\frac{D_3}{(1+y)^3}+\frac{V_3}{(1+y)^3} \tag{2.8}$$

式中：V_3 是在第三期期末出售该股票时的价格。

根据股息贴现模型，该股票在第三期期末的价格应该等于当时该股票的内在价值。公式表达式如下：

$$V_3=\frac{D_4}{(1+y)}+\frac{D_5}{(1+y)^2}+\frac{D_6}{(1+y)^3}+\cdots=\sum_{t=1}^{\infty}\frac{D_{t+3}}{(1+y)^t} \tag{2.9}$$

将式（2.9）代入式（2.8），得到：

$$V=\frac{D_1}{(1+y)}+\frac{D_2}{(1+y)^2}+\frac{D_3}{(1+y)^3}+\frac{D_4/(1+y)^1+D_5/(1+y)^2+\cdots}{(1+y)^3} \tag{2.10}$$

由于 $\dfrac{D_{t+3}/(1+y)^t}{(1+y)^3}=\dfrac{D_{t+3}}{(1+y)^{t+3}}$，所以式（2.10）可以简化为：

$$V=\frac{D_1}{(1+y)}+\frac{D_2}{(1+y)^2}+\frac{D_3}{(1+y)^3}+\frac{D_4}{(1+y)^4}+\frac{D_5}{(1+y)^5}+\cdots$$

$$=\sum_{t=1}^{\infty}\frac{D_t}{(1+y)^t} \tag{2.11}$$

所以，式（2.7）与式（2.8）是完全一致的，证明股息贴现模型选用未来的股息代表投资股票唯一的现金流，并没有忽视买卖股票的资本利得对股票内在价值的影响。如果能够准确地预测股票未来每期的股息，就可以利用式（2.7）计算股票的内在价值。在对股票未来每期股息进行预测时，关键在于预测每期股息的增长率。如果用 g_t 表示第

t 期的股息增长率，其数学表达式为：

$$g_t = \frac{D_t - D_{t-1}}{D_{t-1}} \tag{2.12}$$

（3）利用股息贴现模型指导证券投资

所有证券理论和证券价值分析都是为投资者的投资服务的。换言之，股息贴现模型可以帮助投资者判断某股票的价格是被低估还是被高估。判断股票价格被低估抑或被高估的方法有两种：

第一种方法，计算股票投资的净现值。如果净现值大于零，该股票被低估；反之，该股票被高估。用数学公式表示为：

$$NPV = V - P = \left[\sum_{t=1}^{\infty} \frac{D_t}{(1+y)^t} \right] - P \tag{2.13}$$

式中：NPV 是净现值；P 是股票的市场价格。

当 NPV 大于零时，可以逢低买入；当 NPV 小于零时，可以逢高卖出。

第二种方法，比较贴现率与内部收益率的差异。如果贴现率小于内部收益率，该股票的净现值大于零，即该股票被低估；反之，当贴现率大于内部收益率时，该股票的净现值小于零，说明该股票被高估了。内部收益率（Internal Rate of Return，IRR）是当净现值等于零时的一种特殊的贴现率。

$$NPV = V - P = \left[\sum_{t=1}^{\infty} \frac{D_t}{(1+IRR)^t} \right] - P = 0 \tag{2.14}$$

根据对股息增长率的不同假定，股息贴现模型可以分成零增长模型、不变增长模型和三阶段增长模型等形式。

2. 股息贴现模型之一：零增长模型（Zero-Growth Model）

零增长模型是股息贴现模型的一种特殊形式，它假定股息是固定不变的。换言之，股息的增长率等于零。零增长模型不仅可以用于对普通股的价值分析，而且适用于对统一公债和优先股的价值分析。股息不变的数学表达式为：

$$D_0 = D_1 = D_2 = \cdots = D_\infty$$

或

$$g_t = 0$$

将股息不变的条件代入式（2.11），得到：

$$V = \sum_{t=1}^{\infty} \frac{D_t}{(1+y)^t} = D_0 \left[\sum_{t=1}^{\infty} \frac{1}{(1+y)^t} \right]$$

当 y 大于零时，$1/(1+y)$ 小于 1，可以将上式简化为：

$$V = \frac{D_0}{y} \tag{2.15}$$

3. 股息贴现模型之二：不变增长模型（Constant-Growth Model）

不变增长模型是股息贴现模型的第二种特殊形式。不变增长模型又称戈登模型（Gordon Model），有 3 个假定条件：

（1）股息的支付在时间上是永久性的，即式（2.7）中的 t 趋向于无穷大（t→∞）；

（2）股息的增长速度是一个常数，即式（2.12）中的 g_t 等于常数（$g_t=g$）；

（3）模型中的贴现率大于股息增长率，即式（2.7）中的 y 大于 g（$y>g$）。

根据上述 3 个假定条件，可以将式（2.7）改写为：

$$V=\frac{D_1}{(1+y)}+\frac{D_2}{(1+y)^2}+\frac{D_3}{(1+y)^3}+\cdots=\sum_{t=1}^{\infty}\frac{D_t}{(1+y)^t}$$

$$=\frac{D_0(1+g)}{(1+y)}+\frac{D_0(1+g)^2}{(1+y)^2}+\cdots+\frac{D_0(1+g)^{\infty}}{(1+y)^{\infty}}$$

$$=D_0\left[\left(\frac{1+g}{1+y}\right)+\left(\frac{1+g}{1+y}\right)^2+\cdots+\left(\frac{1+g}{1+y}\right)^{\infty}\right]$$

$$=D_0\left[\frac{(1+g)/(1+y)-\left[(1+g)/(1+y)\right]^{\infty}}{1-\left[(1+g)/(1+y)\right]}\right]$$

$$=\frac{D_0(1+g)}{y-g}=\frac{D_1}{y-g} \tag{2.16}$$

式（2.16）是不变增长模型的函数表达形式，其中的 D_0、D_1 分别是初期和第一期支付的股息。当式（2.16）中的股息增长率等于零时，不变增长模型就变成了零增长模型。所以，零增长模型是不变增长模型的一种特殊形式。

4.股息贴现模型之三：三阶段增长模型（Three-Stage-Growth Model）

三阶段增长模型是股息贴现模型的第三种特殊形式，最早是由莫洛多斯基（N. Molodovsky）提出的，现在仍然被许多投资银行使用。三阶段增长模型将股息的增长分成了 3 个不同的阶段：在第一阶段（期限为 A），股息的增长率是一个常数（g_a）。第二阶段（期限为 A+1 到 B-1）是股息增长的转折期，股息增长率以线性的方式从 g_a 变化为 g_n，g_n 是第三阶段的股息增长率。如果 $g_a>g_n$，则在转折期内表现为递减的股息增长率；反之，表现为递增的股息增长率。在第三阶段（期限为 B 之后，一直到永远），股息的增长率也是一个常数（g_n），该增长率是公司长期的、正常的增长率。股息增长的 3 个阶段如图 2-10 所示。

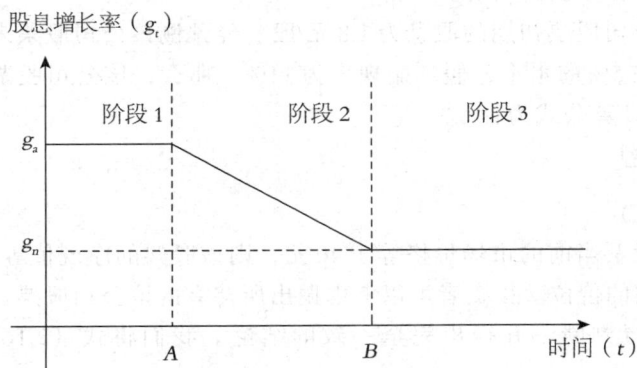

图2-10 三阶段股息增长模型

在图 2-10 中，在转折期内任何时点上的股息增长率 g_t 都可以用式（2.17）表示：

$$g_t = g_a - (g_a - g_n)\frac{(t-A)}{(B-A)} \tag{2.17}$$

例如，当 t 等于 A 时，股息增长率等于第一阶段的常数增长率；当 t 等于 B 时，股息增长率等于第三阶段的常数增长率。

在满足三阶段增长模型的假定条件下，如果已知 g_a、g_n、A、B 和初期的股息水平 D_0，就可以根据式（2.17）计算出所有各期的股息；然后，根据贴现率计算股票的内在价值。三阶段增长模型的计算公式为：

$$V = D_0 \sum_{t=1}^{A}\left(\frac{1+g_a}{1+y}\right)^t + \sum_{t=A+1}^{B-1}\left[\frac{D_{t-1}(1+g_t)}{(1+y)^t}\right] + \frac{D_{B-1}(1+g_n)}{(1+y)^{B-1}(y-g_n)} \tag{2.18}$$

式（2.18）中的 3 项分别对应股息的 3 个增长阶段。

二、股票价值评估

例题一：假定投资者预期某公司每期支付的股息将永久性地固定为 1.15 元/股，并且贴现率为 13.4%，那么，该公司股票的内在价值等于 8.58 元，计算过程如下：

$$V = \frac{1.15}{(1+1.134)} + \frac{1.15}{(1+1.134)^2} + \frac{1.15}{(1+1.134)^3} + \cdots$$
$$= 8.58（元）$$

如果该公司股票当前的市场价格等于 10.58 元，说明它的净现值等于 -2 元。由于其净现值小于零，所以该公司的股票被高估了 2 元。如果投资者认为其持有的股票处于被高估的价位，他们就可能抛售该公司的股票。这也可以使用内部收益率方法进行判断。

$$NPV = V - P = \frac{D_0}{y} - P = 0$$

或

$$IRR = \frac{D_0}{P}$$

该公司股票的内部收益率等于 10.9%（1.15/10.58）。由于它小于贴现率 13.4%，所以该公司的股票价格是被高估的。

例题二：某公司股票初期的股息为 1.8 元/股。经预测该公司股票未来的股息增长率将永久性地保持在 5% 的水平，假定贴现率为 11%。那么，该公司股票的内在价值应该等于 31.50 元。其计算公式为：

$$V = \frac{1.8 \times (1+0.05)}{0.11 - 0.05}$$
$$= 31.50（元）$$

如果该公司股票当前的市场价格等于 40 元，则该股票的净现值等于 -8.50 元，说明该股票处于被高估的价位。投资者可以考虑抛出所持有的该公司股票。利用内部收益率方法同样可以进行判断，并得出完全一致的结论。我们将式（2.16）代入式（2.14）中，得到：

$$NPV = V - P = \frac{D_0(1+g)}{y-g} - P = 0$$

可推出：

内部收益率 $(IRR) = \dfrac{D_1}{P} + g$

将有关数据代入，可以算出当该公司股票价格等于 40 元时的内部收益率为 9.73%。由于该内部收益率小于贴现率（11%），所以，该公司股票的价格是被高估的。

例题三：假定某股票初期支付的股息为 1 元/股，在今后两年的股息增长率为 6%，股息增长率从第三年开始递减，从第六年开始每年保持 3% 的增长速度。另外，贴现率为 8%。所以，$A=2$，$B=6$，$g_a=6\%$，$g_n=3\%$，$r=8\%$，$D_0=1$。代入式（2.17），得到：

$$g_3 = 0.06 - (0.06 - 0.03) \times \frac{(3-2)}{(6-2)} \times 100\% = 5.25\%$$

$$g_4 = 0.06 - (0.06 - 0.03) \times \frac{(4-2)}{(6-2)} \times 100\% = 4.5\%$$

$$g_5 = 0.06 - (0.06 - 0.03) \times \frac{(5-2)}{(6-2)} \times 100\% = 3.75\%$$

将上述数据整理后，列入表 2-1 中。

表 2-1   某股票 3 个阶段的股息增长率

	年份	股息增长率（%）	股息（元/股）
第一阶段	1	6	1.06
	2	6	1.124
第二阶段	3	5	1.183
	4	4	1.236
	5	3	1.282
第三阶段	6	3	1.320

将表 2-1 中的数据代入式（2.18）中，可以算出该股票的内在价值等于 22.64 元。

$$V = 1 \times \sum_{t=1}^{2} \left(\frac{1+0.06}{1+0.08} \right)^t + \sum_{t=3}^{5} \left[\frac{D_{t-1}(1+g_t)}{(1+0.08)^t} \right] + \frac{D_5(1+0.03)}{(1+0.08)^5(0.08-0.03)}$$

$$= 22.64（元）$$

如果该公司股票当前的市场价格为 20 元，根据净现值的判断原则，可以证明该股票的价格被低估了。

任务三　评估证券投资基金价值

任务导入

基金定投投资回报+41%，基金下跌-39%

富兰克林邓普顿基金集团在泰国曾经推出过邓普顿泰国基金，管理该基金的基金经理是被《纽约时报》尊称为"新兴市场教父"的马克·默比乌斯博士。当时该基金的发行价为 10 美元。发行当日，一位看好泰国的客户开始了他为期两年的定期定额投资计划，每个月固定投资 1 000 美元。该基金成立以来的表现如图 2-11 所示。

基金亏损 –38.7%
定投回报 +41%

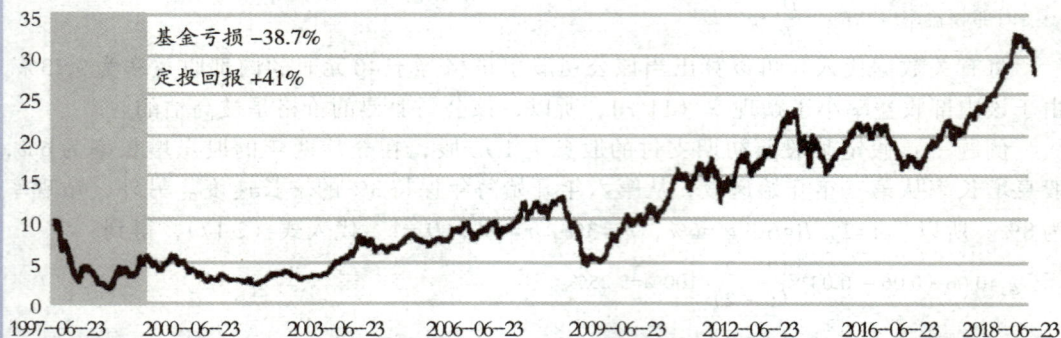

图 2–11　邓普顿泰国基金成立以来的表现

注：阴影区域为两年定期定额投资计划时间；数据来源于 Wind，截至 2018 年 7 月 6 日。

　　然而，就在这位客户买入邓普顿泰国基金的隔月，亚洲金融风暴就爆发了。这只基金的净值随着泰国股票一同下跌，起初 10 美元的面值在 15 个月后变为 2.22 美元，减少了 80%，后来净值有所提升，在客户为期两年的定期定额投资计划到期时，升到了 6.13 美元。从"择时"的角度来讲，这位客户真是选了一个奇差无比的入场时机，不过倒不用急着去同情他，因为他为期两年的投资并未亏损，恰恰相反，回报率居然达到了 41%。

　　一个简单的算法可以解释这位客户"奇迹"般的回报率：每个月固定投资 1 000 美元，假设忽略手续费等费用因素，当基金面值为 10 美元时，他获得的份额为 100 份；而当基金面值跌到 2.22 美元时，他获得的份额大约是 450 份。基金面值越低，购入份额越多，因而在买入的总份额中，低价份额的比例会大于高价份额，因此平均成本会摊薄。在经过两年的持续投资后，他的平均成本仅为 4 美元，不仅低于起始投资的面值 10 美元，也低于投资结束时的面值 6.13 美元。

　　问题：基金定投给你带来怎样的启示？

　　分析提示：基金定投操作属于"长线操作开放基金"行为。在基金投资过程中，某些投资者经常短时间买卖，违反了基金定投的投资规律，属于一种"短视"的证券投资基金操作行为。投资者应该在基金定投中尽量避免该行为的发生。

　　资料来源：根据金融界相关资料整理所得（参见 2018 年 7 月 11 日北京富华创新科技发展有限责任公司材料）。

微课堂 2–3

知识准备

证券投资基金
基本知识

一、证券投资基金的定义

　　证券投资基金是一种利益共享、风险共担的集合投资方式，即通过发行基金单位，集中投资者的资金，由基金托管人托管，由基金管理人管理和运用资金，从事以有价证券为主的金融工具投资，以获得投资收益和资本增值。

▶▶▶

拓展阅读 2-5　　　　　　　　　证券投资基金的产生与发展

　　证券投资基金起源于19世纪60年代，迄今为止，它大致经历了产生、发展、成熟3个阶段。

　　1. 1868年至1920年是证券投资基金的产生阶段

　　19世纪60年代，随着第一次产业革命的成功，英国成为全球最富裕的国家，它的工业总产值占世界工业总产值的1/3以上，国际贸易额占世界总贸易额的25%，因此国内资金充裕，利率较低。与此同时，美国、德国、法国等国家正开始进行工业革命，需要大量的资金支持。在此背景下，英国政府为了提高国内投资者的收益，出面组织了由专业人士管理运作的以投资美国、欧洲及殖民地国家证券为主的"外国和殖民地政府信托投资基金"。它标志着证券投资基金开始起步。

　　2. 1921年至20世纪70年代是证券投资基金的发展阶段

　　如果说第一次产业革命属于轻工业革命的话，第二次产业革命则是重工业革命，在这场革命中，钢铁、汽车、电力、石化等工业迅速兴起。经过19世纪70年代到20世纪初的30多年历程，美国经济跳跃式地超过了英国，国民生产总值位居世界第一位，尤其是第一次世界大战后，美国的经济更是空前繁荣。在此背景下，1921年4月，美国设立了第一家证券投资基金组织——美国国际证券信托基金，这标志着证券投资基金发展中"英国时代"的结束和"美国时代"的开始。1924年3月21日，"马萨诸塞投资信托基金"设立，标志着美国式证券投资基金的真正起步。1940年美国仅有证券投资基金68只，资产总值达4.48亿美元；到1979年证券投资基金数量已经发展到524只，资产总值达945.11亿美元。

　　3. 20世纪80年代以后是证券投资基金趋于成熟的阶段

　　证券投资基金的成熟阶段主要体现在3个方面：一是证券投资基金在整个金融市场中占据了重要的地位；二是证券投资基金成为一种国际化现象；三是证券投资基金在金融创新中得到了快速的发展，有力地促进了金融运行机制的创新。

　　目前，证券投资基金已经成为发达国家金融运行和国际金融市场中一支举足轻重的力量。基金产业已经与银行业、证券业、保险业成为现代金融体系的四大支柱产业。

　　中国证券投资基金在管理部门的大力支持下，依托高速成长的新兴证券市场环境，在短短的几年时间里获得了突飞猛进的发展。1997年11月5日，国务院批准了《证券投资基金管理暂行办法》，该办法对基金的设立、管理、运作和交易按照国际惯例进行了全面的规定，成为我国基金管理重要的法律规范，标志着我国证券投资基金发展进入了一个新的时期。从1998年4月开始的一年时间里，中国证监会批准了10只证券投资基金，按《证券投资基金管理暂行办法》设立的基金我们统称为"新基金"，10家"新基金"均为契约型基金，发行规模为20亿。2001年，华安创新投资基金作为一只开放式基金，成为中国基金业发展的又一个阶段性标志。2004年6月1日，《中华人民共和国证券投资基金法》正式实施，以法律形式确认了基金业在资本市场中的地位和作用，成为中国基金业发展史上的一个重要里程碑。

在基金规模快速扩大的同时，基金品种创新也呈现出加速趋势。一方面，开放式基金后来居上，逐渐成为基金设立的主流形式；另一方面，基金产品差异化日益明显，基金的投资风格也趋于多样化，除传统的成长型、混合型外，债券基金、收益型基金、价值型基金、指数基金、行业基金、保本基金、货币市场基金等纷纷问世。而中外合资基金从无到有、数量逐渐增加更引人注目，中国基金业对外开放的步伐越来越快。

资料来源：根据相关资料整理所得。

二、证券投资基金的主体

证券投资基金市场的参与主体分为基金当事人、基金市场服务机构、基金监管机构和自律组织3类。

1. 基金当事人

（1）基金份额持有人

基金份额持有人即基金投资者，是基金的出资人、基金资产的所有者和基金投资收益的受益人。

（2）基金管理人

证券投资基金管理人是负责基金发起设立与经营管理的专业性机构。《中华人民共和国证券投资基金法》规定，基金管理人由依法设立的基金管理公司担任。基金管理公司通常由证券公司、信托投资公司或其他机构等发起成立，具有独立法人地位。

（3）基金托管人

基金托管人是依据基金运行中"管理与保管分开"的原则对基金管理人进行监督和保管基金资产的机构，是基金持有人权益的代表，是基金资产的名义持有人。其主要职责是基金资产保管、基金资金清算、会计核算以及对基金投资运作进行监督等。《中华人民共和国证券投资基金法》规定，基金托管人由依法设立并取得基金托管资格的商业银行担任。

2. 基金市场服务机构

基金管理人、基金托管人既是基金的当事人，又是基金的主要服务机构。除基金管理人与基金托管人外，基金市场还有许多面向基金提供各类服务的其他机构。这些机构主要包括基金销售机构、基金注册登记机构、律师事务所、会计师事务所、基金投资咨询机构、基金评级机构等。

3.基金监管机构和自律组织

（1）基金监管机构

为了保护基金投资者的利益，不同国家和地区都对基金活动进行严格的监督管理。基金监管机构通过依法行使审批或核准权，依法办理基金备案，对基金管理人、基金托管人以及其他从事基金活动的中介机构进行监督管理，对违法违规行为进行查处，因此其在基金的运作过程中起着重要的作用。

（2）基金自律组织

证券交易所是基金的自律管理机构之一。我国的证券交易所是依法设立的，不以营利为目的，为证券的集中和有组织交易提供场所和设施，履行国家有关法律、法规、规章、政策规定的职责，实行自律性管理的法人。一方面，封闭式基金和交易型开放式指数基金等需要通过证券交易所募集和交易，必须遵守证券交易所的规则；另一方面，经中国证监会授权，证券交易所对基金的投资交易行为还承担着重要的一线监控职责。

基金行业自律组织是由基金管理人、基金托管人或基金销售机构等组织成立的同业协会。同业协会在促进同业交流、提高从业人员素质、加强行业自律管理、促进行业规范发展等方面具有重要作用。

三、证券投资基金的特征

1.集合理财，专业管理

基金将众多投资者的资金集中起来，委托基金管理人进行共同投资，表现出一种集合理财的特点。而基金管理人一般拥有大量的专业投资研究人员和强大的信息网络，这样，中小投资者也可以享受到专业化的投资管理服务。

2.组合投资，分散风险

基金通常会购买几十种甚至上百种股票，投资者购买基金就相当于用很少的钱购买了一揽子股票，某些股票价格下跌造成的损失可由另外一些股票价格的上涨来弥补，因此可以充分享受到组合投资、分散风险的好处。

3.利益共享，风险共担

基金投资的收益在扣除基金托管人和基金管理人按规定收取的托管费和管理费后，所有盈余按各投资者所持有的基金份额进行分配。

4.严格监管，信息透明

各国监管机构都对基金业实行严格的监管，对各种有损投资者利益的行为进行严厉打击，并强制基金进行较为充分的信息披露。

5.独立托管，保障安全

基金管理人只负责投资操作，不负责基金财产的保管，基金财产由独立于基金管理人的基金托管人负责。两者相互制约、相互监督的制衡机制保护了投资者的利益。

四、证券投资基金分类

1. 契约型投资基金和公司型投资基金

根据投资基金的组织形态，可将证券投资基金分为契约型投资基金和公司型投资基金。

（1）契约型投资基金

契约型投资基金又称为单位信托基金，是指将投资者、管理人和托管人三者作为基金的当事人，通过签订基金契约的形式发行受益凭证而设立的一种基金。它是依据一定的信托契约原理而组织起来的代理投资行为。

（2）公司型投资基金

公司型投资基金是为了共同投资目标而组成的以营利为目的的股份有限公司，并将形成的公司资产投资于有价证券的证券投资基金，公司经理、董事执行业务，并向股东负责。其特点是投资基金即为公司本身，公司委托证券公司发行股票募集资金，投资者即公司股东。

（3）契约型投资基金与公司型投资基金的区别

第一，资金的性质不同。契约型投资基金的资金是信托财产，公司型投资基金的资金为公司的法人资本。

第二，投资者的地位不同。契约型投资基金的投资者作为信托契约中规定的受益人，对基金如何运用所作的重要投资决策通常不具有发言权；公司型投资基金的投资者作为公司的股东，有权参与公司的重大决策，发表自己的意见。

第三，基金的运营依据不同。契约型投资基金依据基金契约运营基金，公司型投资基金依据基金公司章程运营基金。

2. 封闭式基金和开放式基金

根据基金受益凭证是否可以赎回及规模是否固定，可将证券投资基金分为封闭式基金和开放式基金。

（1）封闭式基金

封闭式基金是指经核准的基金份额总额在基金合同期限内固定不变，基金份额可以在依法设立的证券交易所交易，但基金份额持有人不得申请赎回的基金。投资者若要购买或出售基金份额，只能在证券交易市场上竞价买卖。

（2）开放式基金

开放式基金是指基金管理公司在设立基金时，发行的基金单位总数不固定，基金份额可以在基金合同约定的时间和场所申购或者赎回的基金。投资者可以随时购买一定数量的基金单位，也可以随时将手中的基金单位赎回。购买或赎回基金单位的价格，按基金的净资产计算。

（3）封闭式基金和开放式基金的区别

第一，期限不同。封闭式基金有固定的存续期限，通常在5年以上，一般为10年和15年；开放式基金没有固定的存续期限，投资者可随时向基金管理人赎回基金单位。

第二，发行规模限制不同。封闭式基金在招募说明书中列明其基金规模，在存续期限内未经法定程序认可，不能再增加发行；开放式基金没有规模限制，投资者可随时提出认购或赎回申请，基金规模随之增加或减少。

第三，基金单位的交易方式不同。封闭式基金的基金单位在存续期限内不能赎回，持有人只能寻求在证券交易场所出售给第三者；开放式基金的投资者则可以在首次发行结束一段时间（一般为3个月）后，随时向基金管理人或中介机构提出购买或赎回申请，买卖方式灵活，通常不上市交易。

第四，基金单位交易价格的计算标准不同。封闭式基金与开放式基金的基金单位除了首次发行价都是按面值加一定百分比的销售费计算外，以后的交易计价方式就不同了。封闭式基金的买卖价格受市场供求关系的影响，常出现溢价或折价现象，并不必然反映基金的净资产值；开放式基金的交易价格则取决于基金每单位净资产值的大小，其申购价一般是基金单位净资产值加一定的申购费，赎回价是基金单位净资产值减去一定的赎回费，不直接受市场供求的影响。

第五，基金买卖费用的缴纳方式不同。投资者在买卖封闭式基金时与买卖股票一样，也要在价格之外付出一定比例的证券交易税和手续费；而开放式基金的投资者需缴纳的相关费用（如首次认购费、赎回费）则包含在基金价格之中。一般而言，买卖封闭式基金的费用要高于开放式基金。

第六，基金的投资策略不同。由于封闭式基金不能随时被赎回，其募集到的资金可全部用于投资，这样，基金管理公司便可制定长期的投资策略，取得长期经营绩效；而开放式基金则必须保留一部分现金，以便投资者随时赎回，而不能全部用于长期投资，这部分现金一般投资于变现能力强的资产。

第七，基金份额资产净值公布的时间不同。封闭式基金一般每周或更长时间公布一次，开放式基金一般在每个交易日连续公布。

从目前世界各国和地区的投资发展情况看，由于开放式基金更符合广大中小投资者的要求，投资基金绝大多数是开放式的。美国90%以上的基金属于开放式的，我国台湾、香港地区以及新加坡等国家开放式基金也占相当大的比重。

3. 成长型基金、收入型基金和平衡型基金

根据投资目的的不同，可将证券投资基金分为成长型基金、收入型基金和平衡型基金。

（1）成长型基金

成长型基金是指以追求资本增值为基本目标，较少考虑当期收入的基金，主要以具有良好增长潜力的股票为投资对象。

（2）收入型基金

收入型基金是指以追求稳定的经常性收入为基本目标的基金，主要以大盘蓝筹股、公司债、政府债券等高收益证券为投资对象。

（3）平衡型基金

平衡型基金是既注重资本增值又注重当期收入的一类基金。

4. 股票型基金、债券型基金、混合型基金、货币市场基金、衍生证券投资基金

根据投资对象的不同，可将证券投资基金分为股票型基金、债券型基金、混合型基

金、货币市场基金、衍生证券投资基金。

5. 主动型基金和被动型基金

根据投资理念的不同，可将证券投资基金分为主动型基金与被动型基金。

（1）主动型基金

主动型基金是一类力图取得超越基准组合表现的基金。

（2）被动型基金

被动型基金并不主动寻求取得超越市场的表现，而是试图复制指数的表现。被动型基金一般选取特定的指数作为跟踪的对象，因此通常又称为指数型基金。

6. 公募基金和私募基金

（1）公募基金

公募基金是指可以面向社会大众公开发行销售的一类基金，主要具有如下特征：可以面向社会公开发售基金份额和宣传推广，基金募集对象不固定；投资金额要求低，适宜中小投资者参与；必须受基金法律和法规的约束，并接受监管部门的严格监管。

（2）私募基金

私募基金是只能采取非公开方式、面向特定投资者募集发行的基金。与公募基金相比，私募基金不能进行公开发售和宣传推广，投资金额要求高，投资者的资格和人数常常受到严格的限制。

7. 特殊类型基金

（1）伞型基金

伞型基金是指多个基金共用一个基金合同，子基金独立运作，子基金之间可以进行相互转换的一种基金结构形式。

（2）基金中的基金

基金中的基金是指以其他证券投资基金为投资对象的基金，其投资组合由其他基金组成。我国目前尚无此类基金存在。

（3）保本基金

保本基金是指采用投资组合保险技术，保证投资者在投资到期时至少能够获得投资本金或一定回报的证券投资基金。保本基金的投资目标是在锁定下跌风险的同时力争有机会获得潜在的高回报。

（4）交易型开放式基金

交易型开放式基金是指在证券市场进行公开交易的开放式基金，我国主要包括上海证券交易所的交易型开放式指数基金和深圳证券交易所的上市开放式基金两种。

①交易型开放式指数基金。

微课堂2-4

ETF与LOF

交易型开放式指数基金（Exchange Traded Fund，ETF）是一种在证券交易所上市交易的、基金份额可变的基金。ETF管理的资产是一揽子股票组合，这一组合中的股票种类与某一特定指数（如上证50指数）包含的成分股票相同，每种股票的数量与该指数的成分股构成比例一致。ETF交易价格取决于它拥有的一揽子股票的价值，即"单位基金资产净值"。ETF结合了封闭式基金与开放式基金的运作特点，投资者一方面可以像封闭式基金一样在证券交易所二级市场进行买卖，另一方面又可以像开放式基金一样申购、赎回。不同的是，它的申购是用一揽子股票换取ETF份额，赎回时也是换回一揽子股票而不是现金。这种交易制度使该类基金存在一、二级市场之间的套利机制，可有效防止类似封闭式基金的大幅折价。

②上市开放式基金。

上市开放式基金（Listed Open-ended Fund，LOF）是一种可以在场外市场进行基金份额申购、赎回，在证券交易所进行基金份额交易，并通过份额转托管机制将场外市场与场内市场有机联系在一起的具有新的运作方式的基金。

③ETF与LOF的区别。

ETF与LOF都具备开放式基金场外申购、赎回和场内交易的特点，但两者存在本质区别，主要表现在：

第一，申购、赎回的标的不同。ETF与投资者交换的是基金份额与一揽子股票；LOF的申购、赎回是基金份额与现金的对价。

第二，申购、赎回的场所不同。ETF的申购、赎回通过证券交易所进行；LOF的申购、赎回既可以在代销网点进行，也可以在证券交易所进行。

第三，对申购、赎回的限制不同。只有大投资者，即基金份额通常要求在100万份以上的投资者才能参与ETF一级市场的申购、赎回交易；而LOF在申购、赎回上没有特别要求。

第四，基金投资策略不同。ETF通常采用完全被动式的管理方法，以拟合某一指数为目标；而LOF则是普通的开放式基金增加了证券交易所交易方式，可以是指数型基金，也可以是主动型基金。

第五，在二级市场的净值报价上，ETF每15秒提供一个基金净值报价；而LOF在净值报价上的频率要比ETF低，通常1天只提供1次或几次基金净值报价。

交易型开放式基金交易机制如图2-12所示。

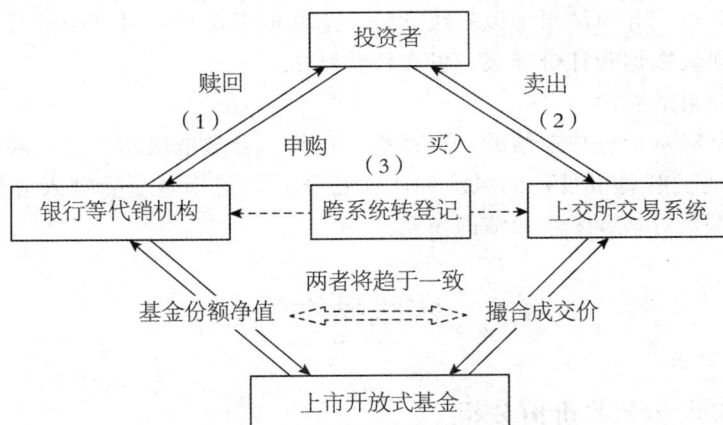

图2-12　交易型开放式基金交易机制

五、影响证券投资基金投资的因素

由于证券投资基金投资于股票、债券等金融工具，所以它们的投资影响因素是一致的。但证券投资基金作为一个理财产品，还会受针对基金的评价及评级的影响。

1.基金评价

（1）基金评价的概念和目的

基金评价就是通过一些定量指标或定性指标，对基金的风险、收益、风格、成本、业绩来源以及基金管理人的投资能力进行分析与评判。其目的在于帮助投资者更好地了解投资对象的风险和收益特征、业绩表现，方便投资者进行基金之间的比较与选择。

（2）基金评价的三个角度

①对单只基金的分析和评价。

对单只基金的分析和评价通常是将其与同类基金进行比较，考查其在相同市场环境下的业绩表现。这包括对基金业绩的计算、对基金风险的评估以及对业绩表现的归因分析等。对单只基金业绩的分析和研究主要采用定量分析方法。

②对基金经理的分析和评价。

对基金经理的分析和评价主要是对其投资管理能力和操作风格进行考查和评估。

③对基金公司的分析和评价。

对基金公司分析和评价的意义在于公司平台会影响基金经理的投资管理。事实上，基金业绩除反映基金经理的管理水平外，在很多方面也反映了整个公司的综合实力。随着行业竞争的激烈和投资环境的日益复杂化，仅靠基金经理个人的能力很难保持业绩的长期稳定，公司平台的作用日益明显。

2.基金评级

（1）基金评级的方法

基金评级主要通过能反映基金风险和收益特征的指标体系或评级模型对基金定期公布的数据进行分析，并对结果予以等级评价。通常的做法是：对基金进行分类，建立评级模型，划分评级数据和评价等级，发布评价结果。

（2）评级结果的应用

基金评级是对基金过往业绩的一种评价，正确、合理地使用评级结果，有助于投资者全面、迅速地了解基金过往的风险和收益特征，为选择基金管理人等提供有益的参考。基金评级不是对基金未来业绩的预测。

实践操作

一、开放式基金的价值分析

开放式基金的特点是要经常不断地按客户的要求购回或出售基金单位。开放式基金的交易价格不受市场供求关系的影响，仅以基金单位净资产为基础加减申购费或赎回费求得。因此，决定开放式基金投资价值的主要因素是基金单位资产净值。

1. 基金单位资产净值

基金单位资产净值可用下面的公式来表示：

$$基金单位资产净值=\frac{基金资产总值 - 各种费用}{基金单位数量}$$

基金资产总值是指一只基金所拥有的资产（包括现金、股票、债券和其他有价证券及其他资产）于每个营业日收盘后，根据收盘价格计算出来的总资产价值。开放式基金的各项费用支出主要有推销费用、退股费用、行政管理费用等。

2. 申购价格和赎回价格

由于开放式基金要经常不断地按客户要求申购、赎回或卖出基金单位，因此，开放式基金的价格分为两种，即申购价格和赎回价格。

（1）申购价格

开放式基金一般在场外进行交易，投资者在购入开放式基金单位时，除了支付资产净值之外，还要支付一定的附加费用。附加费用等于申购费率与单位资产净值的乘积。开放式基金的申购价格可用下式表示：

申购价格=基金单位资产净值×（1+申购费率）

申购费率为申购费占基金单位资产净值的比率。

对一般投资者来说，该附加费用是一笔不小的成本，增加了投资者的风险，因此，国外出现了一些没有附加费用的开放式基金。

（2）赎回价格

开放式基金承诺可以在任一赎回日根据投资者的个人意愿赎回其所持基金单位。对赎回时不收取任何费用的开放式基金来说：

赎回价格=基金单位资产净值

对赎回时收取赎回费用的开放式基金来说，赎回价格为基金单位资产净值减去一定的赎回费用，即：

赎回价格=基金单位资产净值×（1-赎回费率）

二、封闭式基金的价值分析

封闭式基金类似于股票，在发行期满后一般都申请上市交易。影响封闭式基金价值的因素主要来自6个方面：基金单位资产净值、市场供求关系、宏观经济状况、证券市场状况、基金管理者的管理水平以及政府有关基金的政策。其中，确定基金价值最根本的依据是基金单位资产净值及其变动情况。

封闭式基金的价值分析也可以采用收入的资本化定价方法。基金的收入包括利息收入、股息和红利收入、资本利得。基金的费用包括准备费用、管理费用、托管费用等。在收入中扣除费用后，投资于基金获得的净收益就成为决定封闭式基金价格的基础。根据收入的资本化定价方法，投资基金的价值为：

$$V=\frac{D_1}{1+i}+\frac{D_2}{(1+i)^2}+\cdots+\frac{D_{+\infty}}{(1+i)^{+\infty}}$$

式中：V是封闭式基金的价值；D_j是基金每一时期的净收入；i是预期的报酬率。

三、证券投资基金价值评估

2022年年初，王先生购买了净值为1.1000元/份的开放式基金 A 2 万份，短期持有后，该基金净值上升为1.1500元/份，王先生将该基金出售；同时，王先生申购了净值为0.9500元/份的开放式基金 B 2 万份，短期持有后，该基金净值上升为0.9800元/份，王先生再次将该基金抛售。下面计算王先生经过两次短线操作后到底挣了多少钱。

申购基金单位金额计算方法如下：

申购金额=申购份额×交易日基金单位净值+申购费用

申购费用=申购份额×交易日基金单位净值×申购费率

赎回基金单位金额计算方法如下：

赎回金额 = 赎回份额×交易日基金单位净值 − 赎回费用

赎回费用 = 赎回份额×交易日基金单位净值 × 赎回费率

假设开放式基金的赎回费率为1.5%，申购费率为1.0%。那么我们可以计算出来：

开放式基金 A 的申购费用=20 000×1.1000×1.0%=220（元）

开放式基金 A 的申购金额=20 000×1.1000+220=22 220（元）

开放式基金 A 的赎回费用=20 000×1.1500×1.5%=345（元）

开放式基金 A 的赎回金额=20 000×1.1500−345=22 655（元）

王先生对开放式基金 A 的短线操作利润=22 655−22 220=435（元）

王先生申购、赎回基金 A 的交易费用=220+345=565（元）

王先生对开放式基金 A 的交易费用是所获利润的1.30倍。

开放式基金 B 的申购费用=20 000×0.9500×1.0%=190（元）

开放式基金 B 的申购金额=20 000×0.9500+190=19 190（元）

开放式基金 B 的赎回费用=20 000×0.9800×1.5%=294（元）

开放式基金 B 的赎回价格=20 000×0.9800−294=19 306（元）

王先生对开放式基金 B 的短线操作利润=19 306−19 190=116（元）

王先生申购、交易基金 B 的交易费用=190+294=484（元）

王先生对开放式基金 B 的交易费用是其利润的4.17倍。

假如不存在交易费用，王先生所获得的毛利是多少呢？是 1 600 元。实际上，扣除交易费用后王先生获得了多少利润呢？仅仅 551 元。毛利中的65.6%就这样被交易费用所吞噬。[①]

任务四　评估股指期货价值

任务导入

股指期货套期保值分析：卖出股指期货套期保值

2022 年 6 月 2 日，国内某证券投资基金股票组合的收益达到了 40%，总市值为 5

① 邢恩泉. 证券投资禁忌50例［M］. 北京：电子工业出版社，2006.

亿元。该基金预期银行可能加息，且一些大盘股相继要上市，股价可能出现短期深幅下调，但对后市还是看好，于是决定用沪深 300 指数期货进行保值。

假设其股票组合与沪深 300 指数的相关系数 β 为 0.9，2022 年 6 月 2 日沪深 300 指数现货指数为 3 800 点，9 月到期的期货合约为 3 880 点，则该基金的套期保值数量为：

（500 000 000÷3 880÷100）×0.9=1 159（手）

2022 年 6 月 22 日，股票市场企稳，沪深 300 指数现货指数为 3 826 点，9 月到期的期货合约为 3 880 点。该基金认为后市继续看涨，决定继续持有股票。

问题：如何认识股指期货交易的套期保值？

分析提示：股指期货交易具有高风险性，但股指期货交易的重要功能之一是套期保值。

资料来源：根据南方财富网相关资料整理。

知识准备

微课堂 2-5

股指期货基本知识

一、评估股指期货价值

1. 股指期货的概念

股指期货，就是以某种股票指数为标的资产的标准化的期货合约。买卖双方报出的价格是一定时期后的股票指数价格水平。在合约到期后，股指期货通过现金结算差价的方式来进行交割。我国股指期货交易于 2010 年 4 月 16 日起正式在中国金融期货交易所上市交易，首个股指期货合约以沪深 300 指数为标的物。沪深 300 指数由中证指数有限公司编制与维护，成分股票有 300 种。该指数借鉴了国际市场成熟的编制理念，采用调整股本加权、分级靠档、样本调整缓冲区等先进技术编制而成。

▶▶▶

拓展阅读 2-6　　　　世界主要股票价格指数期货简介

1. 标准普尔 500 指数

标准普尔 500 指数是由标准普尔公司于 1957 年开始编制的。最初的成分股由 425 种工业股票、15 种铁路股票和 60 种公用事业股票组成。从 1976 年 7 月 1 日开始，其成分股由 400 种工业股票、20 种运输业股票、40 种公用事业股票和 40 种金融业股票组成。它以 1941 年至 1942 年为基期，基期指数定为 10，采用加权平均法进行计算，以股票上市量为权数，按基期进行加权计算。与道·琼斯工业平均指数相比，标准普尔 500 指数具有采样面广、代表性强、精确度高、连续性好等特点，被普遍认为是一种理想的股票指数期货合约的标的。

2. 道·琼斯平均价格指数

道·琼斯平均价格指数简称道·琼斯平均指数，是目前人们最熟悉、历史最悠久、最具权威性的一种股票指数，其基期为 1928 年 10 月 1 日，基期指数为 100。道·琼斯平均指数的计算方法几经调整，现在采用的是除数修正法，即不是直接用基期的股票指数作除数，而是先根据成分股的变动情况计算出一个新除数，然后用该除数除报告期股价总额，得出新的股票指数。道·琼斯平均指数共分 4 组：第一组是工业平均指数，由 30 种具有代表性的大工业公司的股票组成；第二组是运输业中 20 家铁路公司的股票价格指数；第三组是 15 家公用事业公司的股票价格指数；第四组为综合指数，是用前三组 65 种股票加总计算得出的指数。人们常说的道·琼斯股票指数通常是指第一组，即道·琼斯工业平均指数。

3.金融时报股票指数

金融时报股票指数是由伦敦证券交易所编制，并在《金融时报》上发布的股票指数。根据样本股票的种数，金融时报股票指数分为 30 种股票指数、100 种股票指数和 500 种股票指数 3 种。目前常用的是金融时报工业普通股票指数，其成分股由 30 种有代表性的工业公司的股票构成，最初以 1935 年 7 月 1 日为基期，后来调整为以 1962 年 4 月 10 日为基期，基期指数为 100，采用几何平均法计算。而作为股票指数期货合约标的的金融时报指数则是以市场上交易较频繁的 100 种股票为样本编制的，其基期为 1984 年 1 月 3 日，基期指数为 1 000。

4.日经股票平均指数

日经股票平均指数的编制始于 1949 年，由东京股票交易所第一组挂牌的 225 种股票的价格所组成。这个由日本经济新闻有限公司（NKS）计算和管理的指数通过主要国际价格报道媒体加以传播，并且被各国作为研究日本股市的参照物。

1988 年 9 月，新加坡国际金融交易所（SIMEX）推出日经 225 股票指数期货，这是一个重大的发展里程碑。此后，日经 225 股票指数期货及期权的交易也成为许多日本证券商投资策略的组成部分。

5.恒生指数

恒生指数是由香港恒生银行于 1969 年 11 月 24 日开始编制的用来反映香港股市行情的股票指数。该指数的成分股由在香港上市的较有代表性的 33 家公司的股票构成，其中金融业 4 种、公用事业 6 种、地产业 9 种、其他行业 14 种。恒生指数最初以 1964 年 7 月 31 日为基期，基期指数为 100，以成分股的发行股数为权数，采用加权平均法计算；后由于技术原因改为以 1984 年 1 月 13 日为基期，基期指数定为 975.47。

资料来源：根据相关资料整理。

2.股指期货合约的内涵

（1）股指期货合约的概念

股指期货合约是由股指期货交易所统一制定的，规定在未来的某个特定日期，可以按照事先确定的股价指数的大小，进行标的指数的买卖的标准化合约。

▶▶▶

拓展阅读 2-7 　　　　　**沪深 300 股指期货合约表（见表 2-2）**

表 2-2 　　　　　　　　　　　沪深 300 股指期货合约表

合约标的	沪深 300 指数
合约乘数	每点 300 元
报价单位	指数点
最小变动价位	0.2 点
合约月份	当月、下月及随后两个季月
交易时间	上午：9：30—11：30，下午：13：00—15：15
最后交易日交易时间	上午：9：30—11：30，下午：13：00—15：00
每日价格最大波动限制	上一个交易日结算价的±10%
最低交易保证金	合约价值的 8%
最后交易日	合约到期月份的第三个周五，遇国家法定假日顺延
交割日期	同最后交易日
交割方式	现金交割
交易代码	IF
上市交易所	中国金融期货交易所

（2）股指期货合约的内容

①合约乘数与合约价值。

股指期货合约的标的物为表示股价总水平的一系列股票价格指数，由于标的物没有自然单位，这种股价总水平只能以指数的点数与某一既定的货币金额的乘数的乘积来表示。乘数表明了每一指数点代表的价格，被称为合约乘数。

合约乘数是将以"点"为计价单位的股价指数转化为以货币为计价单位的金融资产的乘数。合约价值等于合约指数报价乘以合约乘数。由于指数点和合约乘数不同，全球主要交易所的股指期货合约价值也不相同。

合约价值的大小与标的指数的高低和规定的合约乘数大小有关。例如，股票指数为 300 点，如果乘数为 500 元，合约价值就是 300×500=150 000（元）。当股票指数上涨到 1 000 点时，合约价值就变为 1 000×500=500 000（元）。

②最小变动价位。

股指期货合约最小变动价位是指股指期货交易中每次报价变动的最小单位，通常以标的指数点数来表示。投资者报出的指数必须是最小变动价位的整数倍，合约价值也必须是交易所规定的最小变动价位的整数倍。比如，标准普尔 500 指数期货合约的最小变动价位是 0.1 点，只有报 1 478.2 或 1 478.3 进行交易才有效，而 1 478.25 的报价是无效的。

③每日价格波动限制。

为了防止市场出现恐慌和投机狂热，也为了限制单个交易日内太大的交易损失，一些交易所规定了单个交易日中合约价值最大的上升或下降极限，这就是涨跌停板。股指价格只能在涨跌停板的范围内交易，否则交易就会被暂停。

涨跌停板通常是与前一交易日的结算价相联系的。如果出现了在涨跌停板交易的情况，随后的交易只允许在这个范围内进行。如果连续几天出现涨跌停板，交易就会被暂停。并非所有的交易所都采用涨跌停板限制，譬如，中国香港的恒指期货交易、英国的金融时报 100 指数期货交易都没有这种规定。而芝加哥商品交易所不但规定了每日价格最大的跌幅为 20%（上涨没有限制），而且规定了在达到最大跌幅之前必须经历的一系列缓冲阶段及如何执行的程序。该程序称为"断路器"（Circuit Breaker），是 1987 年股灾的产物。

④合约月份与交易时间。

股指期货的合约月份是指股指期货合约到期结算所在的月份。不同国家或地区的股指期货合约月份不尽相同。某些国家或地区股指期货的合约月份以 3 月、6 月、9 月、12 月为循环月份。比如，在 2021 年 2 月，标准普尔 500 指数期货的合约月份为 2021 年 3 月、6 月、9 月、12 月和 2022 年 3 月、6 月、9 月、12 月。而香港恒生指数期货的合约月份为当月、下月及最近的两个季月（季月指 3 月、6 月、9 月、12 月）。例如，在 2021 年 2 月，香港恒生指数期货的合约月份为 2021 年 2 月、3 月、6 月、9 月。

股指期货的交易时间是指期货交易所规定的可以进行股指期货交易的时间。一些交易所规定交易时间为每周营业 5 天，周六、周日及国家法定节假日休息。一般每个交易日分为两盘，即上午盘和下午盘。一些交易所已经实现了全天候交易。

⑤持仓限额。

有些交易所对投资者规定了最大持仓限额，制定最大持仓限额的目的是防止少数资金实力雄厚的投资者凭借超量持仓操纵或影响市场。有些交易所为了及早发现与监控资金雄厚的大户的动向，还设置了大户持仓申报制度，如香港的恒生指数期货合约就有这方面的规定。

⑥最后交易日和最后结算日。

股指期货的最后交易日是指股指期货在合约到期月份中最后可以交易的一天。股指期货合约的最后结算日是指股指期货在合约到期月份进行实际现金结算的那一天。

需要指出的是，最后交易日和最后结算日不一定在每月的月末。最后结算日一般在最后交易日之后的下一个工作日。例如，标准普尔 500 股指期货合约的最后交易日为合约月份第三个周五之前的那个周四，最后结算日为合约月份第三个周五。

⑦结算方法与交割结算价。

在股指期货交易中，大多数交易所都把当天期货交易的收盘价作为当天的结算价，芝加哥商品交易所的标准普尔 500 股指期货合约与香港的恒生指数期货合约交易都采用此法。也有一些交易所不采用这种方法，如西班牙衍生品交易所（MEFFRW）的

IBEX-35股指期货合约规定，交割结算价为收市时最高买价和最低卖价的算术平均值。

交割结算价（Final Settlement Price）是指在最后结算日股指期货合约的最后一个结算价，它是未平仓的合约进行现金交割的依据。

股指期货的交割就是根据投资者持有的期货合约的价格与当前现货市场的实际价格之间的价差，多退少补，相当于以交割那天的现货价格平仓。股指期货采用的是现金交割。现金交割就是不需要交割一篮子股票指数成分股，而是将到期日或第二天的现货指数作为最后结算价，通过与该最后结算价进行盈亏结算来了结头寸。

拓展阅读 2-8　　　　　　　　　**股指期货的结算**

股指期货的结算分为两个层次：首先是结算所或交易所的结算部门对会员结算，然后是会员对投资者结算。不管哪个层次，都需要做3件事情：

（1）交易处理和头寸管理，就是每天交易后要登记做了哪几笔交易、头寸是多少。

（2）财务管理，就是每天要对头寸进行盈亏结算，盈利部分退回保证金，亏损部分追缴保证金。

（3）风险管理，为结算对象评估风险，计算保证金。

其中的第二件事，需要明确结算的基准价，即结算价，一般是指期货合约当天临收盘附近一段时间的均价（也有直接用收盘价作为结算价的）。持仓合约用其持有成本价与结算价比较来计算盈亏。而平仓合约则用平仓价与持有成本价比较计算盈亏。对于当天开仓的合约，持有成本价等于开仓价；对于当天以前开仓的历史合约，其持有成本价等于前一天的结算价。因为每天已经把账面盈亏结算给投资者了，因此当天结算后的持仓合约的成本价就变成当天的结算价了。这和股票的成本价计算不同，股指期货的持仓成本价每天都在变。

有了结算所，从法律关系上说，股指期货的结算不是在买卖双方之间直接进行，而是由结算所成为中央对手方，即成为所有买方的唯一卖方和所有卖方的唯一买方。结算所以自有资产担保交易履约。

资料来源：根据中金所相关资料整理所得。

---

3. 股指期货交易的基本制度

（1）保证金制度

投资者在进行期货交易时，必须按照其买卖期货合约价值的一定比例来缴纳资金，作为履行期货合约的财力保证，然后才能参与期货合约的买卖。这笔资金就是我们常说的保证金。例如，内地IF2205合约的保证金率为15%，合约乘数为300，那么，按IF2205首日结算价3 442.83点计算，投资者交易该期货合约，每张需要支付的保证金应该是3 442.83×300×0.15=154 927.35（元）。

在《关于沪深300股指期货合约上市交易有关事项的通知》（中金所办字〔2010〕36号）中，中金所规定股指期货近月合约保证金为15%，远月合约保证金为18%。

（2）每日无负债结算制度

每日无负债结算制度也称为"逐日盯市"制度，简单说来，就是期货交易所要根据每日市场的价格波动对投资者所持有的合约计算盈亏并划转保证金账户中相应的资金。

期货交易实行分级结算，交易所首先对其结算会员进行结算，结算会员再对非结算会员及客户进行结算。交易所在每日交易结束后，按当日结算价格结算所有未平仓合约的盈亏、交易保证金及手续费、税金等费用，对应收应付的款项同时划转，相应增加或减少会员的结算准备金。

交易所将结算结果通知结算会员后，结算会员再根据交易所的结算结果对非结算会员及客户进行结算，并将结算结果及时通知非结算会员及客户。若经结算，会员的保证金不足，交易所应立即向会员发出追加保证金通知，会员应在规定时间内向交易所追加保证金。若客户的保证金不足，期货公司应立即向客户发出追加保证金通知，客户应在规定时间内追加保证金。目前，投资者可在每日交易结束后上网查询账户的盈亏，确定是否需要追加保证金或转出盈利。

（3）价格限制制度

价格限制制度也称涨跌停板制度，主要用来限制期货合约每日价格波动的最大幅度。根据规定，某个期货合约在一个交易日中的交易价格波动不得高于或者低于交易所事先规定的涨跌幅度，超过这一幅度的报价将被视为无效，不能成交。一个交易日内，股指期货的涨幅和跌幅限制设置为10%。

涨跌停板一般是以某一合约上一交易日的结算价为基准确定的。也就是说，合约上一交易日的结算价加上允许的最大涨幅构成当日价格上涨的上限，称为涨停板；而该合约上一交易日的结算价格减去允许的最大跌幅则构成当日价格下跌的下限，称为跌停板。

（4）持仓限额制度

交易所为了防范市场操纵和少数投资者风险过度集中的情况，对会员和客户手中持有的合约数量上限进行一定的限制，这就是持仓限额制度。限仓数量是指交易所规定结算会员或投资者可以持有的、按单边计算的某一合约的最大数额。一旦会员或客户的持仓总数超过了这个数额，交易所可按规定强行平仓或者提高保证金比例。

（5）强行平仓制度

强行平仓制度是与持仓限额制度和涨跌停板制度等相互配合的风险管理制度。当交易所会员或客户的交易保证金不足并且未在规定时间内补足，或当会员或客户的持仓量超出规定的限额，或当会员或客户违规时，交易所为了防止风险进一步扩大，将对其持有的未平仓合约进行强制性平仓处理，这就是强行平仓制度。

（6）大户报告制度

大户报告制度是指当投资者的持仓量达到交易所规定的持仓限额时，应通过结算会员或交易会员向交易所或监管机构报告其资金和持仓情况。

（7）结算担保金制度

结算担保金是指由结算会员依交易所的规定缴存的，用于应对结算会员违约风险的共同担保资金。当个别结算会员出现违约时，在动用完该违约结算会员缴纳的结算担保金之后，可要求其他结算会员用结算担保金按比例共同承担该会员的履约责任。结算会员联保机制的建立确保了市场在极端行情下的正常运作。

结算担保金分为基础担保金和变动担保金。基础担保金是指结算会员参与交易所结算交割业务必须缴纳的最低担保金数额。变动担保金是指结算会员随着结算业务量的增大，需向交易所增缴的担保金部分。

4. 股指期货的主要功能

（1）风险规避功能

股指期货的风险规避是通过套期保值来实现的，投资者可以通过在股票市场和股指期货市场反向操作达到规避风险的目的。股票市场的风险可分为非系统性风险和系统性风险。人们通常采取分散化投资的方法将非系统性风险的影响降到最低限度，而系统性风险则难以通过分散投资的方法加以规避。股指期货具有做空机制，股指期货的引入，为市场提供了对冲风险的工具。担心股票价格会下跌的投资者可通过卖出股指期货合约对冲股票市场整体价格下跌的系统性风险，有利于减轻集体性抛售对股票市场造成的影响。

（2）价格发现功能

股指期货具有价格发现功能，在公开、高效的期货市场中，有众多投资者竞价，这有利于形成反映股票真实价值的股票价格。期货市场之所以具有价格发现功能，一方面在于股指期货交易的参与者众多，价格形成当中包含了来自各方的对价格预期的信息；另一方面在于股指期货具有交易成本低、杠杆倍数高、指令执行速度快等优点，投资者更倾向于在收到市场新信息后，优先在期市调整持仓，这也使得股指期货价格对信息的反应更快。

（3）资产配置功能

股指期货交易由于采用保证金制度，交易成本很低，因此被机构投资者广泛用来作为资产配置的手段。例如，一个机构投资者以债券为主要投资对象，它认为近期股市可能出现大幅上涨，打算抓住这次投资机会，但由于投资债券以外的品种有严格的比例限制，不可能将大部分资金投资于股市，此时该机构投资者可以利用很少的资金买入股指期货，这样就可以获得股市上涨的平均收益，提高资金总体的配置效率。

二、股指期货的定价

1. 股指期货的定价原理

为说明股指期货的定价原理，我们假设投资者既进行股指期货交易，同时又进行股票现货交易，并假定：

（1）投资者首先构造出一个与股票指数完全一致的投资组合（即两者在组合比例、股指的"价值"与股票组合的市值方面完全一致）；

（2）投资者可以在金融市场上很方便地借款用于投资；

（3）卖出一份股指期货合约；

（4）持有股票组合至股指期货合约的到期日，再将所收到的所有股息用于投资；

（5）在股指期货合约交割日立即全部卖出股票组合；

（6）对股指期货合约进行现金结算；

（7）用卖出股票和平仓的期货合约收入来偿还原先的借款。

2. 股指期货的定价实践

案例：假定在2021年10月27日，某个股票指数为2 669.8点，每个点"值"25元，指数的面值为66 745元，股指期货价格为2 696点，股息的平均收益率为3.5%；2022年3月到期的股票指数期货价格为2 696点，期货合约的最后交易日为2022年的3月19日，投资的持有期为143天，市场上借贷资金的利率为6%。再假设该指数在5个月内上升了，并且在3月19日收盘时收在2 900点，即该指数上升了8.62%。这时，按照我们的假设，股票组合的价值也会上升同样的幅度，达到72 500元。

按照期货交易的一般原理，这位投资者在股票指数期货上的投资将出现损失，因为该指数从2 696点的期货价格上升至2 900点的市场价格，上升了204点，则损失额是5 100元。

然而投资者还在现货股票市场上进行了投资，由于股票价格的上升得到的净收益为5 755元（72 500-66 745），在这期间获得的股息收入大约为915.2元，两项收入合计6 670.2元。

再看一下其借款成本。在利率为6%的条件下，借得66 745元，期限143天，所付的利息大约是1 569元，再加上投资期货的损失5 100元，两项合计6 669元。

在上例中，简单比较一下投资者的盈利和损失就会发现，无论是投资于股指期货市场，还是投资于股票现货市场，投资者都没有获得多少额外的收益。换句话说，在上述股指期货价格下，投资者无风险套利不会成功，因此，这个价格是合理的股指期货合约价格。

由此可见，对股指期货的定价（F）主要取决于3个因素：现货市场上的市场指数（I）、金融市场上的借款利率（R）、股票市场上的股息收益率（D）。用公式表示如下：

$$F = I + I \times (R - D) = I \times (1 + R - D)$$

式中：R是年利率；D是年股息收益率。

在实际的计算过程中，如果持有投资的期限不足1年，则相应地进行调整。现在我们回过头来用刚才给出的股指期货价格公式计算在上例给定利率和股息率条件下的股指期货价格：

$$F=2\ 669.8+2\ 669.8 \times （6\%-3.5\%） \times 143 \div 365$$

$$=2\ 695.95$$

需要指出的是，上面公式给出的是在前面假设条件下的股指期货合约的理论价格，在现实生活中要全部满足上述假设存在一定的困难。原因有以下四点：第一，在现实生活中，无论多高明的投资者，要构造一个完全与股票指数结构一致的投资组合也是不可能的，证券市场规模越大越是如此；第二，在短期内进行股票现货交易，往往使得交易成本较大；第三，由于各国市场交易机制存在差异，如在我国目前就不允许卖空股票，这在一定程度上会影响股指期货交易的效率；第四，股息收益率在实际市场上是很难得到的，因为不同的公司、不同的市场在股息政策上（如发放股息的时机、方式等）都不同，并且股票指数中的每只股票发放股利的数量和时间也是不确定的，这必然影响正确判定股指期货的价格。

从国外股指期货市场的实践来看，实际股指期货价格往往会偏离理论价格。当实际股指期货价格高于理论股指期货价格时，投资者可以通过买进股指所涉及的股票，并卖空股指期货而获利；反之，投资者可以通过上述操作的反向操作而获利。这种交易策略称作指数套利（Index Arbitrage）。然而，在成熟市场中，实际股指期货价格和理论价格的偏离总处于一定的幅度内。例如，美国标准普尔500指数期货的价格通常位于其理论价格的上下0.5%幅度内，这就可以在一定程度上避免风险套利的情况。

对一般投资者来说，只要了解股指期货价格与现货价格、无风险利率、红利率、到期时间长短有关就可以了。股指期货价格基本上是围绕现货价格上下波动的，如果无风险利率高于红利率，则股指期货价格将高于现货价格，而且到期时间越长，股指期货价格相对于现货价格出现升水的幅度越大；相反，如果无风险利率小于红利率，则股指期货价格低于现货价格，而且到期时间越长，股指期货价格相对于现货价格出现贴水的幅度越大。股指期货的理论价格示意图如图2-13所示。

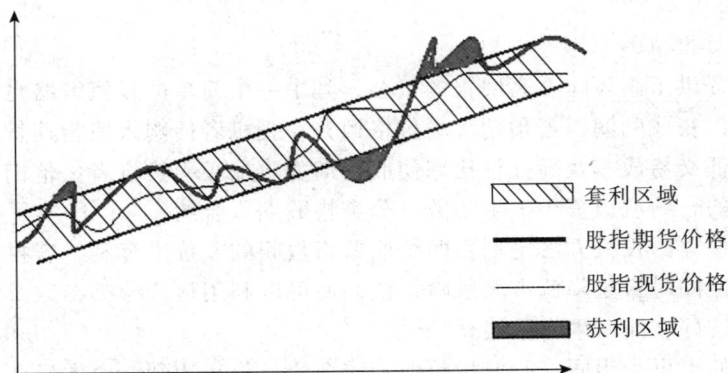

图2-13 股指期货的理论价格

以上所说的是股指期货的理论价格，但由于套利是有成本的，因此股指期货的合理价格实际上是围绕股票指数现货价格的一个区间。只有价格落到区间以外时，才会引发套利。

实践操作

一、股指期货套期保值

1.股指期货套期保值的原理

股指期货套期保值和其他期货套期保值一样，其基本原理是利用股指期货与股票现货之间的类似走势，通过在期货市场进行相应的操作来管理现货市场的头寸风险。

由于股指期货存在套利操作，股指期货的价格和股票现货（股票指数）之间的走势是基本一致的。如果两者步调不一致到一定程度，就会引发套利。如果保值者持有一篮子股票现货，他认为目前股票价格可能会下跌，但如果直接卖出股票，他的成本会很高，于是他在股指期货市场建立空头，在股票价格出现下跌的时候，股指期货可以获利，借此可以弥补股票交易出现的损失。这就是空头保值。

另一个基本的套期保值策略是多头保值。一个投资者预期几个月后有一笔资金投资股票市场，但他觉得目前的股票市场很有吸引力，若等上几个月，可能会错失建仓良机，这时他可以在股指期货上先建立多头头寸，等到未来资金到位后，股票市场确实上涨了，建仓成本提高了，但股指期货平仓获得的盈利可以弥补现货成本的提高，该投资者通过股指期货锁定了现货市场的成本。

2. 股指期货套期保值分析

已经拥有股票的投资者或预期将要持有股票的投资者，如证券投资基金或股票仓位较重的机构等，在对未来的股市走势没有把握或预测股价将会下跌的时候，为避免股价下跌带来的损失，卖出股指期货合约进行保值。一旦股票价格真的下跌，投资者可以从期货市场上卖出股指期货合约的交易中获利，以弥补股票现货市场上的损失。

二、投机交易

1. 股指期货投机的原理

股指期货提供了高风险、高回报的机会，其中一个简单的投机策略是利用股指期货预测市场走势以获取利润。若预期市场价格回升，投机者便购入股指期货合约，相对于投资股票，其低交易成本及高杠杆比率使股指期货更加吸引投机者。他们也可考虑购入那个交易月份的合约或投资于恒生指数、分类指数期货合约。

另一个较保守的投机方法是利用两个股票指数间的差价来套利。若投机者预期地产行情将回升，但同时希望降低市场风险，他们便可以利用地产分类指数及恒生指数来套利，如持有地产好仓而恒生指数淡仓。

类似的目的也可利用同一股票指数但不同合约月份来达到。通常远期合约对市场的反应较短期合约和股票指数大，若投机者相信股票指数将上升但不愿承受估计错误的后果，他可购入远期合约而同时沽出现期合约，但需留意远期合约可能受交投薄弱的影响而面对低变现机会的风险。

利用不同股票指数作分散投资，可以降低风险，但也同时降低了回报率。一个保守的投机策略最后的结果可能是在完全避免风险之时得不到任何回报。

2. 股指期货投机操作的对冲交易

股指期货亦可对冲股票组合的风险，即该对冲可将价格风险从对冲者转移到投机者身上。这是期货市场的一种经济功能。对冲是利用期货来固定投资者的股票组合价值。若在该组合内的股票价格的升跌跟随着期货价格的变动，投资一方的损失便可由另一方的获利来对冲。若获利和损失相等，该类对冲叫作完全对冲。在股指期货市场中，完全对冲会带来无风险回报率。

事实上，对冲并不是那么简单的。若要取得完全对冲，所持有的股票组合回报率需完全等于股指期货合约的回报率。因此，对冲的效用受以下因素影响：

（1）该投资股票组合回报率的波动与股市期货合约回报率之间的关系，这是指股票组合的风险系数（Beta）。

（2）指数的现货价格与期货价格有差距，该差距叫作基点。在对冲期间，该基点可能很大或很小，若基点改变（这是常见的情况），便不可能出现完全对冲。基点改变越大，完全对冲的机会便越小。现时并没有为任何股票提供期货合约，唯一市场现行提供的是指定股指期货。投资者手持的股票组合的价格是否跟随指数与基点差距的变动是会影响对冲的成功率的。

对冲交易基本上有两类：沽出（卖出）对冲和揸入（购入）对冲。

沽出对冲是用来保障未来股票组合价格下跌的。在这类对冲下，对冲者出售期货合约，这可固定未来现金售价及把价格风险从持有股票组合者转移到期货合约买家身上。进行沽出对冲的情况之一是投资者预期股票市场将会下跌，但投资者不出售手上持有的股票，他们可沽空股指期货来补偿持有股票的预期损失。

购入对冲是用来保障未来股票组合价格上升的。在这类对冲下，对冲者购入期货合约，如基金经理预测股价将会上升，于是他希望购入股票；但若用作购入股票的资金未能即时有所供应，他便可以购入股指期货，当有足够资金时出售该股指期货并购入股票，所得便会抵销以较高价钱购入股票的成本。

以下的例子可帮助读者明白投机、差价、沽出对冲及购入对冲。

第一，投机。投资者甲预期市场将于1个月后上升，而投资者乙则预期市场将下跌。

结果：投资者甲于4 500点购入1个月到期的恒生指数期货合约。投资者乙于4 500点沽出同样合约。若月底结算点高于4 500点，投资者甲便会获利而乙则亏损。但若结算点低于4 500点，结果则相反。

第二，差价。现考虑两个连续日的1月及2月恒生指数期货价格。

合约月份	日期	1月	2月	差价
12月	10日	4 000	4 020	+20
12月	11日	4 010	4 040	+30

12月10日，投资者对市场升势抱着乐观态度，并留意到远期月份合约对股票指数的变动较为敏感。

因此，投资者于12月10日购入2月份合约并同时沽出1月份合约及于12月11日买入1月份的合约及售出2月份的合约，他获得20×50=1 000（从好仓中获利），并损失10×50=500（从淡仓中损失），净收益为500。

第三，沽出对冲。假定投资者持有一股票组合，其风险系数为1.5，而现值为10 000 000。该投资者担心将于下星期举行的贸易谈判的结果，若谈判达不成协议则将会对市场不利，因此，他希望固定该股票组合的现值。他利用沽出恒生指数期货来保障其投资，需要的合约数量应等于该股票组合的现值乘以其风险系数并除以每张期货合约的价值。举例来说，若期货合约价格为4 000点，每张期货合约价值为4 000×50 =200 000，而该股票组合的系数乘以市场价值为1.5×10 000 000=15 000 000，因此，15 000 000÷200 000=75张合约便是对冲所需的。若谈判破裂使市值下跌2%，投资者的股票市值便会下跌1.5×2%=3%或300 000。恒生指数期货亦会跟随股票市值波动而下跌2%×4 000=80点或80×50=每张合约4 000。若投资者于此时平仓购回75张合约，便可取得75×4 000=300 000，刚好抵消股票组合的损失。需要留意的是，本例中假设该股票组合完全如预料那样随着恒生指数下跌，亦即该风险系数准确无误。此外，亦假定股指期货合约及股票指数间的基点或差额保持不变。

分类指数期货的出现可能使沽出对冲较过去易于管理，因为投资者可控制指定部分的市场风险，这对那些投资于与某项分类指数有着很大关系的股票的投资者有很大帮助。

第四，购入对冲。基金经理会定期收到投资基金。在他收到新添的投资基金前，他预料未来数周将出现"牛市"，在这种情况下，他是可以利用购入对冲来固定股票现价的。若将于4个星期后到期的现月份恒生指数期货为4 000点，而基金经理预期将于3个星期后收到1 000 000的投资基金，他便可以于现时购入1 000 000÷（4 000×50）=5张合约。若他预料正确，市场上升5%至4 200点，他于此时平仓的收益为（4 200-4 000）×50×5张合约=50 000。该5张期货合约的收益可抵偿股价上升的损失。换句话说，他可以以3个星期前的股价来购入股票。

三、套利

1. 股指期货套利的概念

股指期货套利是指利用股指期货市场存在的不合理价格，同时参与股指期货与股票现货市场交易，或者同时进行不同期限、不同（但相近）类别股票指数合约交易，以赚取差价的行为。股指期货套利同样分为期现套利、跨期套利、跨市套利等。

2. 股指期货套利的类型

（1）期现套利

期现套利是指对于某种期货合约，当期货市场与现货市场在价格上出现差距时，利用两个市场的价格差距，低买高卖而获利。在理论上，期货价格是商品未来的价格，现货价格是商品目前的价格。按照经济学的同一价格理论，两者间的差距即"基差"（基差=现货价格-期货价格）应该等于该商品的持有成本。一旦基差与持有成本偏离较大，就出现了期现套利的机会。其中，期货价格要高出现货价格，并且超过用于交割的各项成本，如运输成本、质检成本、仓储成本、开具发票所增加的成本等。期现套利主要包括正向买进期现套利和反向买进期现套利两种。

（2）跨期套利

跨期套利又称持仓费用套利、跨作物年度套利或新老作物年度套利，是指同一会员或投资者以赚取差价为目的，在同一期货品种的不同合约月份建立数量相等、方向相反的交易部位，并以对冲或交割方式结束交易的一种操作。跨期套利属于套期图利交易中最常用的一种，实际操作中又分为牛市套利、熊市套利和蝶式套利。跨期套利涉及几个主要的因素：①近期月份合约波动一般要比远期活跃。②空头的移仓使隔月的价差变大，多头的移仓会让隔月的价差变小。③库存是隔月价差的决定因素。④合理价差是价差理性回归的重要因素。

（3）跨市套利

跨市套利是指投机者利用同一商品在不同交易所的期货价格的不同，在两个交易所同时买进和卖出期货合约以谋取利润的活动。具体操作方法是：在某一期货交易所买进某交割月份的某种期货合约的同时，在另一交易所卖出同一交割月份该种期货合约，当同一商品在两个交易所中的价格差额超出了将商品从一个交易所的交割仓库运送到另一个交易所的交割仓库的费用时，可以预计，它们的价格差将会缩小并在未来某一时期体现真正的跨市场交割成本。如小麦的销售价格，如果在芝加哥期货交易所比在堪萨斯城期货交易所高出许多而超过了运输费用和交割成本，那么就会有现货商买入堪萨斯城期货交易所的小麦并用船运送到芝加哥期货交易所去交割。在国内，期货交易所之间的上市品种都不相同，并且与国外交易所之间也无法连通，因此，跨市套利还不能实现。

3. 股指期货与现货指数套利原理

这是指投资股票指数期货合约和相对应的一揽子股票的交易策略，以谋求从期货、现货市场同一组股票存在的价格差中获取利润。

一是当期货实际价格高于理论价格时，卖出股指期货合约，买入股票指数中的成分股组合，以此获得无风险套利收益。

二是当期货实际价格低于理论价格时，买入股指期货合约，卖出股票指数中的成分股组合，以此获得无风险套利收益。

4. 股指期货套利理论价格计算

当股指期货实际交易价格高于或低于股指期货合理价格时，进行套利交易可以盈利。事实上，交易是有成本的，这导致正向套利的合理价格上移，反向套利的合理价格下移，形成一个区间。在这个区间，套利不但得不到利润，反而会导致亏损，这个区间就是无套利区间。只有当股指期货实际交易价格高于区间上界时，正向套利才能进行；反之，当实际交易价格低于区间下界时，反向套利才适合进行。

（1）持有成本定价模型

持有成本定价模型是被广泛使用的指数期货定价模型，该模型是在完美市场假设前提下，根据一个无套利组合推导出来的。指数期货合约是一个对应股票指数现货组合的临时替代物，该合约不是真实的资产而是买卖双方之间的协议，双方同意在未来某个时点进行现货交易。一方面，该协议签订时没有资金转手，卖方要在以后才交付对应的股票现货并收到现金，因此他必须得到补偿，以弥补未马上收到现金所带来的损失；反之，买方要以后才支付现金并收到股票现货，必须支付使用现金头寸推迟股票现货支付的费用。从这个角度来看，指数期货价格要高于现货价格。另一方面，由于指数期货对应的股票现货是一个支付现金股息的股票组合，那么指数期货合约买方因没有马上持有这个股票组合而没有收到股息，卖方因持有对应的股票现货组合收到了股息，因而减少了其持仓成本，因此，指数期货价格要向下调整相当于股息的幅度。这里有：指数期货价格=现货指数价格+融资成本−股息收益。

（2）区间定价模型

在实际套利操作中，交易成本往往是不可忽视的。交易成本包括买卖手续费、资金成本和冲击成本等。将交易成本纳入指数定价模型，利用无套利条件，就推导出指数期货无套利定价区间，其中交易成本是以指数单位为基础计算的。

任务五　评估可转换债券价值

任务导入

可转债市场策略展望

经过前期调整，多数转债性价比已经较为合适，配置价值凸显。后续择券方向上，我们认为可以从转债性价比和市场投资主线上筛选标的。其中，高性价比转债可以帮助我们做到进可攻、退可守，盈亏比较为合适，遵循市场投资主线可以帮助我们更快获得正股的驱动力。

转债性价比角度：

（1）重点关注 105 元以下、转股溢价率 20% 以内的细分领域龙头。其中，中天、核能、招路评级较高，行业龙头地位稳固，可作为首选；无锡、张行、江银兼具金融属性，风险收益比较为合适；道氏、台华虽然转债规模较小，但从转债角度来看仍具备一定性价比。

（2）重点关注 YTM>3%、转股溢价率 20% 以内的小市值转债标的。其中，中来、钧达、今飞 YTM 已经超过 3.5%，配置性价比较高，未来转股溢价率最低，弹性最大；长城、亚药现金流相对健康，盈亏比合适。

投资主线上：

（1）科技。科技板块的主要投资逻辑是政策大力支持下未来自主核心技术的崛起，催化因素包括减税降费、科创板共振。5G：重点推荐生益转债、中天转债、贵广转债；芯片国产化：重点推荐曙光转债；自主可控：重点推荐佳都转债、启明转债、万信转债、精测转债。

（2）金融。金融板块的主要投资逻辑是资本市场战略地位的提升和金融供给侧结构性改革，催化因素包括估值修复、科创板共振。券商：重点推荐长证转债、敖东转债；银行：重点推荐苏银转债、无锡转债、江银转债、中信转债。

（3）政策可能刺激的方向。当前经济下行压力犹存，提振内需仍将成为未来政策发力的方向，行业上重点关注汽车和家电。汽车：重点推荐新泉转债、玲珑转债、旭升转债、凯中转债。家电：重点推荐海尔转债、创维转债。其他消费：重点关注千禾转债。

问题：如何评估可转换债券的价值？

分析提示：由于前期调整，预计后市正股也不存在太强的上涨动力，转债市场估值不会有明显扩张。未来转债市场存在低吸机会的可能性较大，建议在仓位上留有余地。投资者由于一级市场获配的仓位不重，面值及以下不建议减持，可考虑继续持有并关注适量低吸机会。

资料来源：根据国泰君安相关资料整理所得。

知识准备

知识链接2-6
可转换债券基本知识

可转换债券是可以在一定时期内按一定比例或价格转换成一定数量的另一种证券的特殊公司证券，实际上是一种长期的普通股票的看涨期权。

一、可转换债券的价值

可转换债券赋予投资者以将其持有的债务或优先股按规定的价格和比例，在规定的时间内转换成普通股的选择权。可转换债券有两种价值：理论价值和转换价值。

1.理论价值

可转换债券的理论价值是指它作为不具有转换选择权的一种证券的价值。估计可转换债券的理论价值，必须首先估计与它具有同等资信和类似投资特点的不可转换债券的必要收益率，然后利用这个必要收益率算出它未来现金流量的现值。

2.转换价值

如果一种可转换债券可以立即转让，它可转换的普通股票市场价格与转换比率的乘积便是转换价值。

转换价值=普通股票市场价格×转换比率　　　　　　　　　　　　　　　　　　（2.19）

式中：转换比率是债权持有人获得的每一份债券可转换的股票数。

二、可转换债券的市场价格

可转换债券的市场价格必须保持在它的理论价值和转换价值之上。如果其价格在理论价值之下，该证券价格被低估，这是显而易见的；如果可转换债券价格在转换价值之下，购买该证券并立即转化为股票就有利可图，从而使该证券价格上涨直到转换价值之上。为了更好地理解这一点，我们引入转换平价这个概念。

1.转换平价

转换平价是可转换债券持有人在转换期限内可以依规定把债券转换成公司普通股票的每股价格，除非发生特定情形，如发售新股、配股、送股、派息、股份的拆细与合并，以及公司兼并、收购等，转换平价一般不作调整。前文所说的转换比率，实际上就是转换平价的另一种表示方式。

转换平价=可转换债券的市场价格÷转换比率　　　　　　　　　　　　　　　　（2.20）

转换平价是一个非常有用的数字，因为一旦实际股票市场价格上升到转换平价水平，任何进一步的股票价格上升肯定都会使可转换债券的价值增加。因此，转换平价可视为一个盈亏平衡点。

2.转换升水和转换贴水

一般来说，投资者在购买可转换债券时都要支付一笔转换升水。每股的转换升水等于转换平价与普通股票当期市场价格（也称为基准股价）的差额，或者说是可转换债券持有人在将债券转换成股票时，相对于当初认购可转换债券时的股票价格（即基准股价）而作出的让步，通常表示为当期市场价格的百分比，公式为：

$$转换升水=转换平价-基准股价 \tag{2.21}$$

$$转换升水比率=\frac{转换升水}{基准股价}\times100\% \tag{2.22}$$

而如果转换平价小于基准股价，基准股价与转换平价的差额就被称为转换贴水，公式为：

$$转换贴水=基准股价-转换平价 \tag{2.23}$$

$$转换贴水比率=\frac{转换贴水}{基准股价}\times100\% \tag{2.24}$$

转换贴水的出现与可转换债券的溢价出售相关。

3. 转换期限

可转换债券具有一定的转换期限，就是说该证券持有人在该期限内，有权将持有的可转换债券转化为公司股票。转换期限通常从发行日之后若干年起至债务到期日止。

例题四：某公司的可转换债券年利率为10.25%，2022年12月31日到期，其转换平价为30元，股票基准价格为20元，该债券价格为1 200元。

转换率=1 200÷30=40（股）

转换升水=30-20=10（元）

转换升水比率=（10÷20）×100%=50%

拓展阅读 2-9　　　　　　2019 年可转换债券火爆资本市场

2019年以来，随着资本市场逐渐回暖，加之年初可转债市场估值不高，流动性宽松，长线配置资金入场，可转债行情在时隔几年之后重新迎来一轮井喷。无论是在二级市场还是在一级市场都非常火爆，发行规模也创出历史新高，在金融机构、上市公司和投资者中掀起了一股"可转债热潮"。截至2019年3月26日午间收盘，中证转债指数（该指数样本由在沪深交易所上市的可转换债券组成，反映国内市场可转换债券的总体表现）2019年以来累计上涨幅度为16.52%，同期，上证指数的涨幅为20.81%。

企业发行可转换债券可以降低筹资成本，该债券利率一般低于普通公司债券利率。2018年以来，募资难成为上市公司共同面临的问题，在金融监管趋严等形势下，股权质押又承受着较大压力，可转债被众多企业视为"融资利器"。从投资者角度看，可转换债券持有人享有在一定条件下将债券回售给发行人的权利，且所持有的标的具有"股债"双重属性，风险介于股票和债券之间，收益也可以得到一定程度的保障。

可转债具备股债两性，投资可转债可谓"进可攻，退可守"；可转债也是上市公司的融资利器，随着融资规模的扩大和可转债市场的暴涨，市场对可转债寄予厚望。但可转债仍具有一定的风险，实际上，可转债的价格与正股关系密切。A股自2019年2月份以来迎来一波"牛市"行情，如果A股回调，可转债也将受到一定的影响。

资料来源：根据相关资料整理所得。

实践操作

一、可转换债券的内在价值

可转换债券的内在价值是指将可转换债券转股前的利息收入和转股时的转换价值按适当的必要收益率折算的现值。A 是每年的债息收入，且每年支付一次；t 是期限；n 是债券的剩余期限；CV 是转换价值；r 是必要收益率。若按复利计算，可转换债券内在价值的决定公式为：

$$V_b = \sum_{t=1}^{n} \frac{A}{(1+r)^t} + \frac{CV}{(1+r)^t} = A\frac{1-(1+r)^{-n}}{r} + \frac{CV}{(1+r)^n} \tag{2.25}$$

二、可转换债券价值评估

（1）假定某可转换债券的面值为 1 000 元，票面利率为 8%，剩余期限为 5 年，同类债券的必要收益率为 9%，可转换债券的转换比率为 40，实施转换时标的股票的市场价格为每股 26 元。那么，该可转换债券的转换价值（CV）=26×40=1 040（元）。

（2）某公司可转换债券的面值为 1 000 元，转换价格为 25 元，当前市场价格为 1 200 元；其标的股票当前市场价格为 26 元。那么，该债券转换比率=1 000÷25=40，该债券当前的转换价值=40×26=1 040（元），该债券当前的转换平价=1 200÷40=30（元）。

由于标的股票当前的市场价格（26 元）小于按当前该债券市场价格（1 200 元）计算的转换平价（30 元），所以按当前 1 200 元价格购买该债券并立即转股对投资者不利。

由于该债券 1 200 元的市场价格大于其 1 040 元的转换价值，因此该债券当前处于转换升水状态，并且该债券转换升水=1 200-1 040=160（元），该债券转换升水比率=（160÷1 040）×100%=（30-26）÷26×100%=15.4%。

【行业视窗】

关于国务院机构改革方案的说明（节选）

党的二十大对深化党和国家机构改革作出重要部署，党的二十届二中全会审议通过《党和国家机构改革方案》。这次党和国家机构改革的总体要求是，贯彻落实党的二十大精神，以习近平新时代中国特色社会主义思想为指导，以加强党中央集中统一领导为统领，以推进国家治理体系和治理能力现代化为导向，坚持稳中求进工作总基调，适应统筹推进"五位一体"总体布局、协调推进"四个全面"战略布局的要求，适应构建新发展格局、推动高质量发展的需要，坚持问题导向，统筹党中央机构、全国人大机构、国务院机构、全国政协机构，统筹中央和地方，深化重点领域机构改革，推动党对社会主义现代化建设的领导在机构设置上更加科学、在职能配置上更加优化、在体制机制上更加完善、在运行管理上更加高效。

（1）组建国家金融监督管理总局。党的二十大作出明确部署，要依法将各类金融活动全部纳入监管。为解决金融领域长期存在的突出矛盾和问题，在中国银行保险监督管理委员会的基础上组建国家金融监督管理总局，统一负责除证券业之外的金融业监管，强化机构监管、行为监管、功能监管、穿透式监管、持续监管，统筹负责金融消费者权益保护，加强风险管理和防范处置，依法查处违法违规行为，作为国务院直属机构。为加强金融消费者合法权益保护，统一规范金融产品和服务行为，把中国人民银行对金融控股公司等金融集团的日常监管职责、有关金融消费者保护职责、中国证券监督管理委员会的投资者保护职责划入国家金融监督管理总局。不再保留中国银行保险监督管理委员会。

（2）中国证券监督管理委员会调整为国务院直属机构。为强化资本市场监管职责，中国证券监督管理委员会由国务院直属事业单位调整为国务院直属机构。理顺债券管理体制，将国家发展和改革委员会的企业债券发行审核职责划入中国证券监督管理委员会，由中国证券监督管理委员会统一负责公司（企业）债券发行审核工作。

资料来源：新华社．关于国务院机构改革方案的说明［EB/OL］．［2023-03-08］．http：//www.gov.cn/xinwen/2023-03/08/content_5745356.htm．（节选）．

评述：

党的二十届二中全会提出并在十四届全国人大一次会议上表决通过了《党和国家机构改革方案》，这是秉承党的二十大方针指引，以金融供给侧结构性改革为抓手，深化党中央和国务院机构改革的重要任务，是我国金融体制改革的重要环节。在深化党中央机构改革方面，组建中央金融委员会，设立中央金融委员会办公室，组建中央金融工作委员会，与中央金融委员会办公室合署办公，不再保留国务院金融稳定发展委员会及其办事机构，将国务院金融委办公室职责划入中央金融委员会办公室。

（1）此次金融监管体制改革体现了我国金融监管从分业监管向"双峰监管"转变的实质性迈进，意味着我国金融监管正在逐渐向综合监管的趋势发展。

（2）金融监管体制改革助力金融服务高质量发展顺利实现。改革方案中将中国证监会由国务院直属事业单位调整为国务院直属机构，还将归属发改委等部门的公司（企业）债券发行审核工作职能统一归口到证监会负责，这在组织保障和监管程序设计上都将证监会促进直接融资市场的发展理念增强并使其积极落地。

（3）最后，要特别强调的是，将金融改革与发展的重大事项纳入中央金融委员会来统一协调，并由中央金融工作委员会与中央金融委员会办公室合署办公来进行相关事项的具体落实，该项改革取代了原国务院金融稳定发展委员会及其办事机构的相关功能，强调了党中央对金融工作的核心领导，当然也将在更高更广阔的层面来进行金融监管和相关事项的协调，有利于防范系统性金融风险的发生，有助于金融更好地服务实体经济，切实落地全体人民共同富裕，实现中国式现代化指引下的高质量发展。

项目小结

通过本章的学习，我们了解到对有价证券进行投资分析的重要性，能在运用模型的前提下，充分地评估投资所面临的风险。对有价证券的投资分析包括债券的投资价值分析、股票的投资价值分析、证券投资基金的投资价值分析、股指期货的投资价值分析、可转换债券的投资价值分析。

过程考核

一、单项选择题

1.证券投资基金可根据投资目标的不同来分类，以下不属于这个类型的是（　　　）。

A.成长型基金　　　　　B.收入型基金　　　　　C.平衡型基金　　　　　D.公司型基金

2.某投资人有100万元用来申购开放式基金，假定申购的费率为2%（前端收费，采用净额费率即外扣法计算申购费），申购当日单位基金净值为1.5元，那么申购价格是（　　　）元。

A.1.53　　　　　　　B.1.8　　　　　　　C.2.5　　　　　　　D.4

3.期权购买者只能在期权到期日那一天行使权利，既不能提前也不能推迟的期权是（　　　）。

A.欧式期权　　　　　B.现货期权　　　　　C.期货期权　　　　　D.美式期权

4.交易双方约定在一定期限内互相交换约定的不同货币的本金及相同或不同性质的利息的金融衍生合约是（　　　）。

A.货币互换　　　　　B.利率互换　　　　　C.利率期货　　　　　D.外汇期货

5.关于政府机构债券说法不正确的是（　　　）。

A.以信誉为保证，无须抵押品　　　　　B.债券由中央银行作为后盾

C.债券的收支偿付列为政府的预算　　　　　D.财政部和一些政府机构均可发行

6.在理论上，为了使股票价值最大化，如果公司坚信（　　　），就会尽可能多地支付股息。

A.投资者对获得投资回报的形式没有偏好

B.公司的未来成长率将低于它的历史平均水平

C.公司有确定的未来现金流流入

D.公司未来的股东权益收益率将低于资本化率

二、判断题

1.与流动性好的债券相比，流动性差的债券按市价卖出较困难，持有者遭受损失的风险较大，具有较低的内在价值。　　　　　　　　　　　　　　　　（　　　）

2.信用级别越低的债券，投资者要求的收益率越高，债券的内在价值也就越低。　　　　　　　　　　　　　　　　　　　　　　　　　　　　　（　　　）

3. 金融期权合约是约定在未来时间以事先商定的价格买卖某种金融工具的双边合约。　　　　　　　　　　　　　　　　　　　　　　　　　　　　（　　）

4. 对看涨期权而言，若市场价格高于协定价格，期权的买方执行期权将有利可图，此时为虚值期权。　　　　　　　　　　　　　　　　　　　　　　　（　　）

5. 可转换债券的内在价值是指将可转换债券转股前的利息收入和转股时的转换价值按适当的必要收益率折算的现值。　　　　　　　　　　　　　　　　　　（　　）

三、填空题

1. 股指期货套利的类型有_____、_____和_____。

2. 股指期货套期保值的方法有_____和_____。

3. 影响债券投资的因素有_____、_____和_____。

4. 股票的特征有_____、_____、_____、_____和_____。

5. 可转换债券有两种价值：_____和_____。

四、简述题

1. 简述债券的含义和特征。

2. 债券的定价原理是什么？

3. 股票投资价值的影响因素有哪些？

4. 简述证券投资基金的分类和特征。

5. 简述可转换债券的特征和价值分析。

五、论述题

1. 什么是股指期货？请简述沪深300股指期货。

2. 什么是金融期货、金融期权？简述两者之间的区别。

项目实训

股票价格影响因素分析实训

实训任务	模拟证券营业部的投资咨询人员，向证券市场初入者介绍影响股票价格的主要因素，并结合实际情况，分析当前我国股票市场价格的主要决定与影响因素
条件要求	能接入互联网的证券实验室（配有投影仪）
资料准备	事先准备关于股票价格决定及影响因素的有关文字资料，并向学生推荐有关证券网站
考核要求	完成实训报告，做好PPT汇报材料
实训过程提示	可参照项目一之项目实训
实训报告	参考框架： 1. 股票价格的决定； 2. 股票价格的影响因素及其影响股票价格的机理； 3. 当前影响我国股票价格的主要因素

学习目标

职业知识：

1.掌握宏观经济形势分析中主要经济指标对证券市场价格的影响；

2.掌握宏观经济政策对证券投资的影响；

3.理解宏观经济政策的主要调控措施；

4.掌握经济周期的划分。

职业能力：

1.能运用宏观经济分析的方法对证券市场未来发展变化趋势进行分析预测；

2.理解经济周期与证券市场牛熊转换、股价变动的关系；

3.掌握经济发展水平、国家的财政与货币政策、通货膨胀、利率变化与证券市场的关系；

4.掌握国家的财政政策与货币政策的主要调控手段；

5.掌握衡量通货膨胀水平的主要指标的运用。

职业素养：

1.培养学生的家国情怀。通过学习宏观经济分析方法，引导学生关心国家宏观经济发展和宏观经济政策的制定。

2.培养学生的"四个自信"。通过了解我国以国内大循环为主体、国内国际双循环相互促进的新发展格局，提升对我国经济发展的道路自信、理论自信、制度自信和文化自信。

任务一 宏观经济对证券市场的影响

任务导入

2023 年上半年中国宏观经济对股市的影响

2023 年 5 月 15 日，人民银行发布《2023 年第一季度中国货币政策执行报告》（以下称《报告》），相较于上期，本次报告特别对广义货币（M2）与存款增长、国内通胀走势作出说明。

对于我国的经济形势，《报告》称，当前，我国经济社会全面恢复常态化运行，需求收缩、供给冲击、预期转弱三重压力得到缓解，经济增长好于预期，市场需求逐步恢复，长期发展还具有市场规模巨大、产业体系完备、人力资源丰富等优势条件。

同时也要看到，国内经济内生动力还不强，需求仍然不足；全球经济增长趋缓，通胀仍处高位，主要央行政策紧缩效应显现。对此，既要坚定做好经济工作的信心，又要增强忧患意识，坚持底线思维。

《报告》指出，下一阶段，要把实施扩大内需战略同深化供给侧结构性改革结合起来，把发挥政策效力和激发经营主体活力结合起来，建立现代中央银行制度，充分发挥货币信贷政策效能，全力做好稳增长、稳就业、稳物价工作，乘势而上，推动经济实现质的有效提升和量的合理增长。

对于一季度货币政策执行情况，《报告》总结称，总体看，今年以来货币政策坚持稳健取向，取得了较好的调控效果，有力支持了经济发展恢复向好，主要体现为货币信贷合理增长；信贷结构持续优化；人民币汇率双向浮动，在合理均衡水平上保持基本稳定。

《报告》称，下一阶段，人民银行将继续实施好稳健的货币政策，合理把握宏观利率水平，持续深入推进利率市场化改革，健全"市场利率+央行引导→LPR→贷款利率"传导机制，为促进经济实现质的有效提升和量的合理增长营造有利条件。

《报告》称，M2 和存款增长受各种因素综合影响，与实体经济的关系要合理看待。实践中，近期 M2 和存款的较快增长很大程度上是宏观政策适度发力、市场主体行为变化的体现。

《报告》指出，中长期看，经济是否平稳增长、物价是否稳定是检验货币增长是否合理的标准和关键。总的来看，我国货币供应量和社会融资规模增速与名义经济增速保持基本匹配，实现了较快增长和较低通胀的优化组合。近期 M2 增速与通胀和经济增速间存在一定缺口，主要是政策效果显现、需求恢复存有时滞所致。

问题：2023 年中国宏观经济能否支撑股市上涨？

分析提示：了解宏观经济数据指标的含义；了解宏观经济数据指标所反映的经济状况的好坏与股票市场走势之间的关系。

资料来源：根据相关资料整理。

知识准备

一、宏观经济分析概述

1.宏观经济分析的界定

（1）宏观经济的概念

宏观经济是指总量经济活动，是整个国民经济或国民经济总体及其经济活动和运行状态，即国民经济的总体活动[①]，如总供给与总需求、国民经济的总值及其增长速度、国民经济中的主要比例关系、物价的总水平、劳动就业的总水平与失业率、货币发行的总规模与增长速度、进出口贸易的总规模及其变动等。

证券市场素有"宏观经济晴雨表"之称，这一方面表明了证券市场是宏观经济的先行指标，另一方面也说明了宏观经济的走向决定了证券市场的长期趋势。可以说，宏观经济因素是影响证券市场长期走势的唯一因素，其他因素可以暂时改变证券市场的中短期走势，但改变不了证券市场的长期走势。如果一国宏观经济长期繁荣，那么证券市场必然长期向好；相反，如果一国经济长期低迷，那么证券市场必然长期走熊。

（2）宏观经济分析的概念

宏观经济分析是以整个国民经济活动作为考察对象，研究各个有关的总量及其变动，特别是研究国内生产总值和国民收入的变动及其与社会就业、经济周期波动、通货膨胀、经济增长等之间的关系。因此，宏观经济分析又称总量分析或整体分析。就针对证券市场的宏观经济分析而言，其核心内容在于分析国民收入水平、增长速度及其决定因素。

2.宏观经济分析的方法

证券投资者通过运用科学的方法，对国内生产总值、工业增加值、失业率、同业拆借利率、利率、汇率等宏观经济的基本变量进行分析与预测，从整体上把握国际和国内经济形势，判断证券市场趋势。宏观经济分析方法主要包括以下三种：

（1）总量分析

证券投资分析的总量分析是指从整个社会经济出发，对总就业量、国民收入、总供给、总需求、总供给价格、总需求价格、总投资、总消费、总储蓄、社会消费倾向、社会储蓄倾向、利润率、利息率、价格水平等指标进行分析，从整体上说明国民经济的情况及变动趋势。

（2）经济指标分析

经济指标反映经济活动结果的一系列数据和比例关系。按照对经济状况的预测能力，经济指标分为三类：一是先行指标，主要有货币供应量、股票价格指数、机器设备的订单数量、房屋建造许可证的批准数量等，这类指标对将来的经济状况提供预示性信息。二是同步指标，主要包括失业率、国内生产总值、生产价格指数、消费价格

[①]　"宏观经济"一词是1933年由挪威经济学家 Ragnar Frisch（1895—1973）在建立"宏观经济学"体系时所提出的。J.M.凯恩斯创立了现代西方宏观经济分析方法，他运用这种方法建立了凯恩斯经济理论体系。

指数等，这类指标的高峰和低谷与经济周期相同，反映的是国民经济正在发生的情况，并不预示将来的变动。三是滞后指标，主要有银行短期贷款利率、工商业未还贷款、制造产品单位劳动成本等，这类指标的高峰和低谷一般比宏观经济的实际高峰和低谷滞后半年。

（3）计量经济模型分析

计量经济模型首先用代数形式把所有经济变量之间的关系表示出来，在模型的参数被估计出来后，还要对模型进行检验以判断参数和模型的正确性。只有经过估计，参数和模型经检验确认是可靠的计量经济模型，才可以用于实际的计量经济分析，如对宏观经济形势的预测、对宏观经济政策作出评价等。

拓展阅读 3-1　　　　IMF：预计 2023 年中国经济将增长 5.2%

国际货币基金组织（IMF）最新发布的《亚洲及太平洋地区经济展望报告》预计，受益于中国和印度的乐观前景，今年亚太地区经济增速将从去年的 3.8% 上升至 4.6%，对全球经济增长的贡献将达 70% 左右，成为 2023 年全球最具活力的主要地区。

其中中国经济今年有望增长 5.2%，继续成为亚太地区及全球经济增长引擎，相比去年 10 月预计的上调了 0.8 个百分点，同时中国对全球经济增长的贡献将达 34.9%。

IMF 指出，2023 年对全球经济是充满挑战的一年。在复杂的全球经济形势下，亚太仍然是一个充满活力的地区。尽管外部需求减弱、货币政策收紧，但地区内部需求至今依然强劲，其最主要的推动力将来自中国经济快速复苏和印度经济增长保持韧性。此外，亚洲其他经济体的增长也将在 2023 年触底回升。

具体来看，亚太发达经济体经济将增长 1.6%，其中澳大利亚、日本、韩国经济分别增长 1.6%、1.3% 和 1.5%。而新兴市场和发展中经济体经济将增长 5.3%，其中印度、中国、印度尼西亚、马来西亚经济分别增长 5.9%、5.2%、5%、4.5%。

报告指出，中国经济的重新开放对亚太地区至关重要。重新开放将提振私人消费，进而推动中国经济增长反弹，并对亚洲其他地区产生溢出效应。而且，中国消费需求增加带来的溢出效应将比投资等其他因素带来的效应更加明显，从近期来看，那些更依赖旅游业的国家将收益较大。

IMF 估算，通常情况下，中国 GDP 增速每提高 1 个百分点，就会带动亚洲其他经济体平均增长约 0.3 个百分点。

资料来源：崔璞玉. IMF 预计今年亚太将成最具活力地区，中国经济将增长 5.2%. [EB/OL].［2023-05-12］. https://www.jiemian.com/article/9387532.html.

二、宏观经济分析指标

1.国民经济总体指标

（1）国内生产总值与经济增长率

国内生产总值（GDP）是指一个国家（或地区）所有常住居民在一定时期内（一般按年统计）生产活动的最终成果。经济增长率也称经济增长速度，是反映一定时期经济发展水平变化程度的动态指标，也是反映一个国家经济是否具有活力的基本指标。

（2）工业增加值

工业增加值是指工业行业在报告期内以货币表现的工业生产活动的最终成果，是衡量国民经济的重要统计指标之一。

（3）失业率

失业率是指劳动力人口中失业人数所占的百分比。劳动力人口是指年龄在16周岁以上具有劳动能力的人的全体。失业率上升是现代社会的一个主要问题。当失业率很高时，资源被浪费，人们收入减少，社会将面临严重的经济问题。经济问题还可能影响人们的情绪和家庭生活，进而引发一系列社会问题。

（4）通货膨胀

通货膨胀是指用某种价格指数衡量的一般价格水平的持续上涨。一般来说，常用的指标有三种：零售物价指数、批发物价指数和国内生产总值物价平均指数。

（5）国际收支

国际收支一般是一国居民在一定时期内与非居民在政治、经济、军事、文化及其他往来中所产生的全部交易的系统记录。这里的居民是指在国内居住一年以上的自然人和法人。国际收支包括经常项目和资本项目。全面了解并掌握国际收支状况，有利于从宏观上对国家的开放规模和开放程度进行规划、预测和控制。

2.投资与消费指标

（1）投资指标

投资规模是反映一定时期一国投资的主要指标，指一定时期在国民经济各部门、各行业再生产中投入资金的数量。投资规模是否适度，是影响经济稳定与增长的一个主要因素。投资规模过小，不利于经济的进一步发展；投资规模安排过大，超出了一定时期人力、物力和财力的可能，又会造成国民经济比例的失调，导致经济大起大落。

（2）社会消费品零售总额

社会消费品零售总额是指国民经济各行业通过多种商品流通渠道向城乡居民和社会集团供应的消费品总额。它包括各种经济类型的批发零售贸易业、餐饮业、制造业和其他行业售给城乡居民和社会集团的消费品零售额以及农民售给非农业居民和社会集团的消费品零售额。

3.金融指标

（1）金融总量指标

①货币供应量

货币供应量是指单位和居民个人在银行的各项存款和手持现金之和，其变化反映了中央银行货币政策的变化，对企业生产经营、金融市场（尤其是证券市场）的运行和居民个人的投资行为有着重大影响。我国货币和准货币的供应量如图3-1所示（数据来源于国家统计局网站）。

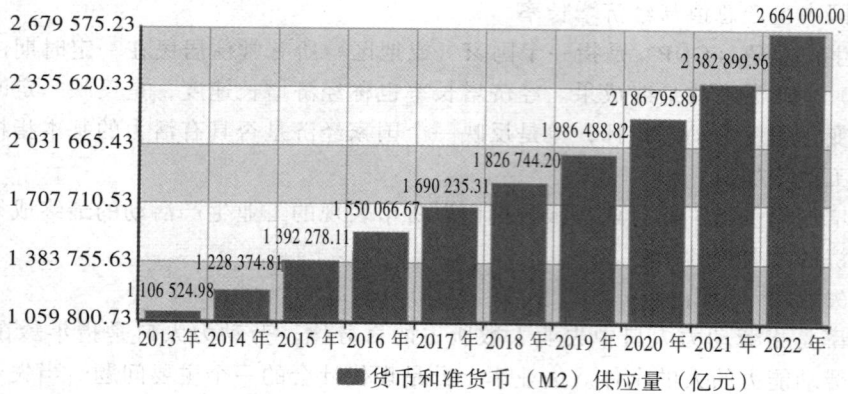

图3-1 货币和准货币供应量（亿元）

②金融机构各项存贷款余额

金融机构各项存贷款余额是指在某一时点金融机构存款金额与金融机构贷款金额。

③金融资产总量

金融资产总量是指手持现金、银行存款、有价证券、保险及其他金融资产的总和。

（2）利率

利率的波动反映出市场资金供求的变动状况。当资金供不应求时，利率上升；当资金需求减少时，利率下降。另外，利率还影响着人们的储蓄、投资和消费行为，利率结构也影响着居民金融资产的选择，进而影响着证券的持有结构。

（3）汇率

汇率是外汇市场上一国货币与他国货币相互交换的比率。一般来说，外汇汇率是由一国货币所代表的实际购买力和外汇供求共同决定的。

（4）外汇储备

外汇储备是一国对外债权的总和，用于偿还外债和支付进口，是国际储备的一种。一国当前持有的外汇储备是以前各时期一直到现期为止的国际收支顺差的累计结果。

4.财政指标

（1）财政收入

财政收入是指国家为了保证实现政府职能的需要，通过税收等渠道集中的公共性资金收入。

（2）财政支出

财政支出是指为满足政府执行职能需要而使用的财政资金。

（3）赤字或结余

财政收入与财政支出的差额即为赤字（差值为负时）或结余（差值为正时）。核算财政收支总额是为了进行财政收支状况的对比。收入大于支出是盈余，收不抵支则出现财政赤字。如果财政赤字过大，就会引起社会总需求的膨胀和社会总供给的失衡。

三、国内生产总值对证券市场的影响

1. 国内生产总值的概念

国内生产总值是一国在一定时期内生产的最终产品（包括商品和劳务）的市场价值总和。按支出划分，国内生产总值可分为私人消费、私人投资、政府购买和净出口四个部分。其计算方法如下：

$$GDP = C + I + G + X - M$$

式中：C表示居民的消费支出（需求）；I表示厂商的投资支出（需求）；G表示政府的购买支出（需求）；$X - M$表示一国净出口（国外对本国商品和劳务的净需求）。

2. 国内生产总值的组成

（1）私人消费

私人消费包括购买耐用消费品、非耐用消费品和劳务支出。耐用消费品是指使用年限在3年或3年以上的商品，如汽车、家用电器、住房等。耐用消费品的购买是私人消费中最容易发生变化的部分。非耐用消费品是指使用年限在3年以下的商品，如食物、衣物和卫生用品等。非耐用消费品的购买是私人消费中所占比例最大、最稳定的部分。

（2）私人投资

私人投资包括固定资产投资和存货投资。固定资产投资是指企业、非营利组织和个人对固定资产的投资，它包括企业厂房、机器设备、运输工具等。固定资产投资的大小反映了一国新增生产能力的多少，它与经济周期之间有着密切的关系。

（3）净出口

净出口是指出口总额与进口总额的差额，它反映一国的经济实力和各种商品在国际市场上的竞争力。进出口包括商品和劳务两方面，其中，商品包括各种消费品、原料、中间产品和制成品等，劳务包括运输、通信、金融、保险、旅游等服务项目。一般说来，净出口额的增加会推动出口企业的生产和销售，并带动其他与出口企业有业务联系的行业的发展，从而对整个国民经济的发展起推动作用；相反，净出口额的下降会影响出口企业的生产和销售活动，并进一步波及其他有关行业，对经济发展产生不利影响。

（4）政府购买

政府购买是反映政府经济作用的强弱和政府意向的重要指标，从政府支出的结构变化中不难看出国家的投资政策和产业政策。政府购买的增减和各种商品在政府购买中所占比例的变化，对有关企业的发展会产生重要影响。

总之，投资者可以根据国内生产总值及其构成的变化等信息资料，判断国民经济发展的总体状况，以及各行业的未来前景，从而确定证券投资的大气候，为投资时机和投资对象的选择奠定基础。

通过支出法计算的GDP，我们可以计算出消费率和投资率。消费率就是最终消费

占GDP的比率，投资率是资本形成总额占GDP的比率。按照有关统计资料，最近几年，我国的消费率出现了比较明显的下降趋势，2005年我国的消费率为52.1%，投资率为43.4%。同世界水平相比，我国的消费率明显偏低。因此，当前和今后一段时期，宏观经济调控的一个重要内容就是要调整投资和消费的比例关系，扩大消费需求是扩大内需的重点。

3. 国内生产总值对证券市场的影响分析

GDP是一国经济成就的根本反映，从长期看，在上市公司的行业结构与该国产业结构基本一致的情况下，股票平均价格的变动与GDP的变动趋势是吻合的。在进行宏观经济运行情况分析时，必须将GDP与经济形势结合起来进行考察，不能简单地以为GDP增长证券市场就必将随之上涨，实际上有时恰恰相反。下面对几种基本情况进行阐述：

（1）持续、稳定、高速的GDP增长

在这种情况下，社会总需求与总供给协调增长，经济结构基本合理、趋于平衡，经济增长来源于需求刺激并使得闲置的或利用率不高的资源得以充分利用，从而表明经济发展势头良好，这时证券市场将呈现上涨趋势。伴随总体经济增长，上市公司利润持续上升，股息和红利不断增长，企业经营环境不断改善，产销两旺，投资风险也越来越小，从而公司的股票和债券全面升值，促使价格上扬。人们对经济形势形成了良好的预期，投资积极性得以提高，从而增加了对证券的需求，促使证券价格上涨。随着国内生产总值的持续增长，国民收入和个人收入都不断得到提高，收入增加也将增加证券投资的需求，从而使证券价格上涨。

（2）高通胀下的GDP增长

在这种情况下，经济严重失衡，总需求大大超过总供给，表现为较高的通货膨胀率，这是经济形势恶化的征兆，如不采取调控措施，必将导致未来的"滞胀"（通货膨胀与经济停滞并存）。经济中的矛盾会突出地表现出来，企业经营将面临困境，居民实际收入也将减少，因而失衡的经济增长必将导致证券价格下跌。

（3）宏观调控下的GDP减速增长

当GDP呈失衡的高速增长时，政府可能采取宏观调控措施以维持经济的稳定增长，这样必然减缓GDP的增长速度。如果调控目标得以顺利实现，GDP仍以适当的速度增长而未导致GDP的负增长或低增长，说明宏观调控措施十分有效，经济矛盾得以逐步缓解，为进一步增长创造了有利条件。这时证券市场亦将反映这种好的形势而呈平稳渐升的态势。

（4）转折性的GDP变动

如果GDP一定时期以来呈负增长，当负增长速度逐渐减缓并呈现向正增长转变的趋势时，表明恶化的经济环境逐步得到改善，证券市场走势也将由下跌转为上升。当GDP由低速增长转向高速增长时，表明在低速增长中，经济结构得到调整，新一轮经济高速增长已经来临，证券市场亦将随之出现快速上涨之势。GDP与股指对比如图3-2所示。

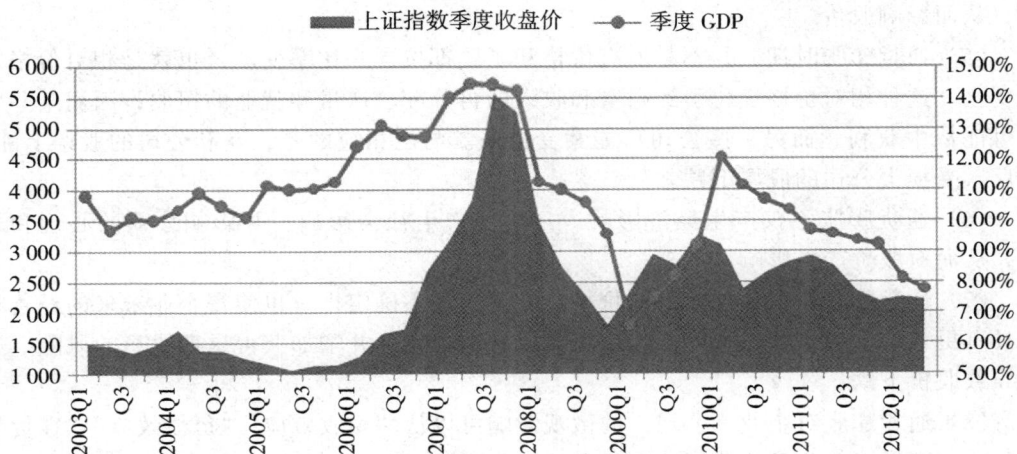

图3-2　GDP与股指对比图

四、通货膨胀对证券市场的影响

通货膨胀是指用某种价格指数衡量的一般价格水平的持续上涨，主要表现为货币供应量增长过快，导致物价上涨，货币贬值。导致通货膨胀有三种原因：①原材料生产成本上涨，造成成本推动的通货膨胀；②商品和服务的需求急速增加，致使在短期内无法满足强劲的需求，造成需求拉动的通货膨胀；③部门间劳动生产率的提高速度不同，而工资增长却保持一致的倾向，导致劳动生产率低的部门价格总水平上升，部门之间的工资相互攀比导致结构型通货膨胀。通货膨胀一般以两种方式影响经济：收入和财产的再分配以及改变产品产量与类型。其具体包括：引起收入和财富的再分配，扭曲商品相对价格，降低资源配置效率，引发泡沫经济乃至损害一国的经济基础和政权基础。

通货膨胀对股价特别是个股的影响，也无永恒的定势，它完全可能产生相反方向的影响。对这些影响作具体分析和比较必须从该时期通货膨胀的原因、通货膨胀的程度，并结合当时的经济结构和形势、政府可能采取的干预措施等入手，其复杂程度可想而知。这里，就一般性原则作以下几点说明：

（1）温和的、稳定的通货膨胀对股价的影响较小。

（2）如果通货膨胀在一定的可容忍范围内增长，而经济处于景气（扩张）阶段，产量持续增长，就业相对稳定，那么股价也将持续上升。

（3）严重的通货膨胀是很危险的，经济将被严重扭曲，货币每年以50%以上的速度贬值，这时人们将会囤积商品、购买房屋以期对资金保值。这可能会从两个方面影响股价：其一，资金流出金融市场，引起股价下跌；其二，经济扭曲和失去效率，企业一方面筹集不到必需的生产资金，另一方面，原材料、劳务价格等成本飞涨，使企业经营严重受挫，盈利水平下降，甚至破产倒闭。

（4）政府往往不会长期容忍通货膨胀存在，因而必然会利用某些宏观经济工具来抑制通胀，这些政策必然对经济运行造成影响，这种影响将改变资金流向和企业的经营利润，从而影响股价。

（5）通货膨胀时期，并不是所有价格和工资都按同一比率变动，也就是相对价格发生变化。这种相对价格变化引致财富和收入的再分配、产量和就业的扭曲，因而某些公司可能从中获利，而另一些公司可能蒙受损失。与之相应的是，获利公司的股票上涨；相反，受损失公司的股票下跌。

（6）通货膨胀不仅产生经济影响，还可能产生社会影响，并影响公众的心理和预期，从而对股价产生影响。

（7）通货膨胀使得各种商品的价格具有更大的不确定性，也使得企业未来的经营状况具有更大的不确定性，从而影响市场对股息的预期，并增加获得预期股息的风险，进而导致股价下跌。

（8）通货膨胀对企业（公司）的微观影响可以从"税收效应""负债效应""存货效应"等方面对企业作具体分析。但长期的通货膨胀必然恶化经济环境、社会环境，股价必受大环境影响而下跌，短期效应的表现便不复存在。

五、经济周期变动对证券市场的影响

1.经济周期的概念

经济周期是指国民收入及经济活动的周期性波动。经济周期有三层含义：第一，经济周期的中心是国民收入的波动；第二，经济周期是经济中不可避免的波动；第三，每次经济周期都是繁荣与衰退的交替。

2.经济周期的几个阶段

现代宏观经济学认为经济周期是经济增长率上升和下降的交替过程。根据这一定义，衰退不一定表现为GDP绝对量的下降，而主要表现为GDP增长率的下降，即使其值不是负值，也可以称为衰退，经济学称为增长性衰退。一般把经济周期分成四个阶段（如图3-3所示），每个阶段有其各自的特点。

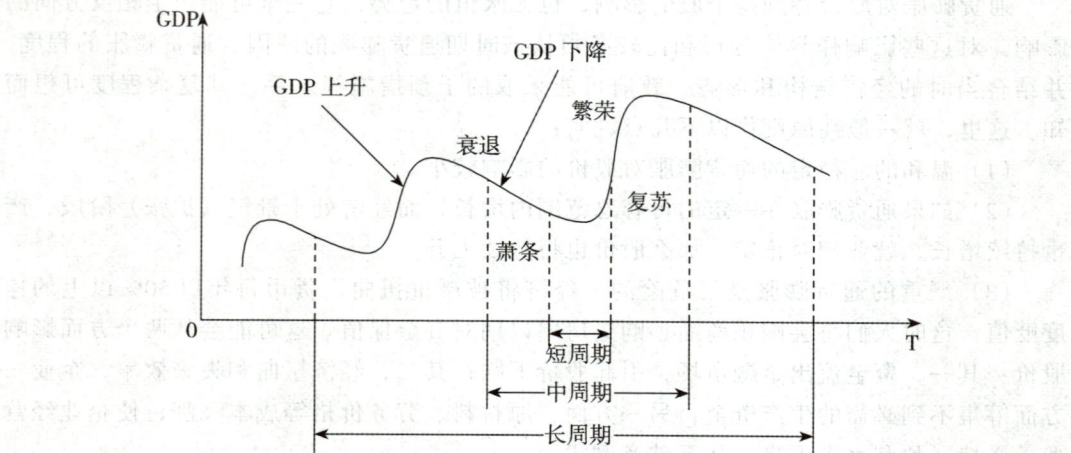

图3-3 经济周期的四个阶段

（1）繁荣阶段。这是国民收入与经济活动高于正常水平的一个阶段。其特征为生产迅速增加、投资增加、信用扩张、价格水平上升、就业增加、公众对未来预期乐观等。繁荣的最高点称为顶峰，此时就业与产量水平达到最高，但股票与商品价格开始下跌，存货水平很高，公众情绪正由乐观转为悲观。顶峰是繁荣的极盛时期，也是由繁荣转向衰退的开始。顶峰一般为 1~2 个月。

　　（2）萧条阶段。这是国民收入与经济活动低于正常水平的一个阶段。其特征为生产急剧减少、投资减少、信用紧缩、价格水平下跌、失业严重、公众对未来预期悲观等。萧条的最低点称为谷底，这时就业与产量跌至最低，但股票与商品价格开始回升，存货减少，公众的情绪正由悲观转为乐观。谷底是萧条的最严重时期，也是萧条转向复苏的开始。谷底一般为 1~2 个月。

　　（3）衰退阶段。这是从繁荣到萧条的过渡时期，经济从顶峰下降，但仍未低于正常水平。

　　（4）复苏阶段。这是从萧条到繁荣的过渡时期，经济从谷底回升，但仍未达到正常水平。

　　3. 经济周期与证券市场价格走势之间的关系

　　由经济周期的定义可知，经济周期最核心的衡量指标是 GDP，一般用 GDP 总量或其增速来衡量和划分一国的宏观经济周期。从总体上来看，证券市场价格走势取决于经济周期，但由于证券市场是虚拟经济形态，除了受实体经济走势的决定与影响外，还受投资者心理、社会重大事件等多种非实体经济因素的影响，因此，短期内证券市场价格走势极有可能偏离经济周期的运行轨迹。

　　投资者在分析宏观经济以把握证券市场总体走势时，既要充分认识经济的周期性波动对证券市场的决定性影响，又要准确评估和理解两者之间的关系，从而采取正确的操作策略。

实践操作

一、通货膨胀（CPI）对证券市场的影响

　　图 3-4 统计了 1998 年 1 月—2012 年 5 月我国的 CPI 与上证指数之间的走势关系，从图 3-4 可以看出，它们之间不存在函数关系，但是它们之间也具有一些特定的内部联系，总结如下：

　　理论上来说，CPI 与指数的涨跌不存在函数关系，但是 CPI 可以通过影响资金面，进而对指数的涨跌产生影响。它们之间的影响关系如图 3-5 所示。

　　历史数据研究证明：温和通胀（CPI：2%~5%）时，沪指所受影响极小，甚至还会加速上行（从图 3-4 可以看出）。在温和通胀时期，原材料等价格微幅上涨，会刺激企业利润有一定的增加，达到合理的小溢价，进而对股市有正面影响；当 CPI 突破 5% 以后，一般来说，沪指到了危险期，创新高的概率几乎为 0，创新低的可能性会越来越大（从图 3-4 可以看出，自从 2008 年 2 月我国的 CPI 达到创纪录的 6.5% 之后不久，上证指数就从最高点 6 124.04 点开始了下跌）。

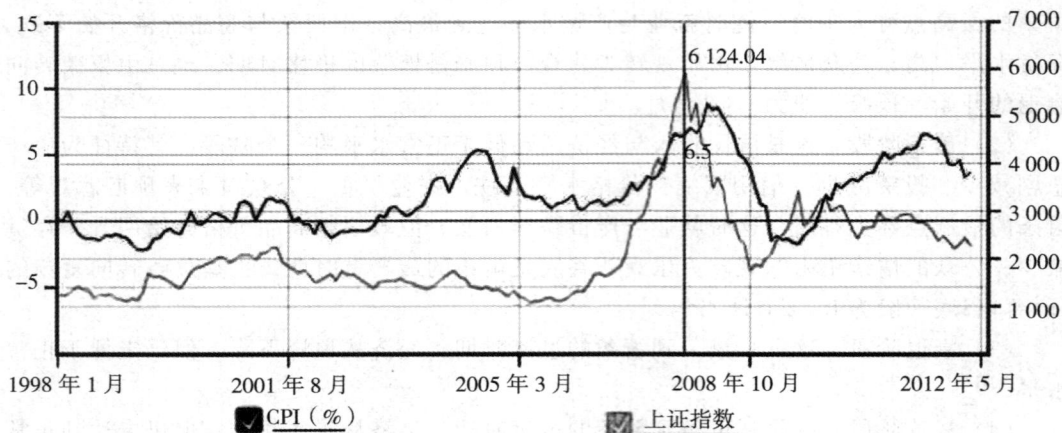

图3-4 CPI与上证指数走势图

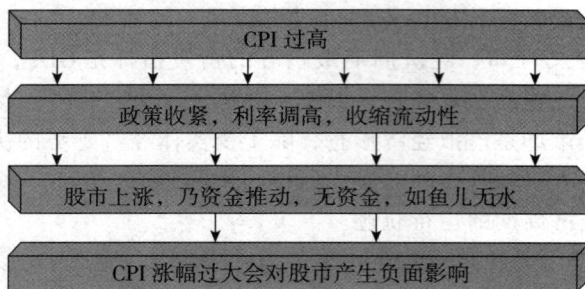

图3-5 CPI对股票市场的影响

二、经济周期变动对证券市场的影响

宏观经济的运行受各种因素的影响，各种因素之间存在效应的滞后性，使得宏观经济的运行具有周期性变化的特点。这种周期性变化表现为一系列宏观经济指标（国内生产总值、投资总量、消费总量、失业率、物价指数、利率等）的周期性变动。由于国内生产总值是反映宏观经济运行状态的综合性指标，因此，人们一般用国内生产总值增长的周期性波动来表示经济周期的变化。

股市是国民经济的晴雨表，经济从衰退、萧条、复苏到繁荣的周期性变化，是形成股市周期的最基本原因，而股市的周期性变化也反映了经济周期的变化。这个结论在美国、日本等成熟资本市场已得到验证。但通过对我国证券市场指数（主要是上证指数和深证指数）和我国宏观经济周期波动的观察可以发现，我国股市的波动与经济周期的波动并不完全一致。这可以从上证指数和深证指数的季度数据与我国季度GDP数据的比较中看出来，如图3-6所示。

从图3-6中可以看出：我国股票市场波动较为剧烈，且并不与宏观经济波动走向完全一致，有些时间段内出现严重的阶段性背离，说明我国股票市场经济晴雨表的作用尚未完全显现。

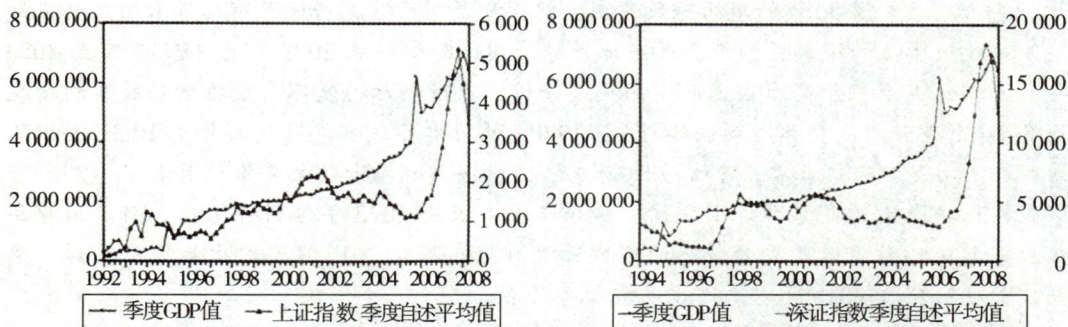

图3-6 季度GDP与上证指数、深证指数的关系

任务二 宏观经济政策对证券市场的影响

任务导入

高盛展望：2023中国宏观经济和股市策略

在经历了极具挑战性的2022年之后，高盛研究部预计2023年中国GDP增速将从今年的3.0%加速至4.5%。重新开放意味着2023年中国可能迎来强劲的消费反弹、核心通胀率走强以及周期性政策逐渐回归正常。

1. 高盛2023年中国展望概览

高盛研究部预计中国在重新开放的提振下，经济增速将从2022年的3.0%加速至2023年的4.5%。在2023年全年增速提高的整体表现之下，中国的经济形势在上半年和下半年可能大不相同。与市场共识相比，高盛预测中国经济形势更呈现"前低后高"的态势。这是因为参考东亚经济体经济重开之初的情景，高盛的经济学家认为经济重开的初期阶段有可能面临新冠患者人数增加且人员流动暂缓的情况，或对增长不利。

从拉动经济的"三驾马车"来看，中国出口势必因外需走弱而减速，同时推动增长的因素将从投资轮动到经济重开所带动的消费。在消费类别中，旅游和娱乐等最受疫情影响的领域拥有最大的回升空间。在投资类别下，高盛预计明年基建投资将显著减速，制造业投资放缓程度次之。

2. 消费是2023年经济的亮点所在

消费板块有望成为2023年经济增长的亮点。在经过重新开放初期大部分人口适应与新冠共存之后，预计居民消费增速将在2023年下半年强劲反弹。高盛研究部也预计中国2023年失业率将下降，劳动收入改善而且消费者信心得以部分重建。

3.2023年股票市场周期：反弹可期

总的来说，周期分析显示，经历了过去两年的挑战之后，中国股市很可能在2023年展开反弹。高盛研究部认为，反弹的持续时间和幅度将取决于其他结构性和基本面因素，特别是在新的政治周期下中国企业的长期均衡盈利水平以及市场预期的风险溢价。

高盛预计2023年MSCI中国指数和沪深300指数盈利分别增长8%和13%，高于

2022 年增长 2% 及 11% 的市场一致预测。就投资题材而言，房地产市场带来的盈利拖累可能出现边际上的缓解，预计全国房地产销售同比降幅将从 2022 年的 24% 收窄至 2023 年的 10%；而且基于高盛自上而下的模型分析，疫情之后的复苏有望推动每股盈利增速提高 10 个百分点。整体净利润率可能从 9.9% 的历史谷底水平温和回升至 10.3%，但随着经济活动逐渐回归正常，营收增长应该是 2023 年盈利增长的主要推动因素。

从板块来看，高盛预计互联网、传媒与电商板块 2023 年盈利将增长 22%。消费品板块尤其是对防疫政策更为敏感的领域营收有望在降至 2012 年水平之后迎来反弹，盈利方面也有望自 2019 年以来首次实现扭亏为盈。

资料来源：佚名. 高盛展望：2023 中国宏观经济和股市策略 [EB/OL]. [2023-01-04]. https://news.smm.cn/news/102055108.

知识准备

微课堂 3-2

财政政策和
货币政策

一、宏观经济政策分析

1. 宏观经济政策的定义

宏观经济政策（Macro Economic Policy）是指国家或政府有意识、有计划地运用一定的政策工具，调节、控制宏观经济的运行，以达到一定的政策目标。例如，财政政策、货币政策、收入政策、产业政策、消费政策等。

一般来说，政府主要通过财政政策和货币政策来达到其干预经济的目的。财政政策是指政府变动收入与支出水平以影响总需求的一系列政策手段，货币政策是指政府通过调节货币供应量进而影响总需求的一系列政策手段。

2. 宏观经济政策分析的定义

宏观经济政策分析是指国家用以调控经济的财政政策和货币政策将会影响经济增长的速度和企业经济效益，据此判断其对证券市场产生的影响。

二、财政政策对证券市场的影响

1. 财政政策

财政政策是政府依据宏观经济规律制定的指导财政工作和处理财政关系的一系列方针、准则和措施的总称。财政政策的手段包括国家预算、税收、国债、财政补贴、财政管理体制、转移支付制度等。这些手段可以单独使用，也可以配合使用。

（1）国家预算

国家预算是指政府的基本财政收支计划。国家预算能够全面反映国家财力规模和平衡状态，规定政府活动的范围和方向，并且反映各种财政政策手段综合运用的结果。在一定时期，当其他社会需求总量不变时，财政赤字具有扩张社会总需求的功能，财政结余政策和压缩财政支出具有缩小社会总需求的功能。

（2）税收

税收是国家凭借政治权力参与社会产品分配的重要形式。税收具有强制性、无偿性和固定性的特征，这使得它既是筹集财政收入的主要工具，又是调节宏观经济的重要手段。

税收调节经济的首要功能是调节收入的分配。首先，税制的设置可以调节和制约企业间的税负水平。"区别对待""公平税负"的税制可以达到鼓励一部分企业发展、限制另一部分企业发展的目的；税制的设置则可使各类税负水平大致相当。其次，通过设置个人所得税，可以调节个人收入的差距。税收可以调节社会总供求的结构；可以根据消费需求和投资需求的不同对象设置税种或在同一税种中实行差别税率，以控制需求数量、调节供求结构。税收对国际收支平衡具有重要的调节功能：对出口产品的退税政策可用来鼓励出口；对进口关税的设置可用来调节进口商品的品种和数量。

（3）国债

国债是国家按照有偿信用原则筹集财政资金的一种有效形式，同时也是实现政府财政政策、进行宏观调控的重要工具。

国债可以调节国民收入初次分配形成的格局，将部分企业和居民的收入以信用方式集中到政府手中，扩大政府收支的规模；可以调节国民收入的使用结构和产业结构；可以调节资金供求和货币流通量。政府主要通过增加或减少国债发行、降低或提高国债利率和贴现率以及中央银行的公开市场业务来调节资金供求和货币供应。

（4）财政补贴

财政补贴是国家为了某种特定需要，将一部分财政资金无偿补助给企业和居民的一种再分配形式。我国财政补贴主要包括价格补贴、企业亏损补贴、财政贴息、房租补贴、职工生活补贴和外贸补贴等。

（5）财政管理体制

财政管理体制是指中央与地方之间、地方各级政府之间以及国家与企事业单位之间资金管理权限和财力划分的一种根本制度，其主要功能是调节各地区、各部门之间的财力分配。

（6）转移支付制度

转移支付制度是中央财政将集中的一部分财政资金按一定的标准拨付给地方财政的一项制度。其主要功能是调整中央政府与地方政府之间的财力纵向不平衡，以及调整地区间的财力横向不平衡。

2. 财政政策的运用及其对证券市场的影响

财政政策分为扩张性财政政策（即积极的财政政策）、紧缩性财政政策和中性财政政策。总体来说，紧缩性财政政策将使过热的经济受到控制，进而使证券市场走弱；而扩张性财政政策将刺激经济发展，进而使证券市场走强。

（1）扩张性财政政策及其对证券市场的影响

① 减少税收，降低税率，扩大减免税范围。其效应是：增加微观经济主体的收入，刺激经济主体的投资需求，从而扩大社会供给。对证券市场的影响是：增加人们的收入，同时增加人们的投资需求和消费支出。前者直接引起证券市场价格上涨，后者则使得社会总需求增加。而总需求增加又会刺激投资需求，使企业扩大生产规模，企业利润增加。同时，企业税后利润增加，也将刺激企业扩大生产规模的积极性，进一步增加利润总额，从而促进股票价格上涨。再者，市场需求活跃，也将使企业经营环境改善，盈利能力增强，进而降低还本付息风险，债券价格也将上涨。

② 扩大财政支出，加大财政赤字。其效应是：扩大社会总需求，从而刺激投资，扩大就业。政府通过购买和公共支出增加商品和劳务需求，激励企业增加投入、提高产出水平，于是企业利润增加，经营风险降低，将使得股价和债券价格上涨。同时，居民在经济复苏中增加了收入，持有的货币增加，景气的趋势更增强了投资者的信心，股市和债市趋于活跃，价格自然上涨。

③ 减少国债发行（或回购部分短期国债）。其效应是：缩减证券市场上国债的供给量，从而对证券市场原有的供求平衡产生影响。国债是证券市场上重要的交易券种，国债发行规模的缩减，使市场供给量缩减，更多的资金转向股票、企业债券，整个证券市场的价格水平趋于上涨。

④ 增加财政补贴。财政补贴往往使财政支出扩大。其政策效应是扩大社会总需求和刺激供给增加，从而使整个证券市场价格的总体水平趋于上涨。

（2）紧缩性财政政策及其对证券市场的影响

紧缩性财政政策的经济效应及其对证券市场的影响与扩张性财政政策相反，这里不再一一叙述。

▶▶▶

拓展阅读 3-2　　　财政收入平稳增长，积极的财政政策加力提效

公共预算财政收入平稳增长，税收收入维持超八成比重。2023年第一季度，全国一般公共预算收入 62 341 亿元，同比增长 0.5%，占到全年预算进度的 29%，达到往年平均水平。其中，3月财政收入同比增长 5.46%，实现止跌回升。其中，全国税收收入 51 707 亿元，非税收入 10 634 亿元，税收收入占比 83%，整体保持稳定。拉动税收收入的主要贡献是国内增值税和企业所得税，分别同比增长 12.2% 和 9.3%，国内生产经营逐步恢复。税收是经济的晴雨表，税收收入变动印证了出口向好、房地产边际转暖、企业销售收入回升、经营主体活跃向好。

财政政策加力提效，收入端减税降费但支出端强度不减。财税等部门先后两批发布了延续和优化实施的税费优惠政策，预计全年新增减税降费 1.2 万亿元，加上继续实施的留抵退税政策，预计全年可为经营主体减轻税费负担超 1.8 万亿元。税费优惠政策是积极财政政策的重要内容，通过延续已有优惠政策，稳定社会预期，精准支持小微经营主体纾困发展；对部分机制进行制度性安排，持续优化税制体系。

财政政策更加突出结构调整功能。财政政策不仅是宏观经济波动的调节手段，也兼顾微观调整和结构调整机能。进入高质量发展阶段以来，财政政策结构调整功能进一步加强，与产业政策、货币政策等协调联动，通过税制设计、税收减免、财政补贴、专项基金等多种财政政策工具，与结构性货币政策、政策性金融等协同重点支持高端制造和科技创新、兜牢民生就业和社会保障、补齐基建短板和乡村建设等，实现逆周期调节与跨周期调控相结合，引导经济发展转型。

资料来源：佚名. 中国经济开局良好 复苏进程将逐步加快［EB/OL］.［2023-05-09］. https://finance.eastmoney.com/a/202305092715215374.html.

三、货币政策对证券市场的影响

1. 货币政策

货币政策是政府为实现一定的宏观经济目标所制定的关于货币供应和货币流通组织管理的基本方针和基本准则。

货币政策对经济的调控是总体上和全方位的，货币政策的调控作用突出表现在以下几个方面：

① 通过调控货币供应总量保持社会总供给与总需求的平衡；

② 通过调控利率和货币总量控制通货膨胀；

③ 调节国民收入中消费与储蓄的比重；

④ 引导储蓄向投资的转化并实现资源的合理配置。

货币政策工具又称货币政策手段，是指中央银行为调控中介指标（利率、货币供应量、基础货币等金融变量）而实现货币政策目标所采取的政策手段。货币政策工具主要包括以下三种：

（1）法定存款准备金率。当中央银行提高法定存款准备金率时，商业银行可运用的资金减少，贷款能力下降，货币乘数变小，市场货币流通量便会相应减少。所以，在通货膨胀时，中央银行可提高法定存款准备金率；反之，则降低。

调整法定存款准备金率的效果十分明显。一方面，它在很大程度上限制了商业银行体系创造派生存款的能力，而且其他政策工具也都是以此为基础，提高法定存款准备金率就等于冻结了一部分商业银行的超额准备；另一方面，法定存款准备金率对商业银行的资金总量影响巨大，这是因为，它对应数额庞大的存款总量，并通过货币乘数的作用对货币供给总量产生更大的影响。人们通常认为这一政策工具的效果过于猛烈，它的调整会在很大程度上影响整个经济和社会心理预期，因此，一般对法定存款准备金率的调整都持谨慎态度。

（2）再贴现政策。它是指中央银行对商业银行用持有的未到期的票据向中央银行融资所作出的规定，一般包括再贴现率的确定和再贴现的资格条件。再贴现率主要着眼于短期政策效应，由中央银行根据市场上的资金供求状况进行调整，影响商业银行的借入资金成本及影响其对社会的信用量，从而调整货币供给总量。中央银行对再贴现条件的规定则着眼于长期政策效应，以发挥抑制或扶持作用，从而改变资金流向。

（3）公开市场业务。它是指中央银行在金融市场上公开买卖有价证券，以调节市场货币供应量的政策行为。当中央银行认为应该增加货币供应量时，就在金融市场上买进有价证券（主要是政府债券）；反之，就出售所持有的有价证券。

▶▶▶

拓展阅读 3-3　　2023 年第一季度中国货币政策执行报告（节选）

今年以来，面对严峻复杂的国际环境和艰巨繁重的国内改革发展稳定任务，在以习近平同志为核心的党中央坚强领导下，我国宏观政策坚持稳字当头、稳中求进，靠前协同发力，经济运行实现良好开局，一季度国内生产总值（GDP）同比增长4.5%，居民消费价格指数（CPI）同比上涨1.3%。中国人民银行坚持以习近平新时代中国特色社会主义思想为指导，坚决贯彻党中央、国务院的决策部署，精准有力实施稳健的货币政策，推动经济运行持续整体好转。

一是保持货币信贷合理增长。3月17日宣布降准0.25个百分点，并运用再贷款、中期借贷便利、公开市场操作等多种方式投放流动性，保持流动性合理充裕。引导金融机构更加注重把握好节奏与力度，增强信贷总量增长的稳定性和可持续性。二是推动降低综合融资成本。持续释放贷款市场报价利率改革效能，发挥好存款利率市场化调整机制的重要作用，指导利率自律机制成员根据市场利率变化合理调整存款利率，促进实际贷款利率稳中有降。继续落实首套房贷利率政策动态调整机制。三是发挥结构性政策工具的作用。用好普惠小微贷款支持工具，持续加大支农支小再贷款支持力度，延续实施碳减排支持工具和支持煤炭清洁高效利用专项再贷款，继续落实好科技创新、普惠养老、设备更新改造等专项再贷款政策，推动房企纾困专项再贷款和租赁住房贷款支持计划落地。四是保持人民币汇率基本稳定。深化汇率市场化改革，坚持市场在人民币汇率形成中起决定性作用，注重预期引导，增强人民币汇率弹性，发挥汇率调节宏观经济和国际收支自动稳定器的功能。五是加强风险防范化解。坚持市场化法治化原则处置风险，加快推进金融稳定保障体系建设，牢牢守住不发生系统性金融风险的底线。

资料来源：根据中国人民银行网站相关资料整理。

2. 货币政策对证券市场的具体影响

（1）货币供应量对证券市场的影响

① 货币供应量增加有利于上市公司业绩的提升。如果中央银行通过降低法定存款准备金率、再贴现率增加货币供应量和商业银行储备头寸，那么企业就能顺利取得更多贷款，从而提高上市公司业绩，推动股价上涨。

② 货币供应量增加会使社会总需求增大，刺激生产发展，同时居民收入得到提高，因而对证券投资的需求增加，证券价格上涨。

③ 货币供应量增加会使银行利率随之下降，部分资金从银行转移出来流向证券市场，也将扩大证券市场的需求；同时利率下降还会提高证券价值的评估值，两者均会使证券价格上升。

④ 货币供应量增加将引发通货膨胀。适度的通货膨胀或在通货膨胀初期，市场繁荣，企业利润增加，加上受保值意识驱使，资金转向证券市场，使证券价值和对证券的需求增加，从而股价上升。但是当通货膨胀上升到一定程度时，可能恶化经济环境，将对证券市场起反面作用，而且政府采取措施，实施紧缩政策（包括紧缩财政和紧缩货币政策）将为时不远，当市场对此作出预期时，证券价格将会下跌。

（2）利率对证券市场的影响

利率影响人们的储蓄、投资和消费行为，利率结构影响居民金融资产的选择和证券持有结构。一般来说，利率上升，可以使证券价格下降；利率下降，可以使证券价格上升。利率上升对证券市场的影响体现在以下几个方面：

① 利率上升，公司借款成本增加，利润率下降，股票价格自然下跌。特别是对那些负债率比较高，而且主要靠银行贷款从事生产经营的企业而言，这种影响将极为显著。

② 利率上升，将使得负债经营的企业经营困难，经营风险增大，从而使公司债券和股票价格都将下跌。

③ 利率上升，使债券和股票投资机会成本增大，从而价值评估降低，导致价格下跌。

④ 利率上升，将使吸引部分资金从债市特别是股市转向储蓄，导致证券需求下降，证券价格下跌。

利率降低对证券市场的作用与利率上升相反。

（3）公开市场业务对证券市场的影响

政府如果通过公开市场购回债券来增加货币供应量，则：一方面，减少国债的供给，从而减少证券市场的总供给，使得证券价格上扬——特别是被政府购买的国债品种（通常是短期国债）将首先上扬；另一方面，政府回购国债相当于向证券市场提供了一笔资金，这笔资金最直接的效应是增加对证券的需求，从而使整个证券市场价格上扬。可见，公开市场业务的调控工具最先、最直接地对证券市场产生影响。

此外，还有其他货币政策工具，通过影响货币的流向，也会对证券市场产生影响，如贷款倾斜政策、汇率政策等。

实践操作

一、财政政策对证券市场的影响

我国政府决定自2008年到2010年年底投资4万亿元，其中中央投资1.18万亿元，带动地方和社会投资2.28万亿元，涉及加快民生工程、基础设施、生态环境建设和灾后重建，提高城乡居民特别是低收入群体的收入水平，促进经济平稳较快增长。因为外需减弱，一些企业出现经营困难、投资下滑、内需不振等现象，如果不及时采取有力措施，中国经济存在下滑更加严重的风险。此时重新启用积极的财政政策，配合实施适度宽松的货币政策，扩大投资规模启动国内需求，是应时之需、必要之策。通过扩大政府的支出来调控经济，应对国际金融危机对我国经济所造成的负面影响。政府扩大支出对证券市场各个行业所产生的影响见表3-1。

由此可见，财政政策会对证券市场中一些具体行业的上市公司的股票价格产生影响。相关行业及相关上市公司将明显受益，同时因为乘数效应，总体上将对其他相关产业和公司产生作用不等的正面乘数效应。

表3-1　　　　　　　　　　　2009年我国各类投资计划项目、额度及受益行业

投资项目	金额（亿元）	受益行业
保障性住房	3 000	建筑、钢铁、建材
能源基础设施项目	1 000	建筑、钢铁、建材、能源
民航基础设施建设	1 250	建筑、钢铁、建材、航空
农村基础设施建设	200	建筑、钢铁、建材
重点项目建设和农副产品收购	1 000	建筑、农业
公路、航道、港口、铁路及其他	13 550	建筑、钢铁、建材、机械设备
2009年合计	20 000	

资料来源：根据国家各部委办局及国信证券经济研究所有关资料整理.

二、货币政策对证券市场的影响

我们这里主要分析货币政策中的利率政策对证券市场的影响。一般来说，利率上升，可以使证券价格下降；利率下降，可以使证券价格上升。短期贷款利率与上证综合指数之间基本具有反向的走势关系，如图3-7所示。

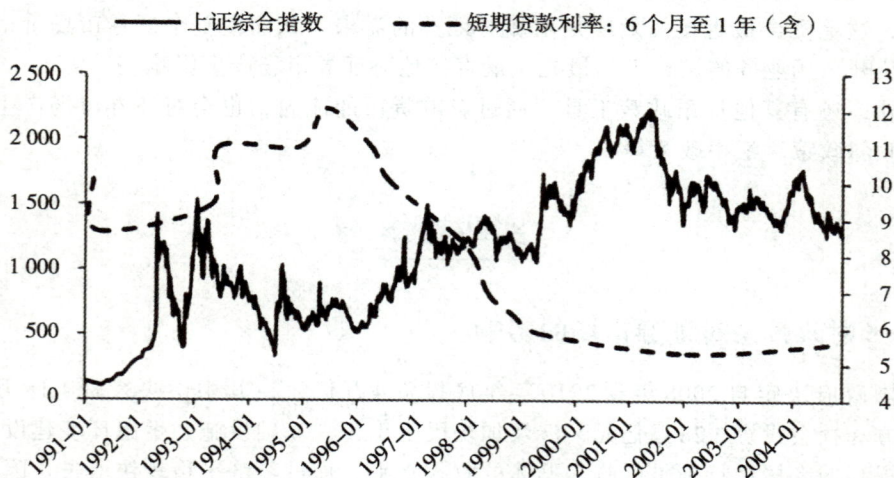

图3-7　短期贷款利率与上证综合指数之间的关系

资料来源：根据国泰君安证券有关资料整理.

【行业视窗】

加快构建新发展格局　把握未来发展主动权

2023年4月16日出版的第8期《求是》杂志发表了中共中央总书记、国家主席、中央军委主席习近平的重要文章《加快构建新发展格局 把握未来发展主动

权》。文章强调，我国 14 亿多人口整体迈进现代化社会，规模超过现有发达国家人口的总和，其艰巨性和复杂性前所未有，必须把发展的主导权牢牢掌握在自己手中；我国是一个超大规模经济体，而超大规模经济体可以也必须内部可循环。事实充分证明，加快构建新发展格局，是立足实现第二个百年奋斗目标、统筹发展和安全作出的战略决策，是把握未来发展主动权的战略部署。我们只有加快构建新发展格局，才能夯实我国经济发展的根基、增强发展的安全性稳定性，才能在各种可以预见和难以预见的狂风暴雨、惊涛骇浪中增强我国的生存力、竞争力、发展力、持续力，确保中华民族伟大复兴进程不被迟滞甚至中断，胜利实现全面建成社会主义现代化强国目标。

文章指出，两年多来，构建新发展格局扎实推进，取得了一些成效，思想共识不断凝聚、工作基础不断夯实、政策制度不断完善，一些地方服务和融入新发展格局呈现出新气象。但是，从调研情况看，构建新发展格局工作还存在一些突出问题，需要引起重视、认真研究解决。总体看，全面建成新发展格局还任重道远。加快构建新发展格局，要从两个维度来研究和布局：一是更有针对性地加快补上我国产业链供应链短板弱项，确保国民经济循环畅通；二是提升国内大循环内生动力和可靠性，提高国际竞争力，增强对国际循环的吸引力、推动力。

文章指出，必须坚持问题导向和系统观念，着力破除制约加快构建新发展格局的主要矛盾和问题，全面深化改革，推进实践创新、制度创新，不断扬优势、补短板、强弱项。第一，更好统筹扩大内需和深化供给侧结构性改革，增强国内大循环动力和可靠性。要把扩大内需战略同深化供给侧结构性改革有机结合起来，供需两端同时发力、协调配合，形成需求牵引供给、供给创造需求的更高水平动态平衡，实现国民经济良性循环。第二，加快科技自立自强步伐，解决外国"卡脖子"问题。第三，加快建设现代化产业体系，夯实新发展格局的产业基础。第四，全面推进城乡、区域协调发展，提高国内大循环的覆盖面。只有实现了城乡、区域协调发展，国内大循环的空间才能更广阔、成色才能更足。第五，进一步深化改革开放，增强国内外大循环的动力和活力。

资料来源：根据 2023 年 4 月 16 日出版的第 8 期《求是》相关内容整理。

评述：

在《求是》杂志新近刊发的习近平总书记的重要文章《加快构建新发展格局 把握未来发展主动权》中，总书记着眼"增强国内大循环动力和可靠性"，明确要求"更好统筹扩大内需和深化供给侧结构性改革"，强调"供需两端同时发力、协调配合，形成需求牵引供给、供给创造需求的更高水平动态平衡，实现国民经济良性循环"。

习近平总书记在党的二十大报告中创造性提出"把实施扩大内需战略同深化供给侧结构性改革有机结合起来"，这是基于国内外发展环境变化和新时代新征程党的中心任务作出的战略部署，对今后一个时期有效发挥大国经济优势、加快构建新发展格局、推动高质量发展，具有重要意义。

项目小结

宏观经济分析的主要方法有总量分析法、经济指标分析、计量经济模型等。国内生产总值、通货膨胀率、失业率、汇率等都是影响证券市场的宏观经济变量，财政政策、货币政策等宏观经济政策也影响证券市场，这些都是宏观经济分析的重要内容。

过程考核

一、单项选择题

1.货币政策可以通过（　　　）的变化影响投资成本和投资的边际效率，并影响金融市场有效运作，实现资源的合理配置。

A.拆借利率　　　　B.利率　　　　　　C.货币供应量　　　D.回购利率

2.从长期看，在上市公司的行业结构与该国产业结构基本一致的情况下，股票平均价格的变动与GDP的变化趋势是（　　　）。

A.相吻合的　　　　B.相背离的　　　　C.不相关的　　　　D.关系不确定的

3.一般来讲，对证券市场呈上升走势最有利的经济背景条件是（　　　）。

A.持续、稳定、高速的GDP增长　　　　B.高通胀下的GDP增长

C.宏观调控下GDP的减速增长　　　　　D.转折性的GDP变动

4.经济周期的变动过程是（　　　）。

A.繁荣—衰退—萧条—复苏　　　　　　B.复苏—上升—繁荣—萧条

C.上升—繁荣—下降—萧条　　　　　　D.繁荣—萧条—衰退—复苏

5.以下不是财政政策手段的是（　　　）。

A.国家预算　　　　B.税收　　　　　　C.国债　　　　　　D.利率

6.以下不属于财政补贴的是（　　　）。

A.价格补贴　　　　B.财政贴息　　　　C.转移支付　　　　D.企业亏损补贴

7.扩张性财政政策对证券市场的影响是（　　　）。

A.增发国债导致流向股票市场的资金增加

B.减少税收可导致证券市场价格下跌

C.扩大财政支出可造成证券市场价格上涨

D.增加财政补贴可使整个证券市场价格上涨

8.当中央银行（　　　）时，商业银行可运用的资金减少，贷款能力下降，货币乘数变小，市场货币流通量便会相应减少。

A.提高法定存款准备金率　　　　　　　B.提高再贴现率

C.提高存款准备金率　　　　　　　　　D.提高法定存款准备金

9.当社会总需求小于总供给时，为增加总需求，中央银行通常会采取（　　　）。

A.松的货币政策　　　　　　　　　　　B.紧的货币政策

C.紧的财政政策　　　　　　　　　　　　D.松的财政政策

10.下面关于货币政策对证券市场的影响，说法错误的是（　　　）。

A.一般来说，利率下降时，股票价格就上升；而利率上升时，股票价格就下降

B.如果中央银行大量购进有价证券，会推动利率下调，推动股票价格上涨

C.如果中央银行提高存款准备金率，货币供应量便大幅度减少，证券市场价格趋
于下跌

D.如果中央银行提高再贴现率，会使证券市场行情走势上扬

二、判断题

1.转移支付是国家为了某种特定需要，将一部分财政资金无偿补助给企业和居民的
一种再分配形式。　　　　　　　　　　　　　　　　　　　　　　　　　　（　　　）

2.证券市场素有"经济晴雨表"之称，它既表明证券市场是宏观经济的先行指标，
又表明宏观经济的走向决定了证券市场的长期趋势。　　　　　　　　　　　（　　　）

3.一些非经济因素可以暂时改变证券市场的中长期走势。　　　　　　　（　　　）

4.我国曾经采取的对居民储蓄存款征收利息所得税的措施有利于促进储蓄向投资的
转化。　　　　　　　　　　　　　　　　　　　　　　　　　　　　　　　（　　　）

5.国内生产总值是一国经济成就的根本反映，GDP增长，证券市场必将伴之以上
升的走势。　　　　　　　　　　　　　　　　　　　　　　　　　　　　　（　　　）

6.随着我国证券市场的不断规范与成熟，证券市场与宏观经济的关联度将逐步降低。
　　　　　　　　　　　　　　　　　　　　　　　　　　　　　　　　　　（　　　）

7.经济周期处于最繁荣时期，股价也处于最高点；经济周期处于最萧条时期，股价
也最低。股票价格和经济周期同步。　　　　　　　　　　　　　　　　　　（　　　）

8.即使在没有价格管制、价格基本上由市场调节的情况下，通货变动与物价总水平
也不是同义语。　　　　　　　　　　　　　　　　　　　　　　　　　　　（　　　）

9.通货膨胀对证券市场特别是个股的影响，没有一成不变的规律可循，完全可能产
生相反方向的影响，应具体情况具体分析。　　　　　　　　　　　　　　　（　　　）

10.通货膨胀时期，所有价格和工资按同一比率变动，而相对价格发生变化。这种
相对价格变化引致财富和收入的再分配，某些公司可能从中获利，另一些公司可能蒙受
损失。与之相应的是获利公司的股票价格上涨，受损的公司股票价格下跌。　（　　　）

三、填空题

1.宏观经济分析的主要方法有_____、_____、_____。

2.在经济发展的不同阶段，市场利率有不同的表现。在经济持续繁荣增长时期，
资金_____，利率_____；当经济萧条、市场疲软时，利率会随着资金_____
而_____。

3.财政收支包括_____和_____两个方面。

4.国民经济运行常表现为收缩与扩张的周期性交替，每个周期表现为_____、
_____、_____、_____四个阶段。

5.常见的货币政策工具有_____、_____、_____。

6. 财政政策的主要手段有_____、_____、_____、_____。

7. 衡量通货膨胀的指标主要有_____和_____。

8. 国内生产总值是指在一定时期内（一个季度或一年），一个国家或地区的经济中所生产出的全部_____的价值，常被公认为衡量国家经济状况的最佳指标。

四、简述题

1. 简述证券基本分析的含义及基本内容。

2. 宏观经济形势分析一般运用哪些指标？

3. 国内生产总值变动对证券市场有何影响？

4. 通货膨胀与通货紧缩对证券市场有何影响？

5. 财政政策对证券市场有何影响？

五、论述题

1. 利率政策对证券市场有哪些影响？

2. 以股市为例，说明经济周期对证券市场的影响。

3. 影响证券市场运行的主要宏观因素有哪些？

项目实训

实训任务	通过互联网及其他途径，查询近两年我国主要的宏观经济指标值							
条件要求	能接入互联网的证券实验室（配有投影仪）							
资料准备	无							
考核要求	完成实训报告							
实训过程提示	第一步：收集近两年我国主要宏观经济指标值。							
	指标类别	具体指标	去年	前年	指标类别	具体指标	去年	前年
	国民经济总体指标	国内生产总值			投资指标	全社会固定资产投资总额		
		工业增加值				实际利用外资总额		
		失业率			消费指标	社会消费品零售总额		
		通货膨胀率				城乡居民储蓄存款余额		
		进出口总额			金融指标	货币供应量		
	财政指标	财政收入				利率		
		财政支出				汇率		
		赤字或结余				外汇储备		
	第二步：收集近两年来我国宏观（财政、货币）政策及其变动的有关资料，对其进行归纳、分析。							
	第三步：对未来一年内证券市场的总体走势进行分析与预测							
实训报告								

项目四

行业分析

学习目标

职业知识：

1.掌握行业的分类及行业的基本分析方法；

2.理解并掌握影响行业兴衰的因素；

3.掌握上市公司行业分类的方法；

4.掌握不同的上市公司所处行业的查询方法。

职业能力：

1.能够针对某行业进行其市场类型分析；

2.能够根据所学知识对某一行业进行其生命周期分析；

3.能够从相应的信息渠道获取相关的行业研究报告；

4.能够综合各研究机构的行业分析报告，得出自己的结论。

职业素养：

1.培养学生吃苦耐劳的职业精神和工匠精神。证券投资的行业分析要进行广泛的资料收集、现场调研、数据验证分析等，需要学生具有吃苦耐劳的职业精神和精益求精的工匠精神。

2.通过行业分析内容的学习，学生应了解我国新兴战略行业的发展。新兴战略行业的发展是我国实现高质量发展的动力源泉，以此激发学生学习的内生动力。

任务一　行业分析认知

任务导入

中国脑机接口行业发展报告

脑机接口是指在有机生命的脑与具有计算能力的设备间创建用于信息交换的连接通路，实现信息交换及控制。依据信息流向的差异，可将脑机接口分为输入式脑机接口和输出式脑机接口。输入式脑机接口主要用于调控中枢神经活动，在该模式下，外部设备直接向大脑输入刺激信号；输出式脑机接口主要用于为残障人士等提供与外部世界通信的方式，在该模式下，大脑向外部设备输出指令，最终结果又通过神经反馈给用户。现阶段，脑机接口研究及应用以输出式脑机接口为主。

1.发展环境政策推进：利好政策持续发布，支撑行业成长

业内认为，脑机接口是下一个生命科学和信息技术交叉融合的主战场，各国相继启动脑科学研究计划，中国也陆续出台利好政策，明确脑机接口的战略性地位。国家层面，《中华人民共和国国民经济和社会发展第十三个五年规划纲要》提出将"脑科学与类脑科学研究"列为"科技创新 2030 重大项目"，《中华人民共和国国民经济和社会发展第十四个五年规划和 2035 年远景目标纲要》提出将脑科学列为与生命健康和人工智能同等重要的国家战略性前沿科技与研究方向。

2.需求拉动：人类渴望开发大脑潜力及治愈复杂疾病

近两三百年来，社会信息量呈指数级增长，知识总量远超生物大脑进化速度，人类个体大脑学习能力有限性与人类文明指数级发展之间的矛盾日益凸显，通过脑机接口的方式，或可将计算机芯片的功能转移到人脑，大大提升大脑的信息存储和处理能力，提升个体的知识获取效率，从而进一步开发大脑潜力。

产业链上游以脑机接口硬件、软件为主，硬件包括芯片、脑电采集设备厂商等，软件包括脑机信号的算法等；产业链中游包括脑电采集平台和脑机接口设备；产业链下游以脑机接口应用为主，包括但不限于医疗，也覆盖科技、教育、传媒等领域。脑机接口产业链图谱如图 4-1 所示。

截至 2021 年年末，全球脑机接口市场规模已达 15 亿美元，这一数值有望在 2027 年提升至 33 亿美元。目前，我国脑机接口市场规模约 10 亿元，脑机接口作为新兴产业，各国在核心技术及市场拓展等方面尚未拉开差距，中国在核心器件设计方面不存在明显落后，在政策倾斜与资源加持下，有望实现弯道超车。

问题：

（1）从投资者的角度来看（即我们现在只关心收益和风险而不考虑社会问题），你能够找出属于脑机接口行业产业链的上下游上市公司吗？

（2）你认为投资脑机接口行业可能要承担的风险有哪些？

分析提示：（1）根据资料中的产业链图谱，查找相关行业的上市公司；（2）脑机接口行业的生命周期分析。

图 4-1　脑机接口产业链图谱

资料来源：根据相关资料整理。

知识准备

微课堂 4-1

行业分析认知

一、行业分析的定义

1.行业的定义

行业是介于宏观经济和微观经济之间的重要的经济范畴，是指国民经济中按生产同类产品或具有相同工艺过程或提供同类劳动服务所划分的经营单位和个体等构成的组织结构体系，如林业、服装行业、机械行业、银行业等。

2.行业分析的概念

行业分析是指根据经济学原理，综合应用统计学、计量经济学等分析工具，对行业经济的运行状况、产品生产、销售、消费、技术、行业竞争力、市场竞争格局、行业政策等行业要素进行深入的分析，从而发现行业运行的内在经济规律，进而预测未来行业发展的趋势。行业分析是介于宏观经济分析与微观经济分析之间的中观层次的分析，是发现和掌握行业运行规律的必经之路，是行业内企业发展的大脑，对指导行业内企业的经营规划和发展具有决定性意义。

在分析了宏观经济状况后，投资者已经掌握了国家的宏观经济环境和条件，但是要作出正确的投资决策，这还远远不够。行业的景气状况在相当程度上决定了有关企业当前的获利能力和未来的增长潜力。选择一个恰当的行业是投资决策的重要内容之一，也是投资盈利的先决条件之一。

行业分析的主要任务包括：分析行业发展所处的阶段及其在国民经济中的地位，分析影响行业发展的各种因素及判断其对行业影响的程度，预测并引导行业的未来发展趋势，判断行业投资价值，揭示行业投资风险，从而挖掘最具投资潜力的行业，为投资决策提供科学依据。

二、行业划分的方法

1. 国际标准行业分类

不同国家（地区或机构）的行业划分标准各不相同，如联合国经济和社会事务部编制的《国际标准行业分类》将国民经济划分为 10 个门类（见表 4-1），而道·琼斯分类法将上市公司分为三类：工业、运输业和公用事业类。

表 4-1　　　　　　　　　　　　　国际标准行业分类与代码

代码	行业名称	代码	行业名称
A	农、林、牧、渔业	L	房地产
B	采矿和采石	M	专业、科学和技术
C	制造业	N	行政和辅助
D	电、煤气、蒸汽和空调供应	O	公共管理与国防；强制性社会保障
E	供水；污水处理、废物管理和补救	P	教育
F	建筑业	Q	人体健康和社会工作
G	批发和零售业；汽车和摩托车修理	R	艺术、娱乐和文娱
H	运输与储存	S	其他服务
I	食宿服务	T	家庭作为雇主的；家庭自用、未加区分的物品生产和服务
J	信息和通信	U	国际组织和机构
K	金融和保险		

2. 中国国民经济行业分类

中国国家统计局颁布的《国民经济行业分类》（GB/T 4754—2019）将国民经济分为三次产业，具体如下：

第一产业是指农、林、牧、渔业。

第二产业是指采矿业，制造业，电力、燃气及水的生产和供应业，建筑业。

第三产业是指除第一、二产业以外的其他行业，包括：交通运输、仓储和邮政业，信息传输、计算机服务和软件业，批发和零售业，住宿和餐饮业，金融业，房地产业，租赁和商务服务业，科学研究、技术服务和地质勘探业，水利、环境和公共设施管理业，居民服务和其他服务业，教育，卫生、社会保障和社会福利业，文化、体育和娱乐业，公共管理和社会组织，国际组织。

国民经济行业分类与代码见表 4-2。

表 4-2   国民经济行业分类与代码（GB/T 4754—2019）

代码	行业名称	代码	行业名称
A	农、林、牧、渔业	K	房地产业
B	采矿业	L	租赁和商务服务业
C	制造业	M	科学研究、技术服务和地质勘探业
D	电力、燃气及水的生产和供应业	N	水利、环境和公共设施管理业
E	建筑业	O	居民服务和其他服务业
F	交通运输、仓储和邮政业	P	教育
G	信息传输、计算机服务和软件业	Q	卫生、社会保障和社会福利
H	批发和零售业	R	文化、体育和娱乐业
I	住宿和餐饮业	S	公共管理和社会组织
J	金融业	T	国际组织

3. 中国上市公司行业划分

中国证监会在《国民经济行业分类》（GB/T 4754—2019）的基础上，借鉴了国外有关行业分类标准，制定了《上市公司行业分类指引》，将我国的上市公司分为 19 个门类（其中包括了若干个大类和中类），具体见表 4-3。

表 4-3   中国上市公司行业分类与代码

代码	行业名称	代码	行业名称
A	农、林、牧、渔业	K	房地产业
B	采矿业	L	租赁和商务服务业
C	制造业	M	科学研究和技术服务业
D	电力、煤气、燃气及水的生产和供应业	N	水利、环境和公共设施管理业
E	建筑业	O	居民服务、修理和其他服务业
F	批发和零售业	P	教育
G	交通运输、仓储和邮政业	Q	卫生和社会工作业
H	住宿和餐饮业	R	文化、体育和娱乐业
I	信息传输、软件和信息技术服务业	S	综合
J	金融业		

根据中国证监会制定的《上市公司行业分类指引》，可以对我国沪深证券交易所的上市公司进行行业划分，证券市场人士通常将同一行业的上市公司称为板块。同一板块内的上市公司在经营管理与财务业绩等方面有很多共同之处，使板块内部上市公司股票

价格联动的可能性较大，且板块内部股票价格之间会互相影响，因此，对上市公司进行行业划分对投资者的投资策略与行为有着极其重要的现实意义。

三、影响行业兴衰的因素

1. 技术进步

纵观人类发展史，人类社会每出现一次重大的技术革命，都会对人类社会的进步产生巨大影响。例如，人类使用的工具石头—铜—铁—合金，每次的进步都使得人类社会发生了制度性变革，从原始社会到奴隶社会，再到封建社会，最后发展到资本主义社会与社会主义社会。每个行业的新生与突飞猛进也离不开重大的技术革命，所以我们要以极其敏锐的眼光与嗅觉去寻找投资方向，如早期的彩电投资家就是在承担巨大风险的条件下获取了超额利润。

当前正是科学技术日新月异的时代，不仅新兴学科不断涌现，而且理论科学向实用技术的转化过程也大大缩短，速度大大加快。技术进步对行业的影响是巨大的，它往往催生出一个新的行业，而一批旧的行业则因为消费者对这些行业产品需求的大大降低而走向衰落。例如，电灯的出现极大地削减了社会对煤气灯的需求，蒸汽动力行业被电力行业逐渐取代，喷气式飞机代替了螺旋桨飞机，大规模集成电路计算机取代了一般的电子计算机等等。因此，投资分析人员必须不断地考察一个行业产品生产线的前景，分析其被优良产品的消费需求替代的趋势。当然，行业追求技术进步也是时代的要求。一旦科学发明在新的产业中得到应用，这些新产品被定型并大批量生产，市场价格将会大幅度下降，从而很快地被消费者使用。技术进步使新兴行业能够很快地超过并替代旧行业，或严重地威胁原有行业的生存。未来优势行业将伴随新的技术创新而到来，处于技术尖端的基因技术、纳米技术等将催生新的优势行业。因此，作为投资分析人员，充分了解各种行业技术发展的状况和趋势是至关重要的。

2. 政府政策

政府根据国家经济的发展战略，将制定出产业结构调整的相关政策。对于那些国家要扶持发展的行业，国家会通过财政投资、金融倾斜、税收倾斜以及行政性干预等手段给予扶植；对于那些要调整的衰退行业，政府会采取规模收缩等合理化手段促使这些行业的企业进行设备处理以及业务转移。为了保护幼稚产业，国家会对外商投资方式进行限制。为了促进技术进步，国家会制定产业技术政策和技术标准，规定技术发展方向，鼓励采用先进技术，制定技术引进政策，促进技术开发和资助，组织基础技术研究等。为了充分发挥各个地区的资源优势，国家会在产业布局方面制定政策。所以，在进行行业分析时，必须特别注意那些在税收、财政补贴、贷款、技术引进等方面得到政府优惠的行业。只有跟着行业政策走，才不会犯大错误，才能盈利。

3. 产业组织创新

产业组织是指同一产业内企业的组织形态和企业间的关系，包括市场结构、市场行为、市场绩效三方面内容。产业组织创新过程实际上是对影响产业组织绩效的关键要素进行整合优化的过程，是使产业组织重新获取竞争优势的过程。产业组织创新是产业及产业内企业的"自组织"过程。

产业组织创新是通过横向联合与纵向联合等手段实现的，其直接效应包括实现规模经济、专业化分工与协作、提高产业集中度、促进技术进步和有效竞争等，间接影响包括创造产业增长机会、促进产业增长实现、构建产业赶超效应、适应产业增长需要等多项功效。产业组织创新能够在一定程度上影响产业（或行业）生命周期运行轨迹，或者延长产业生命周期。

产业组织创新与产业技术创新是相互促进的互动关系，产业组织创新能够最大限度地、系统地为产业技术创新配置资源。技术创新是组织创新的某一方面表现，它也会反过来促进产业的组织创新。

4.社会习惯的改变

当今社会，消费者和政府越来越强调经济行业应负的社会责任，越来越注重工业化给社会带来的种种影响，如防止环境污染、保持生态平衡目前已成为工业化国家的一个重要动向，在发展中国家也正日益受到重视。环保对企业的生产经营、生产成本和利润收益等方面都会产生一定影响。

随着社会的进步，人们生活水平的提高，人们的需求也会发生变化。比如，在改革开放以前，大多数中国人的梦想是拥有手表、自行车、收音机三大件；在改革开放以后，中国人民的三大件逐步变为洗衣机、电视机、冰箱；进入21世纪，中国人的需求进一步升级，人们的需求开始多样化，房子、轿车、手提电脑、高级音响、旅游、保险、健身等正成为中国家庭的主要开支项目。我们可以从人们消费倾向的演变过程中看到这些行业的兴衰。政府的产业政策导向最终只有在市场需求上体现出来才是有效的。所以，我们应当以战略家的眼光，从全局性、长远性、稳定性的角度去探索未来人们消费结构的变化，依此来安排我们的投资。

5.经济全球化

经济全球化，是指商品、服务、生产要素与信息跨国界流动的规模不断扩大，形式不断增加，通过国际分工，在世界市场范围内提高资源配置效率，从而使各国经济的相互依赖程度日益加深。经济全球化是全球生产力发展的结果，其推动力是追求利润和取得竞争优势。20世纪90年代以来，经济全球化的趋势大大加强。导致经济全球化的直接原因是国际直接投资与贸易环境出现了新变化。

投资活动遍及全球，全球性投资规范框架开始形成，投资成为经济发展和增长的新支点，国际对外直接投资与吸收外国直接投资的主体逐渐多元化，一些发达国家和发展中国家与地区成为吸收外国直接投资的主要对象。国际借贷资金流动量增长很快，证券及股权投资迅速发展，投资自由化成为各国国际直接投资政策的目标。

技术进步对行业的影响是巨大的，它往往催生出一个个新的行业。下面，我们以信息安全行业为例进行分析。比如，2012年，一则关于黑客在网上公开了CSDN网站的用户数据库，其中包括600余万个注册邮箱账号和与之对应的明文密码的消息，被疯狂转载，随后，引起整个业界及数亿网民的关注。由于大部分用户在多个网站注册时采用了相同账号，百合网、人人网、开心网、珍爱网、世纪佳缘、多玩网、美空网等多家知名网站先后被卷入泄密风波中，中国互联网史上最大的信息泄露事件由此爆发。国家、企业以及个人对信息安全都有非常大的需求，这个行业正在进入快速发展阶段。

　　信息安全行业所受到的推动作用如图4-2所示。信息安全是保障国家信息安全的战略性核心业，得到了国家和各级政府的高度重视和扶持，政府不仅在补贴和税收上给予行业重大支持，还出台了许多相关的政策措施。

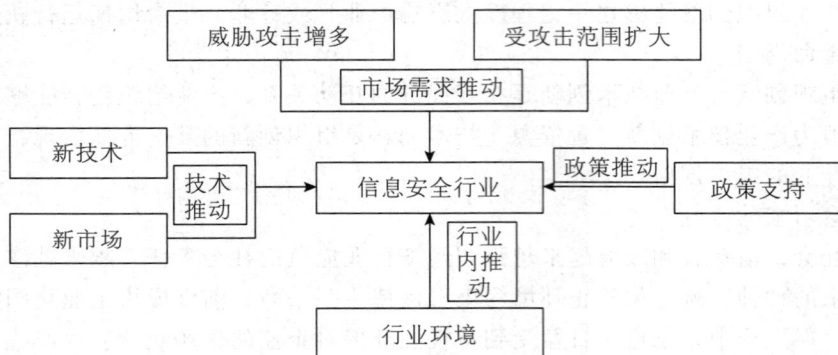

图4-2　信息安全行业所受到的推动作用

　　初步成形的产品和行业格局、不断增长的市场需求、逐渐清晰的信息安全标准体系，以及不断完善的人才培养体系，都反映出信息安全行业进入了健康发展的快车道。其中，上市公司启明星辰（002439）和任子行（300311）就属于信息安全行业企业。

实践操作

　　目前，上交所与深交所均按照《上市公司行业分类指引》对所属上市公司的行业归属进行划分，并在各自的网站上进行公布。投资者如果要关注某一行业的上市公司，可以通过两个证券交易所的网站获得某一行业上市公司的相关信息。下面以上交所金融板块为例说明具体的操作方法：

　　第一步，登录上交所网站（http：//www.sse.com.cn），点击主页上的"产品"，选择"地区/行业分类"进入上市公司专区，如图4-3所示。

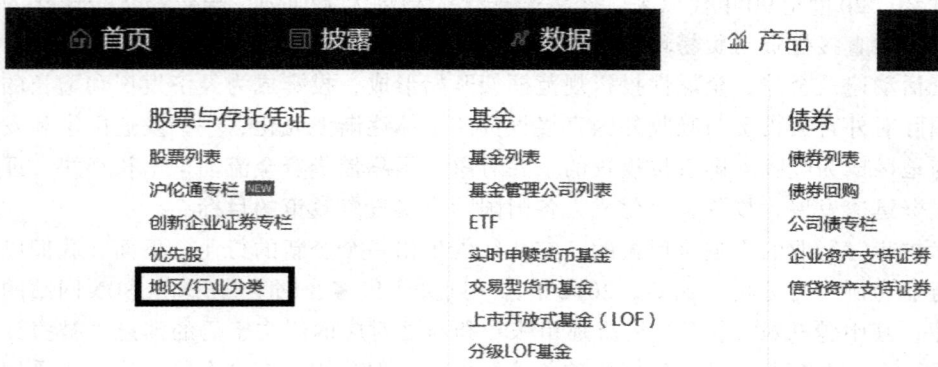

图4-3　上市公司专区

　　第二步，点击图4-3所示页面的"地区/行业分类"，即可进入上市公司检索页面，如图4-4所示。

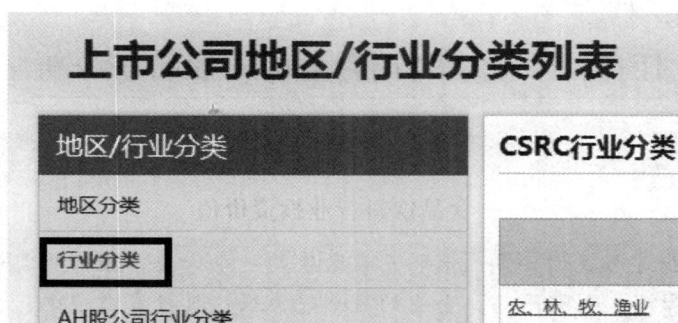

图4-4 上市公司检索页面

第三步，选择图4-4所示页面中的右侧，再点击相关的行业分类，即可进入相关的上市公司列表页面，如图4-5和图4-6所示。

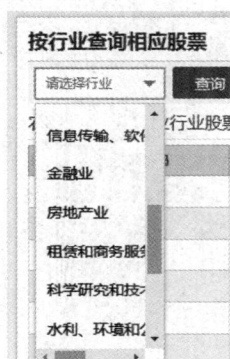

图4-5 查询"金融业"上市公司

按行业查询相应股票

金融业行业股票列表

上市公司代码	上市公司名称	A股
600291	内蒙古西水创业股份有限公司	600291
600318	安徽新力金融股份有限公司	600318
601555	东吴证券股份有限公司	601555
601901	方正证券股份有限公司	601901
601336	新华人寿保险股份有限公司	601336
601688	华泰证券股份有限公司	601688
601288	中国农业银行股份有限公司	601288
601818	中国光大银行股份有限公司	601818
601377	兴业证券股份有限公司	601377
600816	安信信托股份有限公司	600816
600053	昆吾九鼎投资控股股份有限公司	600053

图4-6 金融行业上市公司列表

任务二 上市公司行业的一般特征分析

任务导入

食品饮料行业投资价值

食品饮料行业是与我们日常生活联系最紧密的一个行业。该行业需求比较稳定，不太受经济波动的影响；利润率高，企业的盈利能力强；再投资需求少，企业能留下更多的钱。在食品饮料行业中，白酒公司的占比最高，超过一半都是白酒公司，剩下的则主要由乳制品、调味发酵品、食品综合等公司组成。像我们熟悉的伊利、蒙牛、双汇、海天味业等，都属于食品饮料行业公司，这些公司与我们日常生活的联系比较紧密。食品饮料占比如图4-7所示。

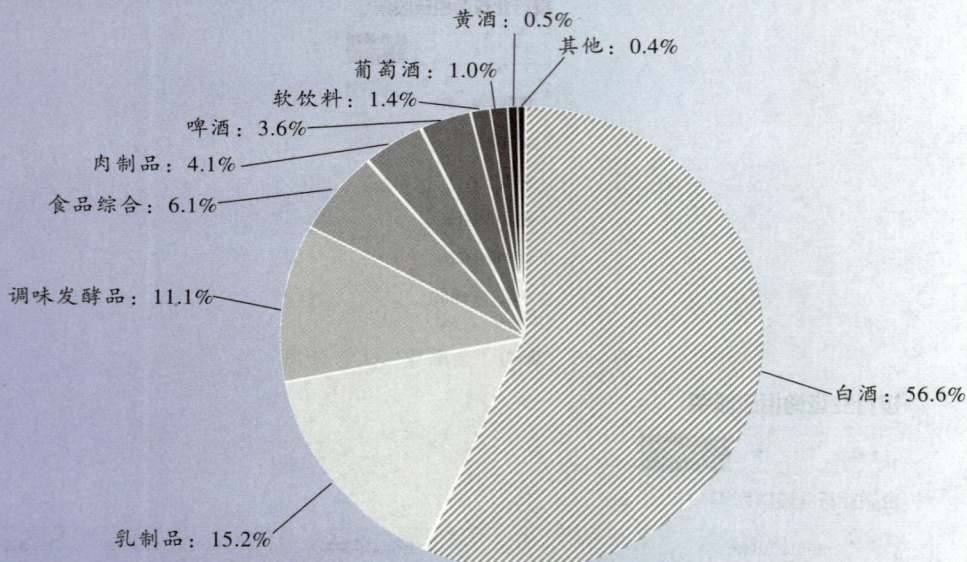

图4-7 食品饮料占比

首先，食品饮料行业的产品消费不太受经济波动的影响。经济再不好，我们也要喝酒吃肉。其次，消费习惯养成了，是比较难改掉的。比如，北方人逢年过节喝点白酒，几乎是免不了的。小孩子每天喝奶，年轻人经常喝饮料等，也都是免不了的。最后，成熟的食品饮料公司利润率都不错，基本上都有比较知名的品牌，享有一定的品牌溢价。企业再投入的需求也比较少，不太需要频繁地进行升级改造。

A股的食品饮料行业指数，主要是中证食品饮料行业指数。这个指数是从2004年年底1 000点开始的，到2022年12月31日，指数点数是28 133多点，在18年的时间里上涨近27倍。如果加上分红收益，则是上涨到30 484多点，上涨近29倍，堪称A股收益最高的指数之一。

问题：

（1）从投资者的角度来看（即我们现在只关心收益和风险），你觉得是否值得投资食品饮料行业某些公司的股票？

（2）你认为投资食品饮料行业可能要承担的风险有哪些？

分析提示：（1）食品饮料行业的市场结构；（2）食品饮料行业的生命周期。

微课堂4-2

知识准备

行业市场结构和
行业生命周期

一、市场结构分析

行业的市场结构是指行业内企业竞争或垄断的程度。根据该行业中企业数量的多少、进入的限制程度和产品的差别，行业可分为完全竞争、不完全竞争、寡头垄断、完全垄断四种市场结构。

1. 完全竞争

完全竞争型市场结构的根本特征在于企业生产的产品无差异，所有的企业都无法控制产品的市场价格，只能是价格的接受者，企业的价格和利润完全取决于市场的供求关系。其特点是：

（1）产业集中度低。行业内厂商众多，每个厂商出售的产品数量占全行业产量的比重非常小，以至于其决策对市场价格不起任何作用，所以每个厂商视价格为给定的；同样，每个消费者购买量的比重也非常小，以至于他们对价格没有影响力，也将价格视为给定的。价格是由市场总需求与总供给决定的，每个厂商和消费者都是价格的接受者。

（2）产品同质。所有厂商生产的产品同一性很高，产品具有完全的替代性。任何一个厂商提高其产品价格，都将使得消费者转而购买其他企业的产品，保证了单一市场价格的存在。

（3）资源可自由流动，不存在任何进入和退出壁垒。厂商一看到该行业利润率很高，就可以自由地进入市场，而一旦出现亏损则可以自由退出市场。厂商也可以购买到所需的劳动力和原材料。

（4）信息是完全的，厂商和消费者都掌握了与交易有关的一切信息，如消费者对个人偏好、收入水平及产品价格和质量等拥有完全信息；而厂商对其成本、价格和技术也拥有完全信息。

完全竞争是一种理想的市场类型。在现实经济中，完全竞争的市场类型是少见的，初级产品（如农产品）的市场类型较接近于完全竞争。

2. 不完全竞争

不完全竞争型市场结构的主要特点是厂商生产的产品有一定的差异，但由于厂商数量仍然很多，产品之间替代性很强，每个企业无法控制产品的价格，只能在价格大体相同的条件下，在一定范围内决定本企业产品的价格。价格和利润仍然由市场供求关系决定，但企业品牌、质量等也在一定程度上产生影响。其特点可归纳为：

（1）产业集中度较低。行业内厂商数量较多，每个厂商的市场占有率较低，没有市场力量，与完全竞争市场较为接近。

（2）产品有差别。不同厂商生产的商品是不同质的，在质量、外观、商标等方面具有差异，使得企业能在一定程度上排斥其他产品，拥有一定的定价权。

（3）进入和退出壁垒比较低。企业进入或退出某一行业都比较容易。劳动力和原材料的流动仍较为方便。

不完全竞争是一种比较接近现实经济状况的市场结构，制成品市场一般都属于这种类型。

3. 寡头垄断

寡头垄断型市场结构是指只有少量的生产者在某种产品的生产中占据很大市场份额的情形。

（1）产业集中度高。市场被少数大企业所控制，它们生产和销售的产品在行业中占据了很高的比例。

（2）产品基本同质或略有差别，厂商的定价能力较强。

（3）进入和退出壁垒较高。行业内的少数大企业在资金和技术以及生产规模上都占有绝对优势，新企业很难进入；而且这些行业的企业生产规模很大，投入的资本量也很大，所以退出市场的壁垒也很高。

寡头垄断是一种较为普遍的市场结构形式，一般来说，资本密集型、技术密集型产品，如钢铁、汽车等市场多属这种类型。生产这些产品所需的投资都非常大，且技术复杂，所以，新企业很难进入这个市场。

4. 完全垄断

完全垄断型市场结构是指独家企业生产某种特质产品的情形。特质产品是指那些没有或缺少相近替代品的产品。完全垄断可分为政府完全垄断（如国有铁路等）和私人完全垄断（如根据政府授予的特许专营）两种类型。完全垄断型市场结构的特点是：

（1）产业集中度为100%，市场上只有一家厂商，产品没有替代品，但也需根据市场供求情况来定价。

（2）进入壁垒非常高，一般分为资本壁垒和技术壁垒，即企业的初始资本投入量非常大，或生产技术和专利被垄断企业所掌握，一般企业无法进入。

在现实经济中，公用事业（如发电厂、煤气公司、自来水公司和邮电通信公司等）和某些资本、技术高度密集型或稀有金属矿藏的开采等行业属于这种完全垄断的市场类型。

各种市场类型分析见表4-4。

二、行业经济周期分析

在国民经济中，经济周期的变化一般会对行业的发展产生影响，但影响程度不尽相同，有的行业与经济周期同步，有的行业则与经济周期关系不大。分析经济周期与行业的关系，可以为我们选择正确的行业投资提供依据。

表4-4   **市场类型分析**

特征	完全竞争	不完全竞争	寡头垄断	完全垄断
厂商数量	很多	较多	很少	一个
产品差异	同质无差异	同种产品在质量、包装、牌号或销售条件方面存在差异	同质或略有差异	独特产品
价格控制能力	没有	较小	较大	相当大
生产要素的流动	自由流动	流动性较大	较小	没有
典型行业	初级产品市场	轻工业产品、制成品市场	资本密集型、技术密集型产品，如钢铁、汽车，以及少数储量集中的矿产品（如石油）等市场	国有铁路、邮电等公用事业和某些资本、技术高度密集型或稀有金属矿开采等行业

1. 根据行业与经济周期的关系分类

根据行业与经济周期的关系，行业分为以下三类：

（1）增长型行业

增长型行业的发展状况与经济活动总水平的周期及其振幅并不紧密相关。这类行业收入增长的速率并不总是随着经济周期的变动而出现同步变动，因为它们主要依靠技术进步、新产品开发及更优质的服务，从而使其经常呈现出增长形态。

我国现阶段，生物制药，移动通信，计算机、网络工程等IT产业及航空业等表现出了这种形态。投资者对高增长行业十分感兴趣，主要是因为这些行业对经济周期性波动来说，提供了一种财富"套期保值"的手段。在经济高涨时，高增长行业的发展速度通常高于平均水平；在经济衰退时，其所受影响较小甚至仍能保持一定的增长。然而，这种行业增长的形态却使得投资者难以精确把握购买时机，这是因为，这些行业的股票价格不会随着经济周期的变化而变化。

（2）周期型行业

周期型行业的运动状态与经济周期紧密相关。在经济繁荣时期，这些行业会紧随其扩张；在经济衰退时期，这些行业也相应衰落。而且，周期型行业收益的变化幅度往往会在一定程度上夸大经济的周期性。产生这种现象的原因是，当经济繁荣时，对这些行业相关产品的购买相应增加；当经济衰退时，对这些行业相关产品的购买被延迟到经济改善之后。例如，消费品业、耐用品制造业及其他需求收入弹性较高的行业就属于典型的周期型行业。

（3）防守型行业

防守型行业的经营状况在经济周期的上升和下降阶段都很稳定。这种形态的存在是因为防守型行业的产品需求相对稳定，需求弹性小，经济周期处于衰退阶段对

知识链接4-1

部分行业的前景及生命周期分析

这种行业的影响也比较小，甚至有些防守型行业在经济衰退时期还会有一定的实际增长。

该类型行业的产品往往是生活必需品或是必要的公共服务，公众对其产品有相对稳定的需求，因而行业中有代表性的公司盈利水平相对稳定。例如，食品业和公用事业就属于防守型行业。也正是因为这个原因，投资于防守型行业一般属于收入型投资，而非资本利得型投资。

2. 按行业所处生命周期的阶段分类

按行业所处生命周期的阶段不同，可以将行业分为朝阳行业、平缓增长行业和夕阳行业三类。朝阳行业处于幼稚期或成长期，平缓增长行业处于成熟期，而夕阳行业则处于衰退期，各自显现出快速增长、缓慢增长、衰退的行业特征。

（1）幼稚期

幼稚期，是指行业的产生期，是行业发展的初级阶段。处于幼稚期的行业有三种形成方式：分化、衍生和新生长。分化是指从原行业（母体）中分离出一个独立的新行业，如电子工业从机械工业中分化出来，石化行业从石油工业中分化出来，等等。衍生是指出现与原有行业相关、相配套的行业，如汽车业衍生出来的汽车修理业，房地产业衍生出来的房地产咨询业，等等。新生长是指新行业以相对独立的方式形成，如生物医药、生物工程、海洋产业等。

在这一阶段，由于新行业刚刚诞生或初建不久，因此，只有为数不多的投资公司投资这些新兴的行业。另外，创业公司的研究和开发费用较高，而大众对其产品尚缺乏全面了解，致使产品市场需求较小，销售收入较低，因此，这些创业公司财务上可能不但没有盈利，反而出现较大亏损。同时，较高的产品成本和价格与较小的市场需求之间的矛盾使得创业公司面临较大的市场风险，创业公司还可能因财务困难而引发破产风险。因此，这类企业更适合投机者和创业投资者。

在幼稚期后期，随着行业生产技术水平的提高、生产成本的降低以及市场需求的扩大，新行业便逐步由高风险、低收益的幼稚期迈入高风险、高收益的成长期。

（2）成长期

在成长期的初期，企业的生产技术逐渐成形，市场认可并接受了企业的产品，产品销量迅速增长，市场逐步扩大，然而企业可能仍然处于亏损或者微利状态，需要外部资金注入以增加设备和人员，并着手下一代产品的开发。进入加速成长期后，企业的产品和服务已为广大消费者接受，销售收入和利润开始加速增长，新的机会不断出现，但企业仍然需要大量资金来实现高速成长。在这一时期，拥有较强研发实力和市场营销能力、雄厚资本和畅通融资渠道的企业逐渐占领市场。这个时期的行业增长非常迅猛，部分优势企业脱颖而出，投资于这些企业的投资者往往能获得极高的投资回报，所以成长期有时被称为投资机会时期。

随着市场需求的扩大，新行业也繁荣起来。投资于新行业的厂商大量增加，产品也逐步从单一、低质、高价向多样、优质和低价方向发展，出现了生产厂商之间和产品之间相互竞争的局面。这种状况会持续数年或数十年。其间，市场竞争不断加剧，产品产量不断增加，生产厂商数量也不断增加。进入成长期后期，生产厂商不仅依靠扩大产量和提高市场份额来获得竞争优势，同时还会不断提高生产技术水平，降低成本，以及研制和开发新产品，从而战胜或紧跟竞争对手，维持企业的生存。

这一时期企业的利润虽然增长很快，但所面临的竞争风险也非常大，破产率与被兼并率相当高。由于市场竞争优胜劣汰规律的作用，市场上生产厂商的数量会在一个阶段后大幅度减少，之后开始逐渐稳定下来。由于市场需求趋向饱和，产品的销售增长率降低，迅速赚取利润的机会减少，整个行业便开始进入成熟期。

（3）成熟期

行业的成熟期是一个相对较长的时期。具体来说，各个行业成熟期的时间长度往往有所区别，一般而言，技术含量高的行业成熟期历时相对较短，而公用事业成熟期持续的时间较长。处于成熟期的行业具有以下主要特点：

① 企业规模空前、地位显赫，产品普及程度高；

② 行业生产能力接近饱和，市场需求也趋于饱和，买方市场出现；

③ 形成支柱产业地位，其生产要素份额、产值、利税份额在国民经济中占有一席之地。

通常，在短期内很难识别一个行业何时真正进入成熟期。进入成熟期的行业市场已被少数资本雄厚、技术先进的大厂商控制，各厂商分别占有自己的市场份额，整个市场的生产布局和份额在相当长的时期内处于稳定状态。厂商之间的竞争逐渐从价格手段转向各种非价格手段，如提高质量、改善性能和加强售后服务等。行业的利润由于一定程度的垄断达到了较高的水平，而风险却因市场结构比较稳定、新企业难以进入而较低。

在行业成熟期，行业增长速度降到一个适度水平。在某些情况下，整个行业的增长可能完全停止，其产出甚至会下降。行业的发展很难较好地保持与国内生产总值同步增长。当然，由于技术创新、产业政策、经济全球化等各种原因，某些行业可能会在进入成熟期之后迎来新的增长。

（4）衰退期

衰退期出现在较长的稳定期之后。由于新产品和大量替代品的出现，原行业的市场需求开始减少，产品的销售量也开始下降，某些厂商开始向其他更有利可图的行业转移资金。而原行业出现了厂商数目减少、利润水平停滞不前或不断下降的萧条景象。至此，整个行业便进入了衰退期。

行业衰退可以分为绝对衰退和相对衰退两类。绝对衰退是指行业本身内在的衰退规律起作用而发生的规模萎缩、功能衰退、产品老化。相对衰退是指行业因结构性原因或者无形原因引起行业地位和功能发生衰减的状况，而并不一定是行业实体发生了绝对的萎缩。例如，电视业的崛起，导致了电影业的相对衰退，公路业的发展也导致了铁路业的相对衰退，等等。

但在很多情况下，行业的衰退期往往比行业生命周期其他三个阶段的总和还要长，大量的行业都是衰而不亡，甚至会与人类社会长期共存。例如，钢铁业、纺织业在衰退，但是人们却看不到它们的消亡。烟草业更是如此，难有终期。

了解行业所处的生命周期阶段，分析行业的发展趋势以及行业的投资价值和投资风险，对投资者具有重要的意义。例如，对于收益型投资者，建议优先选择处于成熟期的行业，因为这些行业基础稳定，盈利丰厚，市场风险相对较小；对于偏好风险和获取高收益的投资者，建议选择成长初期阶段的行业，因为，这时的行业成长性高，利润增长快，可以为投资者带来高的回报。

　　综上，一个行业发展的不同阶段的有关情况可以用图4-8来形象地说明。

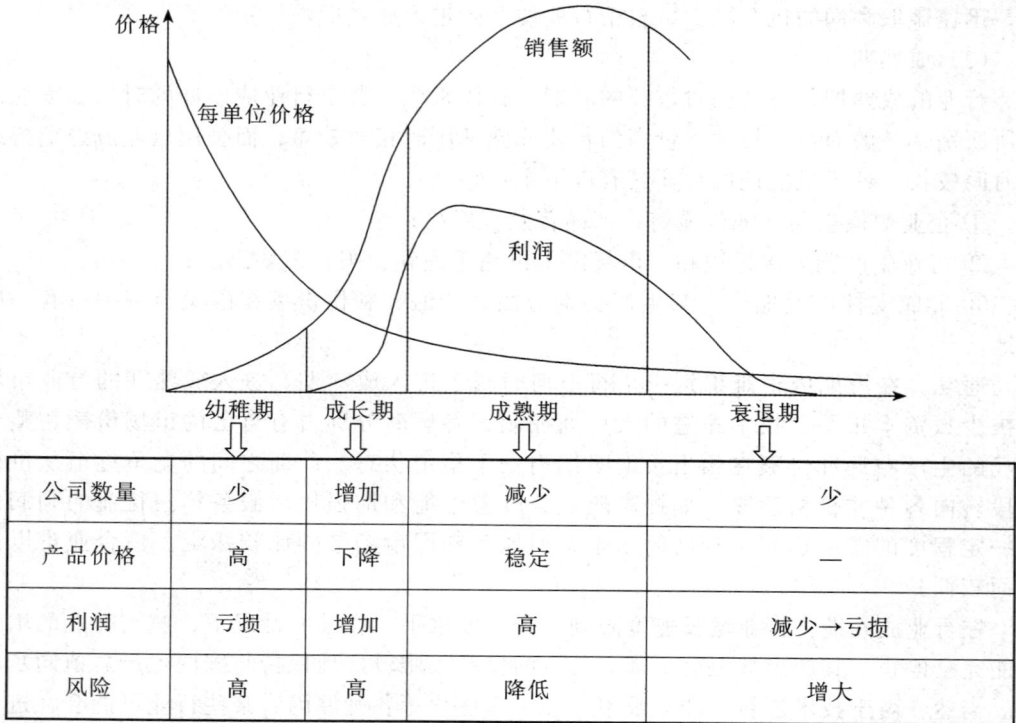

	幼稚期	成长期	成熟期	衰退期
公司数量	少	增加	减少	少
产品价格	高	下降	稳定	—
利润	亏损	增加	高	减少→亏损
风险	高	高	降低	增大

图4-8　行业的生命周期曲线

　　在投资决策中，应选择成长型行业和在行业生命周期中处于成长期和成熟期的行业。成长型行业的特点是增长速度快于整个国民经济的增长率，投资者可享受快速增长带来的较高的投资回报，但投资风险较大。此外，投资者也不应排斥增长速度与国民经济同步的行业，这些行业发展比较稳定，投资回报虽不及成长型行业，但投资风险相应也小。例如，计算机行业正以较快的速度增长，但其面临的相应的竞争风险也在不断增长，投资者需通过收益与风险的对比分析来决定是否投资。

　　在对处于生命周期不同阶段的行业选择上，投资者应选择处于成长期和成熟期的行业，这些行业有较大的发展潜力，基础逐渐稳定，盈利逐年增加，股息红利相应提高，有望得到丰厚而稳定的收益。一般来说，投资者应避免选择初创期和衰退期的行业，因为这些行业的发展前景难以预料，投资风险太大。

实践操作

一、市场结构变动对证券市场的影响

万华化学是中国化工行业具有里程碑意义的公司。在优秀管理团队的带领下，从2000年登陆资本市场开始，万华化学实现的营业收入由2001年的5.7亿元增长至2022年的1655.65亿元，增长约290倍，净利润从2001年的1亿元增长至2022年的162.34亿元，增长了160多倍。

万华化学之所以获得如此大的发展，因为其生产的产品主要是MDI。截至2023年5月，万华化学在全球MDI生产中占比30%。MDI行业技术壁垒极高，全球MDI生产被少数寡头厂家垄断。

万华化学股票价格走势如图4-9所示。

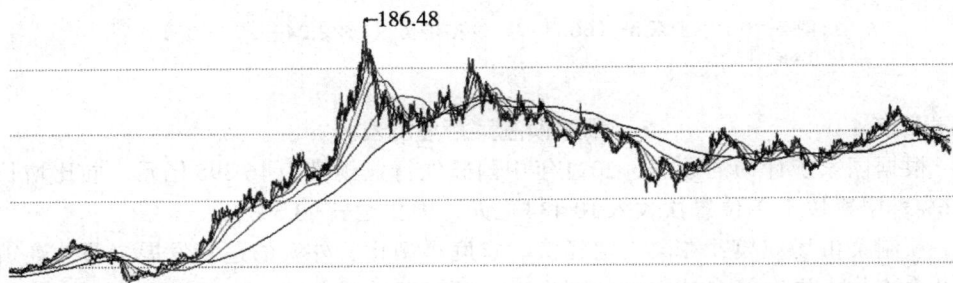

图4-9　万华化学股票价格走势（2022.01—2023.05）

二、行业经济周期变动对证券市场的影响

2022年，以电、光、锂这"新三样"为代表，也就是以电动汽车、光伏产品、锂电池为代表的高技术、高附加值、引领绿色转型的产品成为我国出口的新增长点。数据显示，2023年一季度"新三样"出口增长66.9%，增量金额超1000亿元。

以光伏逆变器领域为例，深圳古瑞瓦特新能源有限公司（以下简称：古瑞瓦特）2022年就实现了71亿元营收，同比增长122%，增速在行业中显著领先。其中，海外市场收入占比84%左右，来自意大利的销售额就增长了123.8%；而收入增长也高效地转化为了利润，2022年古瑞瓦特归属母公司的净利润为16.4亿元，同比增长186%，利润增速位居行业第一。

在市场人士看来，光伏作为"新三样"，未来成长空间其实无须担忧。当下确定性的机遇就在分布式光伏、户用储能、能源管理的广阔未来，以及依靠品牌、渠道、产品等要素创造超额收益的公司上。数据显示，2022年光伏主产业总产值突破1.4万亿元，加上辅助材料和装备，总产值突破2.2万亿元。截至2022年年末，138家光伏上市公司总市值3.8万亿元。

以我国为例，2022年，我国光伏新增装机87.4GW，同比增长59.3%，而分布式新增装机51GW，同比增长达到74.5%。我国工商业、户用分布式光伏都走在发展的"快车道"上。工商业光伏"自发自用、余电上网"的方式，既保证电力供应，又有经济效益；而户用光伏则从山东、河南走向了浙江、广州等地。

德业股份是从事逆变器生产和销售的行业，随着行业的发展，它的股票价格从最低的 120 元涨到了最高的 456 元，而伴随着人们对逆变器行业发展未来的担忧，股票价格又从最高的 456 元跌到 225 元，完整展现了行业的一个炒作周期。如图 4-10 所示。

图4-10　德业股份（605117）价格走势（2022.04—2023.05）

拓展阅读 4-1　　　　　　　我国预制菜行业的发展

根据国家统计局的数据，2021 年中国餐饮行业规模为 46 895 亿元，同比增长 18.6%；限额以上单位餐饮收入 10 434 亿元，同比增长 23.5%。

预制菜市场规模：在国内宅经济、家庭小型化、外卖的蓬勃发展、餐饮连锁化、冷冻技术提升等多种因素的催生下，预制菜销量井喷，大量资本涌入，企查查数据显示，截至 2022 年 10 月，我国现存预制菜相关企业 6.71 万家。目前我国预制菜行业正处于市场成长期，类似于美国 20 世纪六七十年代和日本七八十年代的预制菜行业发展阶段。根据艾媒数据，2021 年中国预制菜市场规模为 3 459 亿元，同比增长 19.8%，预计未来中国预制菜市场将保持较高的增长速度，2026 年预制菜市场规模将达 10 720 亿元。根据《中国烹饪协会五年（2021—2025）工作规划》，目前国内预制菜渗透率只有 10%~15%，预计在 2030 年将增至 15%~20%，市场规模将达到 12 000 万亿元。而美国、日本预制菜渗透率已达 60% 以上，中国预制菜市场还有较大的扩容空间。

预制菜上游是原材料资源企业，包括农产品、初加工、包装等其他工业；中游是预制菜企业，负责预制菜的生产加工，串联上下游；下游是销售企业，包括物流运输企业和触达 B/C 端的平台企业等。

但是，预制菜行业也面临下面的痛点：中国菜系庞大，众口难调；中国菜系烹饪繁杂，还原难度高；国内餐饮行业标准化体系欠缺；国内预制菜企业区域特性明显；进入门槛低，参与者众多；规范化企业少，行业集中度低；冷链布局仍需完善。尤其是食品安全是这个行业所面临的较大风险。

【行业视窗】

奋力推动产业升级发展新突破

产业是一个国家、一个地区实体经济的主要承载者。高质量的实体经济，产业是基础。党的二十大报告指出，"坚持把发展经济的着力点放在实体经济上"，强调"建设现代化产业体系"。全力推动党的二十大精神落地生根，必须要把全面提升产业能级作为深化新旧动能转换、推动绿色低碳高质量发展的重中之重，改造提升传统产业，强力突破新兴产业，集中做强制造业，着力打造占据领先优势、激活增长引擎的产业体系，奋力推动产业升级发展新突破。

奋力推动产业升级发展新突破，要坚持"集群培育"思维。集群化发展是产业发展的客观规律和基本趋势。与分散的产业发展模式相比，产业集群能够实现规模效应、集聚效应，从而形成竞争优势。不仅如此，产业集群内各企业之间的竞争合作还能激发创新活力，推动技术创新、组织创新和制度创新，为地方经济发展提供强大支撑。放眼全国、全球，产业集群已成为区域经济发展的主导力量和战略力量。把牢实体经济的主攻方向，必须以集群发展思维抓产业，全力培育壮大产业集群。要把关键突破口放在主导产业培育壮大和产业链条延伸拓展上，实施重点产业链延链补链强链工程，真正挺起发展的脊梁。要集中力量、集聚资源、集合配套、集约供需，蹄疾步稳推进绿色石化、有色及贵金属、高端装备、电子信息、汽车、食品精深加工、生物医药、清洁能源、航空航天九大主导产业聚链成群，力争年内产值过千亿元产业增至6个，2023年2千亿级产业达到2个，2025年培育形成1个3千亿级产业。集群能级的提升，离不开产业链、创新链、要素链、供应链等的深度耦合。我们要着力推动先进制造业与现代服务业深度融合，搭建工业设计、现代物流、现代金融、大数据等服务平台，为制造业发展聚智赋能，打造要素高效集聚、循环畅通的集群生态，不断厚植产业竞争新优势。

资料来源：佚名.奋力推动产业升级发展新突破：二论全力推动党的二十大精神在烟台落地生根［EB/OL］.［2022-11-19］.https://baijiahao.baidu.com/s? id=1749877327676121779& wfr=spider&for=pc.

述评：奋力推动产业升级发展新突破，要强化"项目兴市"意识。重点项目是经济发展的"生命线"。今天的项目就是明天的产业。党的二十大报告提出，要坚持以推动高质量发展为主题，把实施扩大内需战略同深化供给侧结构性改革有机结合起来。重大项目一头连着需求、一头连着供给，推进项目建设对扩大有效需求、优化供给结构、稳定经济增长、推动高质量发展具有重要作用。

项目小结

1.行业分析指通过对各行业的市场结构、行业生命周期、行业与经济周期的关系、影响行业兴衰的因素等的分析和预测，选择收益高、风险小、有良好发展前景的企业作为投资对象。它是宏观经济环境对公司局部环境较为具体的影响，同时也是对企业进行分析的基础。

　　2.行业分析的定义和意义。

　　3.行业划分的方法：道·琼斯分类法、标准行业分类法、我国国民经济的行业分类和我国证券市场的行业分类。

　　4.行业的一般特征分析。

　　5.影响行业兴衰的因素：技术进步、政府政策、产业组织创新和社会习惯的改变等。

过程考核

一、单项选择题

　　1.我国新《国民经济行业分类》国家标准共有行业门类（　　）个，行业大类95个。

A.6　　　　　　　　B.10　　　　　　　　C.13　　　　　　　　D.20

　　2.《上市公司行业分类指引》以上市公司营业收入为分类标准，规定当公司某类业务的营业收入比重大于或等于（　　）时，则将其划入该业务相对应的类别。

A.30%　　　　　　　B.50%　　　　　　　C.60%　　　　　　　D.75%

　　3.负责《上市公司行业分类指引》的具体执行，并负责上市公司类别变更等日常管理工作和定期报备对上市公司类别的确认结果的机构是（　　）。

A.中国证监会　　　B.证券交易所　　　C.地方证券监管部门　D.以上都不是

　　4.《上市公司行业分类指引》将上市公司共分成（　　）个门类。

A.6　　　　　　　　B.10　　　　　　　　C.19　　　　　　　　D.20

　　5.下列不属于垄断竞争型市场特点的是（　　）。

A.生产者众多，各种生产资料可以流动

B.生产的产品同种但不同质

C.这类行业初始投入资本较大，阻止了大量中小企业的进入

D.对其产品的价格有一定的控制能力

　　6.相对少量的生产者在某种产品的生产中占据很大市场份额，从而控制了这个行业供给的市场结构是（　　）。

A.完全竞争　　　B.垄断竞争　　　　C.寡头垄断　　　　D.完全垄断

　　7.下列属于完全竞争型市场的行业是（　　）。

A.初级产品　　　B.制成品　　　　　C.石油　　　　　　D.自来水公司

　　8.技术高度密集型行业一般属于（　　）市场。

A.完全竞争型　　B.垄断竞争型　　　C.寡头垄断型　　　D.完全垄断型

　　9.计算机和复印机行业属于（　　）行业。

A.增长型　　　　　　B.周期型　　　　　　C.防御型　　　　　　D.幼稚型

10.对经济周期性波动来说，提供了一种财富"套期保值"手段的行业属于（　　）行业。

A.增长型　　　　　　B.周期型　　　　　　C.防御型　　　　　　D.幼稚型

二、判断题

1.产业是指从事国民经济中同性质的生产或其他经济社会活动的经营单位和个体等构成的组织结构体系。　　　　　　　　　　　　　　　　　　　　（　　）

2.道·琼斯分类法将大多数股票分为农业、工业和公用事业三类。　　（　　）

3.《中华人民共和国国家标准》共有行业门类20个、行业大类95个、行业中类396个、行业小类913个。　　　　　　　　　　　　　　　　　　　　（　　）

4.《上市公司行业分类指引》是在联合国国际标准产业分类、北美行业分类体系有关内容的基础上制定而成的。　　　　　　　　　　　　　　　　　　　（　　）

5.《上市公司行业分类指引》以上市公司的营业收入为分类标准，当公司没有一类业务的营业收入比重大于或等于50%时，如果某类业务的营业收入比重比其他业务收入比重均高出25%，则将该公司划入此类业务相对应的行业类别。　　　（　　）

6.证券交易所负责制定、修改和完善《上市公司行业分类指引》及相关制度的解释。　　　　　　　　　　　　　　　　　　　　　　　　　　　　　　（　　）

7.在现实经济中，完全竞争的市场类型是少见的，初级产品（如农产品）的市场类型较类似于完全竞争。　　　　　　　　　　　　　　　　　　　　　（　　）

8.在国民经济各行业中，制成品（如纺织、服装等轻工业产品）的市场类型一般都属于寡头垄断。　　　　　　　　　　　　　　　　　　　　　　　　（　　）

9.在寡头垄断市场上，由于这些少数生产者的产量非常大，因此其对市场的价格和交易具有一定的垄断能力。　　　　　　　　　　　　　　　　　　　　（　　）

10.在当前的现实生活中没有真正的完全垄断型市场，每个行业都或多或少地引入了竞争。　　　　　　　　　　　　　　　　　　　　　　　　　　　（　　）

三、填空题

1.根据行业中企业的数量、产品的性质、价格的制定和其他一些因素，行业基本上可分为如下四种市场类型：_____、_____、_____、_____。

2.一般来说，行业的生命周期可以分为以下四个阶段：_____、_____、_____、_____。

3.根据行业变动与经济周期变动关系的密切程度，可将行业分为_____、_____和_____三种类型。

4.一般来说，在投资决策过程中，投资者应选择_____型行业和在行业生命周期中处于_____的行业。

四、简述题

1.简述行业分类的方法。

2.简述行业市场结构分析的内容。

3. 简述行业的稳定性分析。

4. 简述行业的生命周期分析。

5. 简述影响行业兴衰的主要因素。

五、论述题

1. 分析不同行业生命周期阶段对证券投资价值有何不同影响。

2. 举例说明一个行业的兴衰受哪些因素的影响。

3. 为什么要进行行业分析及如何进行行业投资决策？

项目实训

实训任务	比较、分析上市公司中电力生产企业的主要财务指标
条件要求	能接入互联网的证券实验室（配有投影仪）
资料准备	提示学生上网（中国证监会网站）查询《上市公司行业分类指引》
考核要求	完成实训报告
实训过程提示	第一步，登录上交所、深交所网站，查询电力生产企业目录，将其股票简称填入下表。 第二步，通过各种途径查询下表中的有关数据，并填入表格中。 表格见下方 注：表中所有数据均要求是上一会计年度末数据。 第三步，结合电力生产企业实际情况，分析、对比上表中的有关数据，将分析结论写在下面
实训报告	

股票简称	流通A股（亿股）	总资产（亿元）	主营收入（亿元）	净利润增长率（%）

项目五
公司分析

学习目标

职业知识：

1.掌握公司基本分析的内容；

2.掌握公司的主要财务报表与分析方法；

3.掌握公司财务比率分析中常用的分析指标；

4.掌握公司财务指标的计算方法及分析方法。

职业能力：

1.能够利用财务指标对上市公司进行投资价值分析；

2.能通过分析上市公司财务报告挖掘最有投资价值的公司的能力；

3.能够查询获知公司在所处行业中的地位；

4.能够通过相关渠道找寻关于上市公司的公司分析报告。

职业素养：

1.培养学生良好的职业道德。证券投资分析的公司分析，通过现场调研以及公开信息的处理、对公司的基本面和财务方面的分析，真实反映公司的价值，培养学生诚实守信的品格。

2.通过行业分析的学习，让学生了解我国新兴战略行业的发展，新兴行业的发展是我国实现高质量发展的动力源泉，激发学生学习的内生动力。

任务一　上市公司分析的内容

任务导入

东阿阿胶 2019 年中报净利大降近 80%

2019 年 7 月 14 日，东阿阿胶发布了 2019 年上半年度业绩预告，公告显示，东阿阿胶 2019 年上半年净利润预计同比下降 75%～79%。作为一家中华老字号的品牌和拥有 20 余年资本市场良好业绩记录的消费品公司，一贯优秀的白马股，东阿阿胶业绩如此巨大的跌幅，让人惊讶。根据业绩预告，公司上半年归属于上市公司股东净利润为 1.81 亿～2.16 亿元。而公司一季度报中归属于上市公司股东净利润还有 3.93 亿元，这意味着二季度已经出现亏损。2019 年一季度，公司营收和归母公司净利润首现双降，分别同比下滑 23.83% 和 35.48%。对于此次业绩的巨幅下滑，公司官方提供的解释可总结为两点：一是受宏观因素和阿胶涨价预期降低因素影响，下游传统客户主动削减库存，公司进入高成长后的盘整期；二是公司调整营销策略，主动控制了下游库存。具体包括以下几方面深层次原因：

一是持续提价后的后续提价预期的回落。从最近 3 年来看，2016—2018 年公司主要产品阿胶块出厂价分别提价 14%、10% 和 6%；复方阿胶浆分别提价 14%、10% 和 0%；桃花姬分别提价 25%、0% 和 0%；提价幅度均呈现下降趋势。2019 年一季度，公司更是出现营收、利润等关键指标断崖式下滑，这也是公司自 1996 年上市以来首次出现这种情况。

二是阿胶行业在快速膨胀后的混乱，尤其是标准的缺失。公司最大的挑战和困难，不是来自内部，而是外部，来自市场的混乱，品类内的竞争、同品种低价格竞争、假冒伪劣商品的竞争。

三是渠道库存问题是导致阿胶销量迟滞的一个重要原因。随着阿胶长期以来的涨价预期开始减弱，有些客户在把过去的囤货变现，部分上市医药商业公司为解决财务压力，出现产品违规在渠道外销售的现象，公司产品市场受到影响。

问题：

（1）东阿阿胶是处于什么行业的上市公司？它在行业中的地位如何？

（2）东阿阿胶的股票价格走势与它的成长性具有怎样的联系？

分析提示：分析东阿阿胶的行业地位和它的成长性与股价之间的关系可以查看相应的行情分析软件。

资料来源：根据中国证券报（2019-07-15）相关资料整理。

知识准备

微课堂 5-1

行业地位分析
和区位分析

一、公司行业地位分析

行业地位分析的目的是判断企业在所处行业中的竞争地位，如是否为领导型企业，在价格上是否具有影响力，是否有竞争优势等。在大多数行业中，无论其行业平均盈利能力如何，总有一些企业比其他企业具有更强的获利能力。企业的行业地位决定了其盈利能力是高于还是低于行业平均水平，衡量企业行业竞争地位的主要指标有产品的市场占有率和行业综合排名等。

1. 市场占有率

市场占有率是指一个企业的产品销售量占该类产品整个市场销售总量的比例。企业的市场占有率是利润之源。市场占有率越高，表示企业的经营能力和竞争力越强，企业的销售和利润水平越好、越稳定。效益好并能长期存在的企业，其市场占有率必须是长期稳定并呈增长趋势的。例如，美国的可口可乐公司，产品遍及全球，在每个销售区，其市场占有率是当地饮料品牌的三强之一，如此巨大而稳定的市场份额是公司百年立身之本，也是可口可乐公司的利润之源。市场占有率是企业生命之本，而高的市场占有率是依赖强大的市场开拓能力实现的。不断挖掘现有市场潜力，并不断开拓新的市场甚至进军全球市场是大多数企业奋斗的目标。企业为提高市场占有率，采取各种策略，如长虹彩电曾通过大幅降价，挤垮竞争对手，扩大市场份额；海尔集团保持优质优价的形象并拓展海外市场是维持其高利润下高市场占有率的法宝。这些都是控制市场份额的有效措施。

2. 行业综合排名

企业之间的比较，只有放在行业背景下才能得出客观、公正的结果。行业综合排名能够便于投资者了解各企业在行业中的竞争地位。世界上有较大影响的几种企业排名所用的方法和指标不尽相同，《财富》500强以上年的销售额为基准，《商业周刊》1 000强以市场价值为依据，标准普尔500强则以销售额增长、净收入增长、一年期和三年期股东收益回报率、利润增长、资产回报率等8项指标进行综合衡量，可以说各有千秋。投资者可以根据自己的需要来选择合适的排名方式。

处于行业龙头地位的企业，在规模、技术、产品质量上都是领先的，其经营业绩和成长性一般也领先于同行业的企业，投资者应特别关注这类企业。2023年4月国内动力电池企业装车量前十五名，如图5-1所示。

2023 年 4 月国内动力电池企业装车量前十五名

序号	企业名称	装车量（GWh）	占比
1	宁德时代	10.26	40.83%
2	比亚迪	7.32	29.11%
3	中创新航	2.20	8.74%
4	亿纬锂能	1.38	5.48%
5	国轩高科	1.18	4.68%
6	欣旺达	0.91	3.62%
7	LG新能源	0.44	1.73%
8	蜂巢能源	0.42	1.66%
9	孚能科技	0.29	1.17%
10	瑞浦兰钧	0.16	0.65%
11	正力新能	0.13	0.61%
12	捷威动力	0.13	0.51%
13	安驰新能源	0.06	0.25%
14	多氟多	0.05	0.18%
15	力神	0.03	0.13%

图5-1 动力电池行业的排名

二、公司经济区位分析

区位或者说经济区位是指地理范畴上的经济增长带或经济增长点及其辐射范围。区位是资本、技术和其他经济要素高度积聚的地区，也是经济快速发展的地区。我们通常所说的美国的硅谷高新技术产业区等就是经济区位的典型例子。上市公司的投资价值与区位经济的发展密切相关，处在经济区位内的上市公司，一般具有较高的投资价值。对上市公司进行区位分析，就是将上市公司的投资价值与区位经济的发展联系起来，通过分析上市公司所在区位的自然条件、资源状况、产业政策、政府扶持力度等方面来考察上市公司发展的优势和后劲，确定上市公司未来发展的前景，以判断上市公司的投资价值。在中国的上市公司中，有很多这样典型的板块，例如，浦东概念、九七概念、西部开发、振兴东北、新农村建设、津滨概念等。

1. 区位的自然和基础条件分析

区位的自然和基础条件包括矿产资源、水资源、能源、通信设施等，它们在区位经济发展中起着重要作用，也对区位内上市公司的发展起着重要的限制或促进作用。分析区位的自然条件和基础条件，有利于分析该区位内上市公司的发展前景。如果上市公司所从事的行业与当地的自然和基础条件不符，其发展可能会受到很大的制约。

2. 地区经济的发展分析

为了进一步促进地区经济的发展，当地政府一般都会制定经济发展的战略规划，提出相应的产业政策，确定优先发展和扶植的产业，并给予相应的财政、信贷及税收等诸多方面的优惠措施。这些措施有利于引导和推动相关产业的发展，相关产业内的公司将因此受益。因此，区位内主营业务符合当地政府的产业政策的上市公司通常会获得诸多政策支持，对上市公司的进一步发展有利。例如，西部大开发根据区域经济、文化发展的现状，充分考虑自然条件和经济条件的限制，通过政府有效的宏观政策调控和市场机制的作用，克服区域产业结构趋同的现状，大力发展生态农业、集约化农业、农牧产品深加工、旅游业等特色产业，建立能源、冶金、石化、机电一体化、稀有金属材料、航空航天等主导产业群。

3. 区位的经济特色分析

区位的经济特色是指区位内经济与区位外经济的联系和互补性、龙头作用及发展活力与潜力的比较优势。它包括区位的经济发展环境、条件与水平、经济发展现状等有别于其他区位的特色。特色在某种意义上意味着优势，利用自身的优势发展本区位的经济，无疑在经济发展中找到了很好的切入点。比如，某区位在电脑软件或硬件方面，或在汽车工业领域已经形成了优势和特色，那么该区位内的相关上市公司，在同等条件下比其他区位主营业务相同的上市公司具有更大的竞争优势和发展空间。"产业集群"是区位经济特色的一个典型例子。"产业集群"是指从事某一产业的组织在一定区域内大量集聚，形成了具有竞争优势的经济群落。产业集群不仅包括公司，也包括科研机构、行业协会等组织，是一个类似有机生物体的产业群落。浙江著名的"区块经济"就可以用产业集群的概念进行解释，如温州的皮鞋、义乌的小商品以及宁波的服装等。这些地区近年来的迅猛发展得益于产业集群的有效聚集和形成，产业集群中的公司在规模生产成本上有突出的优势，因而具有更强的竞争力。

三、公司产品分析

1. 产品竞争力分析

企业的最终目的就是获得利润，而要获得利润就要把产品卖出去，因此，产品的竞争力是公司分析非常重要的一个方面。产品的竞争力包括成本、技术、质量和品牌等几个方面。

（1）成本优势分析

成本优势是指企业的产品依靠低成本获得高于同行业中其他企业的盈利能力。在很多行业中，成本优势是决定竞争优势的关键因素，理想的成本优势往往成为同行业价格竞争的抑制力。如果企业能够创造并维持成本领先地位，并创造出与竞争对手价值相等或近似的产品，那么它只要将价格控制在行业平均或接近平均的水平，就能获得优于平均水平的经营业绩。成本优势的来源各不相同，并取决于行业结构。一般来讲，产品的成本优势可以通过规模经济、专有技术、优惠的原材料、低廉的劳动力、科学的管理、发达的营销网络等实现，其中，由资本的集中程度决定的规模经济是决定产品生产成本的基本因素。当企业达到一定的资本投入或生产能力时，根据规模经济理论，生产成本和管理费用将会得到有效降低。

▶▶▶

拓展阅读 5-1　　　　　海尔创"第四种流程再造"模式

企业都是为用户服务的，所以说企业组织流程都是面向用户的，宽泛地说，全球只有一种面向用户的企业组织流程。但是，现实运行中的企业组织流程却不是这样的。目前，全球绝大部分的企业组织形态都是在产品短缺时代形成的，那时，由于产品不愁销售，企业的生存方向是制造产品然后放进仓库，销售就是从仓库中出货。随着制造能力的提高，全球市场进入产品过剩时代，仓库中的产品开始找不到买主，而找不到产品买主的企业只好自己买单，此时，企业即使减少库存也改善不了经营状况。特别是随着技术扩散速度与需求变化速度的加快，大量的企业库存使产品开始快速贬值，许多企业因为找不到订单而被库存困死。在这种市场环境中，企业的流程不得不发生巨大变化，流程再造成为一种全球性的企业行为。

海尔在全球范围内招标精选，比价采购原材料；建立了现代化物流中心，实现了成品零库存，原材料仅维持 3 天的库存量，流动资金周转速度仅为 160 天。

海尔市场链同步流程模型如图 5-2 所示。

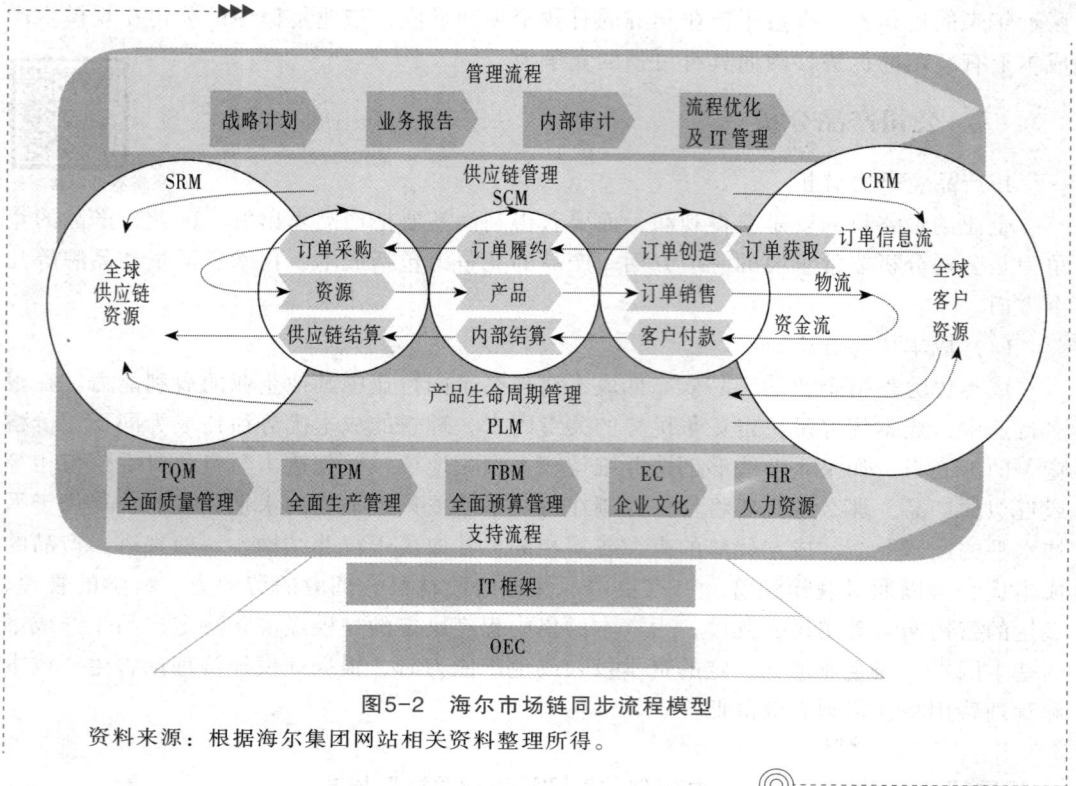

图5-2　海尔市场链同步流程模型
资料来源：根据海尔集团网站相关资料整理所得。

（2）技术优势分析

技术优势是指企业拥有的比同行业其他竞争对手更强的技术实力及研究与开发新产品的能力。这种能力主要体现在生产的技术水平和产品的技术含量上。在现代经济中，企业新产品的研究与开发能力是决定企业竞争成败的关键因素。因此，企业一般都确定了占销售额一定比例的研究开发费用，这一比例的高低往往能决定企业的新产品开发能力。产品的创新包括：通过新核心技术的研制，开发出新产品或提高产品的质量；通过新工艺的研究，降低现有的生产成本，开发出一种新的生产流程；根据细分市场进行产品细分，实行产品差别化生产；通过研究产品组成要素的新组合，获得一种原料或半成品的新供给来源等。而技术创新不仅包括产品技术创新，而且包括人才创新。

（3）质量优势分析

质量优势是指企业的产品以高于其他企业同类产品的质量赢得市场，从而取得竞争优势。由于企业技术能力及管理等诸多因素的差别，不同企业间相同产品的质量是有差别的。消费者在进行购买选择时，产品的质量始终是影响他们购买倾向的一个重要因素。当一个企业的产品价格溢价超过了其为追求产品的质量优势而附加的额外成本时，该企业就能获得高于其所属行业平均水平的盈利。换句话说，在与竞争对手成本相等或近似的情况下，具有质量优势的企业往往在该行业中占据领先地位。

2.产品的品牌战略

品牌是一个商品名称和商标的总称，可以用它来识别一个卖者或卖者集团的货物或劳务，以便同竞争者的产品相区别。一个品牌不仅是一种产品的标识，而且是产品质量、性能、满足消费者效用可靠程度的综合体现。品牌竞争是产品竞争的深化和延伸，当产业发展进入成熟阶段，产业竞争充分展开时，品牌就成为产品及企业竞争的一个越来越重要的因素。如果企业有知名的品牌，那么其产品的竞争力就会相对强一些，会更有利于企业的快速发展。例如，可口可乐是世界闻名的可乐品牌，可口可乐公司也因此获得巨大的市场份额。海尔品牌在中国也是数一数二的，因此其近几年的发展也是有目共睹的。品牌的知名度对企业持久发展十分重要。在分析企业财务报告时，投资者需要了解企业是否知名、是否有知名的产品品牌，以及是否有较强的市场地位。另外，投资者还可了解行业内是否有其他的领先品牌。这些分析都有利于了解企业产品的竞争力，从而判断该企业是否因其在行业内的领先地位而前景光明。

拓展阅读 5-2　　　　　　　　我国现制茶饮料行业的发展

　　我国的现制茶饮市场快速增长，2021年市场规模为2 796亿元，预计2025年有望达到3 749亿元。具体来看，茶行业可以细分为现制茶饮、茶叶、茶包、茶粉以及即饮茶等其他茶产品。其中，现制茶饮具有即时制作、搭配多元等优质体验，促使其快速融入年轻消费群体，推动我国现制茶饮市场加速扩容，占茶行业市场规模比重持续提升。根据艾媒咨询数据，中国现制茶饮的市场规模由2016年的291亿元增长至2021年的2 796亿元，年复合增长率为57.23%，预计到2025年，中国现制茶饮的市场规模将进一步扩大至3 749亿元。

　　现制茶饮店各价位段品牌差异化竞争，高端品牌以直营为主，主打高线城市品牌心智，平价类品牌以加盟实现门店快速扩张，以供应链优势+性价比吸引客群。现制茶饮门店根据产品平均售价可分为平价、中端、高端三类。平价茶饮店单价约在10元及以下，主攻下沉市场，依托加盟模式快速扩张门店，头部品牌凭借规模效应和供应链通过高性价比吸引客群，代表品牌蜜雪冰城、益禾堂、甜啦啦等。中端茶饮店均价约在10~20元左右，市场规模占比为现制茶饮中占比最高，主要深耕区域市场，主打差异化竞争策略，代表品牌一点点、茶颜悦色、茶百道等。高端茶饮单价多在20元以上，以直营店为主，集中分布于高线城市的核心商圈，依托品牌力+产品力占领消费者心智，品牌效应较为明显，代表品牌喜茶、奈雪的茶。

　　资料来源：佚名. 2022 年蜜雪冰城研究 现制茶饮龙头企业，拓店两万余家 [EB/OL].
[2022-11-01]. https://www.vzkoo.com/read/20221101f02b4df4e32e38d47cf8a35f.html.

微课堂 5-3

四、公司经营能力分析

1.公司治理结构分析

　　公司治理结构是一套制度安排，用以支配在企业组织中有重大利害关系的投资人、经理人和职工之间的关系，并从这种联盟中实现经济利益。公司治理结构的核心问题包括：如何配置和行使控制权；如何监督和评价董事会、经理

公司经营能力
分析

人员和职工；如何设计和实施激励机制。

衡量一个公司治理结构的标准应该是如何使公司最有效地运行，如何保证股东、债权人、当地政府、顾客、供应商等各方面的利益得到维护。因此，科学的公司决策不仅是公司的核心，也是公司治理的核心。

（1）规范的股权结构

规范的股权结构是法人治理结构的基础，它包括三层含义：一是降低股权集中度，破除国有股"一股独大"；二是流通股股权适度集中，大力发展机构投资者；三是股权的普遍流通性。

国有股"一股独大"被认为是上市公司治理结构最主要的缺陷，也是我国上市公司股权结构的主要特征。此外，我国上市公司流通股过于分散，机构投资者在公司总股本中的持股比例偏小；在上市公司中，其最大股东通常为一家控股公司，而不是自然人。中国的上市公司，大多是由原国有企业脱胎而来的。为了满足股份有限公司设立的有关法规条文的要求，上市公司设置了名义上的多元法人股权结构，国有大股东处于绝对控股地位；同时为了绕过在所有制问题上的认知障碍，曾规定国有股和法人股不能上市流通。控股比例越大，上市公司的独立性就越差，关联交易和损害小股东利益的行为就越易发生。投资者可以根据公司的内部决策程序和管理层的人才选拔来源，分析公司的独立经营情况、关联交易的比重以及现金流向，判断大股东是否存在对公司过度干涉从而侵占小股东利益的问题。

（2）完善的独立董事制度

上市公司独立董事是指不在公司担任除董事外的其他职务，并与其所受聘的上市公司及其主要股东不存在可能妨碍其进行独立客观判断的关系的董事。中国证监会于2001年颁布了《关于在上市公司建立独立董事制度的指导意见》（以下简称《指导意见》），根据该规范性文件，上市公司应当建立独立董事制度。独立董事对上市公司及全体股东负有诚信与勤勉义务。独立董事应当按照相关法律法规、《指导意见》和公司章程的要求，认真履行职责，维护公司整体利益，尤其要关注中小股东的合法权益不受损害。独立董事独立履行职责，不受上市公司主要股东、实际控制人或者其他与上市公司存在利害关系的单位或个人的影响。独立董事原则上最多在5家上市公司兼任独立董事，并确保有足够的时间和精力有效地履行独立董事的职责。上市公司董事会成员中应当至少包括1/3的独立董事，其中至少包括一名会计专业人士（会计专业人士是指具有高级职称或注册会计师资格的人士）。

（3）监事会的独立性

监事会（Supervisory Board）是由全体监事组成的、对公司业务活动及会计事务等进行监督的机构。监事会，又称公司监察委员会，是股份公司法定的必备监督机关，是在股东大会领导下，与董事会并列设置，对董事会和总经理行政管理系统行使监督的内部组织。

为了保证公司正常有序、有规则地经营，保证公司决策正确和领导层正确执行公务，防止滥用职权，危及公司、股东及第三人的利益，各国都规定在公司中设立监察人或监事会。监事会是股东大会领导下的公司的常设监察机构，执行监督职能。监事会与董事会（Board of Directors）并立，独立地行使对董事会、总经理、高级职员及整个公司管理的监督权。为保证监事会和监事的独立性，监事不得兼任董事和经理。监事会对股东大会负责，对公司的经营管理进行全面监督，包括调查和审查公司的业务状况，检查各种财务情况，并向股东大会或董事会提供报告，对公司各级干部的行为实行监督，并对领导干部的任免提出建议，对公司的计划、决策及其实施进行监督等。

（4）优秀的经理层

经理是公司的日常经营管理和行政事务的负责人，由董事会决定聘任或者解聘。经理对董事会负责，可由董事和自然人股东充任，也可由非股东的职业经理人充任。经理依照公司章程、公司法和董事会的授权行使公司经营权力，并有任免经营管理干部的权力。经理是公司对内生产经营的领导，也是公司对外活动的代表，其行为就是公司的行为，即使其行为违反了公司章程和董事会授权规定的权限范围，一般也都视为公司行为，后果由公司承受，这就是我国《合同法》规定的表见代理制度的法理实践来源之一。

2. 管理层经营能力分析

一个企业的兴衰，与管理层的素质和开拓精神密切相关。管理层的经营能力直接影响企业的盈利能力和长期发展，是投资者在选择投资对象时必须考虑的因素之一。很多时候对企业的投资就是对企业管理层的投资，就是对管理层的认同。良好的管理层是企业最有价值的资产，能干的经理能使企业朝着正确的方向发展，增加企业的价值，而庸碌的经理的不明智或不必要的投资行为，则会减少企业的价值。管理层经营能力的分析可以从管理层的学历、经历和品德等方面来进行。

（1）管理层的知识水平分析

一般说来，管理者的能力和其他素养同他的知识水平成正比，知识面越宽，思路越宽，眼光越远，思维能力越强。优秀的管理者应具备的知识包括企业管理、经济学、文学、心理学、社会学和行为科学等。健全的知识结构，对于管理者认识企业发展的外部环境、进行有效内部管理具有重要意义。

（2）管理层的经历分析

管理者除了要有很高的知识水平，还要有将各种管理理论和业务知识应用于实践、进行具体管理、解决实际问题的本领。能力和知识是相互联系、相互依赖的，基本理论和专业知识的不断积累与丰富，有助于潜能的开发与实际才能的提高；而实际能力的增长与发展，又能促进管理者对基本理论知识的学习消化和具体运用。管理者的基本能力主要是技术技能、人际技能和概念技能。例如，有国外工作经历的管理者在国际化方面有优势，有政府工作经历的管理者在公共关系方面有优势。

（3）管理层的品德分析

品德体现了一个人的世界观、人生观、价值观、道德观和法治观念，持续有力地指导着他对现实的态度和他的行为方式。作为管理者，从其所应履行的职责出发，应具有强烈的管理意愿和良好的精神素质。如果一个人缺乏为他人工作承担责任和激励他人取得更大成绩的愿望，那么即使他已经走上了管理岗位或者具有从事管理工作的潜能，他也不可能成为一名合格的管理者。管理愿望是决定一个人能否学会并运用管理基本技能的主要因素。只有树立一定的理想，有强烈的事业心和责任感，一个人才会有干劲，勇挑重担，渴望在管理岗位上有所作为，有所贡献。由于管理工作的特殊性，管理者还应该有良好的精神素质，即要具有创新精神、实干精神、合作精神和奉献精神。因此，投资者在对企业分析时，要了解管理层的以往事迹，了解其在品德方面是否有缺陷。

五、公司成长性分析

微课堂 5-4

公司成长性
分析

1. 公司发展战略分析

企业战略规划支配着企业的发展，预示着企业的前景；发展战略是企业面对激烈的市场变化和严峻的挑战，为求得长期生存和不断发展而进行的总体性谋划。它是企业战略思想的集中体现，是企业经营范围的科学规定，同时又是制定规划的基础。企业的发展战略是在符合并保证实现企业使命的条件下，在充分利用环境中存在的各种机会并创造新机会的基础上，确定企业同环境的关系，规定企业从事的经营范围、成长方向和竞争对策，合理地调整企业产业结构和分配企业资源。企业的发展战略具有全局性、长远性和纲领性的特点，它从宏观上规定了企业的成长方向、成长速度及其实现方式。企业发展战略主要有产品发展战略、营销发展战略和人才发展战略。

2. 公司管理风格及经营理念分析

管理风格是企业在管理过程中一贯坚持的原则、目标及方式等方面的总称。经营理念是企业发展一贯坚持的一种核心思想，是公司员工坚守的基本信条，也是企业制定战略目标及实施战术的前提条件和基本依据。适应社会经济发展、不断创新的管理风格及经营理念是企业成功的前提和保障，也是公司经营管理能力的重要体现。一般而言，公司的管理风格和经营理念有稳健型和创新型两种。

（1）稳健型公司的特点是在管理风格和经营理念上以稳健原则为核心，一般不会轻易改变业已形成的管理模式和经营模式。奉行稳健型原则的公司的发展一般较为平稳，大起大落的情况较少。

（2）创新型公司的特点是在管理风格和经营理念上以创新为核心，公司在经营活动中的开拓能力较强。创新型企业依靠自己的开拓创造，有可能在行业中率先崛起，获得超常规的发展；但创新并不意味着企业的发展一定能够获得成功，有时实行的一些冒进式的发展战略也有可能迅速导致企业的失败。

分析公司的管理风格可以跳过现有的财务指标来预测公司是否具有可持续发展的能力，而分析公司的经营理念则可据以判断公司管理层制定何种公司发展战略。

3. 公司发展前景分析

公司的股票价格会因公司发展前景的变动而波动。若公司具有良好的发展前景，投资者会看好公司的未来发展趋势，从而买进并持有这家公司的股票，该公司股票价格便会看涨；反之，投资者会对公司的未来发展前景担忧，从而出售这家公司的股票，该公司股票价格便会看跌。公司发展前景的好坏可以从以下几个方面进行分析：

（1）公司募集资金的投向

公司通过发行股票、公司债券或向银行贷款所募集的资金，主要用于项目投资。公司的投资项目是否具有良好的发展前途，是否具有较高的盈利能力，是判断一家上市公司是否具有良好发展前景的关键。投资者应多关注上市公司项目投资的计划及进展情况。如果上市公司具有良好的投资项目，并且投资进展顺利，那么上市公司的投资项目便会成为公司利润的新增长点，公司的未来利润有望不断增长，从而具有了良好的成长性。

（2）公司产品的更新换代

随着商品经济的不断发展，市场对公司生产的商品提出了更高的要求，要求产品不仅质量要好，而且款式要新。因此，公司必须加强科技投入，加大新产品的开发力度，才能根据市场的不同需求开发出适应市场需要的新产品，进而在市场上占有领先和主导地位。这类公司会有良好的发展前景。

拓展阅读 5-3　　　　海尔智家：物联网时代创新典范

在物联网时代，海尔冰箱可以作为食联网的销售终端和交互终端：冰箱是智能的，有很多传感器、摄像头，还会有屏幕，可以进行人机对话，在COSMOPlat农业物联网生态平台基础上，通过区块链将农产品溯源生态系统链接起来，构成农产品从种植管理、加工、物流配送、销售、数据分析等环节的完整信息链。在海尔的构想中，食联网和传统溯源相比，最大的优势是食品行业链条的真正闭环，海尔智慧冰箱作为终端，能够完全掌控食品在家庭中的生命周期。在海尔冰箱上安装了屏幕，连接有机食品供应商：海尔不是卖给你一台冰箱，而是卖给你一个安全食品的解决方案。如果用户患糖尿病，冰箱就会送上低糖食品。再如，用户买烤箱，烤箱就会连接所需面粉、食材供应商，而烤箱本身有可能是免费的……海尔的衣联网，将洗衣机、洗涤剂、服装行业都联合到一起，有两千多家资源方。这样的模式把洗衣机单方面要解决的用户需求和服装等其他行业需求都融合到一起，产生新的用户需求，包括德国、美国等地的很多国际知名厂商都加入进来。

资料来源：根据海尔集团网站相关资料整理。

微课堂 5-5

实践操作

任务一小结
思维导图

下面我们以万华化学（600309）为例，运用上面所学到的公司的行业分析和产品分析、成长性分析等知识进行分析。

1.行业及产品分析

万华化学的主打产品MDI属于国际寡头间的竞争性产品，由于万华化学在2011年兼并了欧洲的匈牙利博苏化学，目前掌握这项技术的企业全球一共有7家。

MDI是聚氨酯材料的主要前体，化学名为二苯基甲烷二异氰酸酯，属于异氰酸酯类。制备聚氨酯化学新材料主要是异氰酸酯类和多元醇通过缩合、光化、分离而得，而MDI是异氰酸酯类中最重要的一种，其他还包括TDI、HDI、IPDI等种类，多元醇则包括聚酯类多元醇和聚醚类多元醇。聚氨酯是一种高技术、高附加值、高投资型化工新材料，一开始由德国拜耳公司发明并量产，主要用于军事，随着社会的发展，逐步民用，因其具有橡胶和塑料的双重优势而广泛用于各种中高端轻工业产品市场，比如建材、家电、汽车、表面材料、合成胶等领域。

因聚氨酯的化学材料特性，越是高端领域产品其使用量越大，比如汽车，宝马汽车的单车使用量就多于一般的大众汽车的单车使用量。资料显示，随着人民生活水平的提高，人均GDP提高而其消费量加大，按照欧美的发展经验来看，一般为1.5～2倍GDP。

2. MDI的产品生命周期分析

化学品很多都有很长的生命周期，比如氯碱，其产品已经发展了上百年，目前仍然有稳步增长的销售量，因此需要针对聚氨酯产品做一个产品生命周期的简单分析。

聚氨酯材料在耐油性、弹性、隔热性、耐磨性等方面性能优异，特别是可据不同应用领域、不同部件、不同物性要求，按不同配方设计高分子结构用于特定的用途，从综合性能看目前尚无任何产品可大量替代聚氨酯材料。

从欧、美、日等发达国家和地区来看，聚氨酯的消费高端趋势明显，会随着人民生活水平的提高而逐步加大人均消费量，主要是应用于高端轻工产品。

聚氨酯材料同样与其他很多高附加值化学品一样，会随着技术的发展，逐步由高利润、高技术的特殊化学品向大宗普通化学品转化，其利润率逐步下降，但是销量稳步上扬。

因此，聚氨酯这个行业（其主要组成是MDI）的产品生命周期在可预见的未来会相当长，并随着生活水平的提高，其用量稳步增加；同时会随着技术成熟或者新技术的突破，而逐步发展成为普通大宗化学品，利润率下滑。

3. 上下游行业分析

MDI化学品上游联系大宗石化基础化学品，下游联系聚氨酯化学材料，而聚氨酯化学材料是众多轻工产品使用的材料，因此万华化学是一个典型的产业链中间供应商，需要关注运输成本、供应及时以及与客户文化的融合程度。

对于聚氨酯的生产商而言，对价格非常敏感，因为原料成本占总成本的80%左右，其中MDI占到一半的原料成本；但是对于高端消费品，如汽车，聚氨酯的原料成本占比就非常低了，同时高端客户对这种材料的转换成本非常高，因此对聚氨酯材料价格不是很敏感。下游购买者众多，聚氨酯下游应用广泛，购买者的规模相对于MDI生产商的集中度而言小得多。中低端用户的转换成本低，而高端用户的转换成本高，因为MDI的特殊性能导致很难找到替代品。

购买者后向一体化的能力弱，因为技术壁垒和资本规模壁垒。

总体来说，购买者的谈判力不同，越是高端客户依赖性越强，谈判力越弱。

苯胺和甲醛属于大宗石化产品，虽然技术含量相对于MDI低很多，但是受到原油价格波动影响较大，特别是苯胺，全球80%的苯胺都是用于MDI生产，因此苯胺专用性强，供应商的集中度相对较高，有很强的资源优势。氯碱属于传统化学品，但是其运输受限于地域条件，一旦建成配套，其转换成本很高，与MDI生产商有一定的依存关系。

总体来说，供应商的谈判力较强。

4. 经营能力与成长性分析

（1）国家支持。由于 MDI 产业的特殊地位（国民经济很大一块都有聚氨酯产业的参与），尤其是在军工上的应用，同时这个产业技术含量较高，导致万华化学在中国就相当于聚氨酯产业，这决定了万华化学在国民经济中的重要战略地位。MDI 产业属于技术含量高、资本密集、高附加值的化学品产业，而且万华化学与国际巨头相比已经拥有了相当的国际竞争力（其产品质量优于日本同行），这使得万华化学成为我国化工产业中凤毛麟角的佼佼者，这种公司向来都是政府大力扶持的对象。

（2）地理优势。宁波是国家级石化产业集群地，紧邻浙江、江苏等轻工行业发达的强省，而且还有全国第二大的宁波港，形成了一个强大的物流、上游配套和下游应用辐射的立体网络。万华化学通过规划放弃了以前市区的厂区，重新规划一个新的项目，也是以宁波为模板，依托烟台港和山东省，交通优势不言而喻。

（3）技术创新。依托宁波园区，一体化项目的发展，基本形成了从小试、中试、数据模拟放大工程设计到最终投产的全程开发平台模式。这也是新项目的技术支撑。这套研发系统具有很大的战略意义，是一项系列开发的平台技术。

资料来源：根据万华化学集团股份有限公司网站相关资料整理。

任务二 上市公司财务分析

任务导入

康美药业财务造假坐实，如何识别上市公司财务报表造假？

康美药业在 2019 年 4 月 29 日披露的年报中存在财务造假。2018 年，康美药业财务数据已涉嫌造假，原因是公司出现了货币现金过高、大股东股票质押比例过高以及存贷双高等问题。根据康美药业 2018 年半年报披露的数据，公司货币资金余额为 399 亿元，有息负债高达 347 亿元，占净资产的比例分别为 119% 和 104%。在此次发布年报的同时，公司还发布了一份《前期会计差错更正公告》，修改了 2017 年的年报数据，解释了被广泛质疑的"存贷双高"的原因。也就是说，康美药业直接承认了 2017 年多计入货币资金 299 亿元，存货少计入 195 亿元，这也坐实财务造假质疑。

问题：普通投资者在信息不对称的情况下，如何识别上市公司财务报表造假？普遍造假方式都有哪些？

分析提示：一般来说，上市公司不管是哪些会计科目造假，基本都是为了一个目的——增加收入、提高利润，使利润增速具有持续性；也存在一些公司会虚增货币资产，使公司的资产负债表看起来相对健康。而上市公司常用的虚构资产负债表的会计手段有以下三点：

第一，虚增应收账款使营收和净利润保持稳健增长。虽然净利润在持续增长，但是其经营净现金流非常差劲，因为赚的钱都作为应收账款记在资产负债表中，公司并没有收到实实在在的钱。美康药业造假形式属于这一类型，康美药业近几年赚到的钱都没有转化为现金，只是以某种方式记在账上，后期到底能不能收回都是不一定的，又或许公司存在其他一些不可告人的秘密。

第二，将持续、大额的研发费用资本化。医药类公司及高科技公司更容易在此处作假。研发费用最终会转变为资本，为公司增加权益，或者流为费用，是很难量化的。所以很多研发费用比较高的公司，为了使利润增速看起来比较漂亮，都选择较大比例的资本化。已经停牌的乐视网，该公司2011年至2016年的营业收入和净利润均保持快速、稳健的增长，这中间主要的"功臣"就是因为公司研发费用资本化，可见这里做文章的地方很多。

第三，虚增资产。资产增多会使公司的资产负债表看起来处于健康状态。上市公司账面有巨额的货币资产，完全满足运营所需，但是公司又在大举借债，这种既不符合常理，又不符合常识的会计处理的操作方式需要多加留意。

综上所述，投资者需要时刻警惕以下三种类型的上市企业：应收账款高速增长的公司、研发费用资本化占比较高的公司、有巨额现金却继续借款的公司。如果投资者在挑选被投资公司时可以简单地从以上几个角度关注一下公司的盈利状况、资产状况，股市中大部分的陷阱都能避免，从而减少金钱上的损失。

资料来源：佚名. 康美药业财务造假坐实，如何识别上市公司财务报表造假？［EB/OL］.［2019-04-30］. https://www.sdldzjzx.com/pztt/2019/0430/1037.html.

知识准备

微课堂 5-6

公司主要财务报表

一、公司主要财务报表

上市公司必须遵守财务公开的原则，定期公开自己的财务状况，提供有关财务资料，便于投资者查询。上市公司公布的财务资料，主要是一些财务报表，其中最主要的是资产负债表、利润表和现金流量表。对投资者而言，学会如何利用上市公司提供的财务报表获得有用的信息是极为重要的。投资者为决定是否投资，要分析公司的资产盈利能力；为决定是否转让股份，要分析公司的发展前景；为考察公司高级管理人员的绩效，要分析公司的竞争能力；为预测公司的股利分配，要分析公司的投融资状况等。

1. 资产负债表

资产负债表是反映企业某一特定日期（如某一年度12月31日或6月30日）财务状况的会计报表，是静态会计报表。

资产负债表的基本结构是"资产=负债+所有者权益"。不论企业处于怎样的状态，这个会计平衡式永远是恒等的。左边反映的是企业所拥有的资产，右边反映的是企业的不同权利人对这些资产的要求。债权人可以对企业的全部资产有要求权，企业以全部资产对不同债权人承担偿付责任，偿付完全部的负债之后，余下的才是所有者权益，即企业的资产净值。利用资产负债表的资料，可以看出企业资产的分布状态、负债和所有者权益的构成情况，据以评价企业资金营运、财务结构是否正常、合理；分析企业的流动性或变现能力，以及长、短期债务数量及偿债能力，评价企业承担风险的能力；利用资产负债表提供的资料还有助于计算企业的获利能力，评价企业的经营绩效。

　　表5-1是上市公司A公司2022年12月31日的资产负债表。表中显示，该公司截至2022年12月31日，总资产为31 143 678 760.30元，其中，通过债务筹资所形成的资产总额为19 362 723 307.52元，通过权益筹资所形成的资产总额（即净资产）为11 780 955 452.78元，债务筹资与权益筹资的比值大约为1.64∶1。

表5-1

资产负债表

编制单位：A公司　　　　　　　　　　2022年12月31日　　　　　　　　　　单位：元

项目	期末余额	期初余额	项目	期末余额	期初余额
流动资产：			流动负债：		
货币资金	5 096 036 180.56	3 062 974 654.18	短期借款	17 411 711 439.85	12 714 569 960.22
以公允价值计量且其变动计入当期损益的金融资产			衍生金融负债	1 173 476.80	
应收票据及应收账款	12 081 634 829.05	14 141 089 963.45	应付票据及应付账款	7 835 339 240.56	6 239 855 614.47
其中：应收票据	9 539 066 246.73	11 308 297 066.37	预收款项	2 824 093 568.99	2 679 648 525.88
应收账款	2 542 568 582.32	2 832 792 897.08	应付职工薪酬	774 151 138.42	730 321 421.23
预付款项	409 126 010.37	481 975 826.77	应交税费	1 597 885 893.22	2 245 188 240.76
应收保费			其他应付款	601 073 183.63	539 995 908.35
应收分保账款			其中：应付利息	56 146 092.48	31 970 671.84
应收分保合同准备金			应付股利	18 000 000.00	
其他应收款	133 376 115.09	246 322 725.81	一年内到期的非流动负债	1 934 146 666.65	2 670 513 333.46
其中：应收利息			其他流动负债		
应收股利			流动负债合计	32 979 574 608.12	27 820 093 004.37
买入返售金融资产			非流动负债：		
存货	7 810 177 079.88	6 999 627 326.74	长期借款	3 817 504 999.96	6 321 648 809.13
持有待售资产			应付债券		
一年内到期的非流动资产			其中：优先股		
其他流动资产	4 214 227 005.41	268 224 126.74	永续债		
流动资产合计	29 744 577 220.36	25 200 214 623.69	长期应付款	1 352 722.00	
非流动资产：			长期应付职工薪酬		

续表

项目	期末余额	期初余额	项目	期末余额	期初余额
发放贷款和垫款			递延收益	846 053 109.60	915 610 203.02
可供出售金融资产	20 000 000.00	20 000 000.00	递延所得税负债	17 762 098.59	16 253 673.35
持有至到期投资			其他非流动负债		
长期应收款	459 981 985.67	318 793 498.76	非流动负债合计	4 682 672 930.15	7 253 512 685.50
长期股权投资	642 774 181.07	525 628 774.00	负债合计	37 662 247 538.27	35 073 605 689.87
投资性房地产			所有者权益（或股东权益）：		
固定资产	29 119 836 261.01	27 610 330 297.20	实收资本（或股本）	2 734 012 800.00	2 734 012 800.00
在建工程	10 251 052 690.88	7 305 529 419.73	资本公积	2 392 825 722.70	2 392 825 722.70
生产性生物资产			减：库存股		
油气资产			其他综合收益	-646 318.14	9 518 565.65
无形资产	3 129 311 416.21	2 521 052 340.83	专项储备		
开发支出			盈余公积	2 823 172 641.71	2 823 172 641.71
商誉	277 518 585.35	277 518 585.35	一般风险准备		
长期待摊费用	54 573 026.20	15 473 499.25	未分配利润	25 829 370 826.43	19 320 010 167.13
递延所得税资产	879 548 757.42	1 025 337 106.74	归属于母公司所有者权益合计	33 778 735 672.70	27 279 539 897.19
其他非流动资产	2 333 485 077.35	1 007 854 102.69	少数股东权益	5 471 675 990.55	3 474 586 661.18
非流动资产合计	47 168 081 981.16	40 627 517 624.55	所有者权益（或股东权益）合计	39 250 411 663.25	30 754 126 558.37
资产总计	76 912 659 201.52	65 827 732 248.24	负债和所有者权益（或股东权益）总计	76 912 659 201.52	65 827 732 248.24

2. 利润表

利润表又称损益表，是反映企业一定期间（如一年、半年）生产经营成果的会计报表。利润表依据"收入−费用=利润"来编制，主要反映一定时期内公司的收入减去支出之后的净收益。通过利润表，我们可以对上市公司该时期内的经营业绩、管理的水平做出评估，从而评价公司的投资价值和预测的投资回报。利润表包括两个方面：一方面反映公司的收入及费用，说明公司在一定时期内的利润或亏损数额，据以分析公司的经济效益及盈利能力，评价公司的管理业绩；另一方面反映公司财务成果的来源，说明公司的各种利润来源在利润总额中所占的比例，以及这些来源之间的相互关系。表 5-2 是 A 公司 2022 年度的利润表。

表 5-2 　　　　　　　　利润表

编制单位：A 公司　　　　　　　2022 年度　　　　　　　　单位：元

项目	本期发生额	上期发生额
一、营业收入	60 621 193 436.91	53 123 173 258.81
减：营业成本	40 114 356 881.19	32 033 253 462.20
税金及附加	545 971 599.99	475 378 440.49
销售费用	1 721 464 243.82	1 416 999 560.47
管理费用	1 001 505 576.04	796 303 927.67
研发费用	1 610 117 528.86	1 238 264 348.48
财务费用	795 019 862.22	929 390 186.18
资产减值损失	35 676 990.78	303 316 067.55
加：其他收益	1 104 353 815.59	901 790 723.66
投资收益（损失以"—"号填列）	93 472 439.19	125 557 555.26
其中：对联营企业和合营企业的投资收益	93 472 439.19	104 557 555.26
公允价值变动收益（损失以"—"号填列）		
资产处置收益（损失以"—"号填列）	90 074 790.58	1 687 270.04
汇兑收益（损失以"—"号填列）		
二、营业利润（亏损以"—"号填列）	16 084 981 799.37	16 959 302 814.73
加：营业外收入	9 796 722.29	18 683 867.48
减：营业外支出	116 998 288.98	228 250 891.93
三、利润总额（亏损总额以"—"号填列）	15 977 780 231.68	16 749 735 790.28
减：所得税费用	3 148 138 248.30	3 440 416 082.30
四、净利润（净亏损以"—"号填列）	12 829 641 983.38	13 309 319 707.98

　　3. 现金流量表

　　现金流量表是以现金收支为基础编制的财务状况变动表，反映企业一定期间内现金的流入和流出，表明企业获得现金和现金等价物的能力。

　　现金流量表从上到下按经营性现金流量、投资性现金流量和筹资性现金流量的顺序逐项列示。在每一部分所列示的现金流量项目中，从上到下分别列出现金流入项目、现金流出项目，并给出现金流量净额=现金流入合计-现金流出合计。表 5-3 是 A 公司 2022 年度的现金流量表。

表5-3 现金流量表

编制单位：A公司 2022年度 单位：元

项目	本年金额	上年金额
一、经营活动产生的现金流量：		
销售商品、提供劳务收到的现金	77 845 920 170	61 535 059 267
收到的税费返还	1 142 862 412	1 093 952 152
收到其他与经营活动有关的现金	1 084 226 239	1 344 331 106
经营活动现金流入小计	80 073 008 821	63 973 342 525
购买商品、接受劳务支付的现金	46 945 334 576	43 714 485 045
支付给职工以及为职工支付的现金	2 893 584 290	2 055 572 020
支付的各项税费	7 241 926 293	5 311 389 823
支付其他与经营活动有关的现金	3 734 669 233	2 184 097 042
经营活动现金流出小计	60 815 514 392	53 265 543 930
经营活动产生的现金流量净额	19 257 494 429	10 707 798 595
二、投资活动产生的现金流量：		
收回投资收到的现金		
取得投资收益收到的现金	66 304 460.18	29 033 203.8
处置固定资产、无形资产和其他长期资产收回的现金净额	35 874 749.14	35 978 125.93
处置子公司及其他营业单位收到的现金净额		
收到其他与投资活动有关的现金	5 400 404.72	
投资活动现金流入小计	107 579 614.04	65 011 329.73
购建固定资产、无形资产和其他长期资产支付的现金	10 279 010 028	5 952 652 459
投资支付的现金	145 666 100	65 800 000
取得子公司及其他营业单位支付的现金净额		
支付其他与投资活动有关的现金	921 393.8	2 128 900
投资活动现金流出小计	10 425 597 521.8	6 020 581 359
投资活动产生的现金流量净额	−10 318 017 907.76	−5 955 570 029.27
三、筹资活动产生的现金流量：		
吸收投资收到的现金		2 487 297 172
取得借款收到的现金	38 661 869 639	24 453 540 307
收到其他与筹资活动有关的现金		
筹资活动现金流入小计	38 661 869 639	26 940 837 478
偿还债务支付的现金	41 268 578 962	23 289 622 002
分配股利、利润或偿还利息支付的现金	5 330 024 872	4 298 057 355
支付其他与筹资活动有关的现金	598 456.01	3 013 091 268
筹资活动现金流出小计	46 599 202 290.01	30 600 770 625
筹资活动产生的现金流量净额	−7 937 332 651.01	−3 659 933 147
四、汇率变动对现金的影响	43 010 201.92	−8 840 594.16
五、现金及现金等价物净增加额	1 045 154 073	1 083 454 825
加：期初现金及现金等价物余额	3 046 303 366	1 962 848 541
六、期末现金及现金等价物余额	4 091 457 439	3 046 303 366

二、财务报表分析方法

一般来说，财务报表分析的方法主要有比较分析和比率分析两种。

比较分析是为了说明财务信息之间的数量关系与数量差异，为进一步的分析指明方向。这种比较可以是实际与计划相比，可以是本期与上期相比，也可以是与同行业的其他企业相比。

比率分析是通过对财务比率的分析，了解企业的财务状况和经营成果，其往往要借助比较分析和趋势分析方法。

下面主要介绍财务比率分析法。

1. 偿债能力分析

偿债能力是企业偿还到期债务本息的能力。按到期时间，企业债务可分为短期债务（到期时间不超过一年的负债）和长期债务（到期时间超过一年的负债）。因此，偿债能力分析分为短期偿债能力分析和长期偿债能力分析。短期偿债能力分析又叫流动性分析。

（1）短期偿债能力分析

短期偿债能力的高低，对企业的生产经营和财务状况有重要的影响。一个企业即使拥有良好的营运能力和盈利能力，如果短期偿债能力不足，也可能要被迫出售长期资产以偿还债务，这将直接影响企业的正常生产经营活动，甚至会出现资不抵债的情况，从而导致企业破产。

流动资产一年内可以变现，是短期偿债能力的基础，因此，通常以流动资产与流动负债的比较来衡量企业的短期偿债能力。流动负债通常包含应付账款、应付票据、应付税金和一年内到期的长、短期债务。企业偿还流动负债的现金来源主要是流动资产，流动资产通常包含现金、短期投资、应收账款和存货。衡量企业短期偿债能力主要有以下几个指标：

①流动比率

流动比率是指流动资产与流动负债的比值，其计算公式为：

流动比率=流动资产÷流动负债

对流动比率的计算公式还可以作如下变形：

流动比率=流动资产÷流动负债

　　　　=［（流动资产-流动负债）+流动负债］÷流动负债

　　　　=（营运资金+流动负债）÷流动负债

　　　　=营运资金÷流动负债+1

流动比率反映企业用可在短期内转变为现金的流动资产偿还到期流动债务的能力。一般来说，流动比率越高，说明企业的流动性越强，流动负债的安全程度越高。但从企业角度看，流动比率不是越高越好。流动比率太高，就要注意分析企业的资产结构和负债结构是否存在以下问题：一是流动负债低，即企业没有充分利用商业信用和现有的借款能力，可能更多地用长期负债解决流动资产需求，从而不当地提高了筹资成本；二是流动资产高，这可能是由存货大量积压、大量应收账款迟迟不能收回等造成的，表明企业的资产管理效率较低，盈利能力较差。

根据经验，通常认为流动比率等于2比较合理，若偏离2太多，则存在一定问题。但是这个经验数据不是绝对的，不同的环境、不同的时期、不同的行业，情况不尽相同。例如，商业企业的流动比率往往大大高于服务行业的流动比率，因为商业企业有大量的商品存货等流动资产，而服务行业的流动资产相对较少。又如，一般来说，企业的营业周期越短，流动比率可能越低。因为营业周期越短，则意味着存货、应收账款等流动资产的周转速度越快，那么存货和应收账款的存量必然越小，流动比率也就越低。实际上，由于各个企业的经营能力和筹措短期资金的能力不同，对流动比率的要求也有所不同。对于一个信誉良好、很容易筹措到短期资金的企业来说，即使流动比率较低也不会影响企业资产的安全性和流动性。

A公司2022年年末的流动资产是29 744 577 220.36元，流动负债是32 979 574 608.12元。依上式计算流动比率为：

流动比率=29 744 577 220.36÷32 979 574 608.12=0.9

②速动比率

速动比率是速动资产与流动负债的比值，其计算公式为：

速动比率=速动资产÷流动负债

其中，速动资产是指货币资金、交易性金融资产和各种应收、预付款项等可以在较短时间内变现的流动资产。另外的流动资产，包括存货、一年内到期的非流动资产及其他流动资产等，称为非速动资产。

非速动资产的变现时间和数量具有较大的不确定性：第一，存货的变现速度比应收款项要慢得多；部分存货可能已损失报废但还没作处理，或者已抵押给某债权人，不能用于偿债；存货估价有多种方法，可能与变现金额相差悬殊。第二，一年内到期的非流动资产和其他流动资产的数额有偶然性，不代表正常的变现能力。因此，将可偿债资产定义为速动资产，计算出来的短期债务存量比率更可信。

一般来说，速动比率越高，说明企业的流动性越强，流动负债的安全程度越高。但与流动比率类似，从企业角度看，速动比率也不是越高越好，对速动比率要具体情况具体分析。根据经验，通常认为正常的速动比率为1，低于1的速动比率被认为是短期偿债能力偏低。这仅是一般看法，因为行业不同，速动比率会有很大的差别，没有统一标准的速动比率。例如，采用大量现金销售的商店，几乎没有应收账款，大大低于1的速动比率则是很正常的。相反，一些应收账款较多的企业，速动比率可能要大于1。

影响速动比率可信度的重要因素是应收账款的变现能力。账面上的应收账款不一定都能变成现金，实际坏账可能比计提的准备要多；季节性的变化，可能使报表的应收账款数额不能反映平均水平。

A公司2022年年末的流动资产是29 744 577 220.36元，流动负债是32 979 574 608.12元，存货是7 810 177 079.88元，一年内到期的非流动资产和其他流动资产均为0。计算速动比率为：

速动比率=（29 744 577 220.36-7 810 177 079.88）÷32 979 574 608.12=0.67

可以将流动比率与速动比率结合起来分析，表5-4是A公司流动比率和速动比率的比较。

表5-4 流动比率和速动比率比较表

项目	2021年年末	2022年年末
流动比率	0.9	0.9
速动比率	0.65	0.67

从表5-4可以看到，2022年A公司的流动比率和速动比率与2021年相比，没有明显的变化，说明公司的短期偿债能力没有发生显著变化。

③现金流动负债比率

现金流动负债比率是经营活动产生的现金流量净额与流动负债的比值，其计算公式为：

现金流动负债比率=经营活动产生的现金流量净额÷流动负债

现金流动负债比率更能说明企业的短期偿债能力。如果用流动比率，流动资产中的存货和应收账款比较多，那么这个比率会比较高，说明流动性好，可是实际上这个企业的流动性是有限的。用经营活动产生的现金流量净额代替流动资产，就能更真实地反映这个企业的流动性。

之所以选择经营活动产生的现金流量净额，而没有选择企业所有活动带来的现金流量净额，是因为经营活动在各个期间具有一定的稳定性，而各个期间的投资活动和筹资活动则相差较大，不易预测。

一般来说，现金流动负债比率越高，说明企业的流动性越强，流动负债的安全程度越高。但与流动比率和速动比率类似，从企业角度看，现金流动负债比率也不是越高越好，要具体情况具体分析。将流动比率、速动比率和现金流动负债比率这三个指标放在一起分析，可以更好地反映企业的短期偿债能力。

A公司2022年的经营现金流量净额为19 257 494 429元，流动负债为32 979 574 608.12元。依上式计算现金流动负债比率为：

现金流动负债比率=19 257 494 429÷32 979 574 608.12=0.58

（2）长期偿债能力分析

长期偿债能力是指企业偿还到期长期债务的能力。企业的长期资产如固定资产、无形资产等变现能力弱，因此，衡量企业长期偿债能力的指标除了考虑企业的总资产外，还应特别注意企业的盈利指标。衡量企业长期偿债能力主要有以下指标：

①资产负债率

资产负债率是指负债总额除以资产总额的百分比，也就是负债总额与资产总额的比例关系。其计算公式为：

资产负债率=负债总额÷资产总额×100%

公式中的负债总额既包含长期负债，又包含短期负债。这是因为，短期负债作为一个整体，企业总是长期占用着，可以视同长期性资本来源的一部分。公式中的资产总额应为扣除累计折旧后的资产净额。

资产负债率反映在总资产中有多大比例是通过借债来筹资的，也可以衡量企业在清算时保护债权人利益的程度，也称为举债经营比率。资产负债率越低，长期偿债能力就越强，但从企业角度看，并非资产负债率越低越好。由于债务资本成本低于权益资本成本，负债筹资具有财务杠杆作用，可以提高企业的盈利能力，只是财务杠杆在被运用的同时，也会给企业带来财务风险，影响企业的长期偿债能力。因此，在评价企业的资产负债率时，需要在收益与风险之间权衡利弊，充分考虑企业内部各种因素和外部市场环境，做出合理正确的判断。

一般认为，金融类的企业资产负债率可以高达90%以上，而一般实业性企业的资产负债率大多以不超过50%为好。企业应根据自身情况，确定一个适当的标准，当企业债务负担持续增长并超过这一标准时，作为内部分析则应进一步查找原因，看看是由资产规模下降导致的，还是由大量借债引起的，并及时调整，不能只顾获取财务杠杆利益，而不考虑企业面临的财务风险。

A公司2022年年末的负债总额是37 662 247 538.27元，资产总额是76 912 659 201.52元。计算资产负债率为：

资产负债率=37 662 247 538.27÷76 912 659 201.52×100%=48.97%

A公司的资产负债率位于经验标准的50%左右，说明A公司偿还长期债务的能力符合经验范围，长期偿债能力没有问题。2021年A公司的资产负债率为53.28%，2022年资产负债率有所下降，说明公司的长期偿债能力进一步增强。

②已获利息倍数

已获利息倍数是指息税前利润与利息费用的比值，用以衡量企业偿付借款利息的能力，也叫利息保障倍数。其计算公式为：

已获利息倍数=息税前利润÷利息费用

公式中，息税前利润是企业利润表中的利润总额与利息费用之和。息税前利润总和表述了企业经营的实际收益，是计算和分析企业经营成果的一个比较重要的指标。利息费用是指本期发生的全部应付利息，即它不仅包括计入财务费用中的利息费用，而且包括计入固定资产价值中的资本化利息。企业为购建长期资产而专门借入的债务在长期资产购建期间发生的利息费用，不计入当期财务费用，而应列入该长期资产的购建成本，这些列入长期资产购建成本的利息费用就是已资本化的利息费用，但是一般投资者往往很难获得已经资本化的利息费用，在这种情况下，通常用财务费用代替利息费用来计算已获利息倍数。

已获利息倍数指标反映企业经营收益为所需支付的债务利息的多少倍。已获利息倍数越大，说明企业支付利息的能力越强，反之亦然。若此比率低于1，说明企业的经营收益还不足以支付当期的利息费用，这意味着企业支付利息的能力较低，财务风险较高，需要引起重视。当然，要合理评价企业的已获利息倍数，还需要与其他企业以及本行业平均水平进行比较，而且还要从稳健性角度出发，分析、比较本企业连续几年该指标的水平，并选择指标最低年度的数据作为标准。这是因为，企业在经营好的年度要偿债，而在经营不好的年度也要偿还大约等量的债务。某一个年度利润很高，已获利息倍数就会很高，但未必能年年如此。采用指标最低年度的数据，可反映最低的偿债能力。

如果一个很高的已获利息倍数不是由高利润带来的，而是由低利息导致的，则说明企业的财务杠杆程度很低，没有充分利用举债经营的优势。

若息税前利润或者财务费用为负数，则计算出来的已获利息倍数是没有意义的。A公司2022年的利润总额是 15 977 780 231.68 元，财务费用是 795 019 862.22 元。计算已获利息倍数为：

已获利息倍数=（15 977 780 231.68+795 019 862.22）÷795 019 862.22=21.10

微课堂5-8

营运能力分析

2. 营运能力分析

营运能力，又称资产管理能力，是指企业经营的资产所占用资金的使用效率。营运能力主要通过使用的各种资金的周转率和周转天数来进行分析。由于各种周转率都是按年计算的，因此，周转天数=365÷周转率。一般来说，周转越快，周转天数越少，表明资金的使用效率越高，企业的营运能力越强。衡量企业营运能力主要有以下指标：

（1）存货周转率

存货周转率，或者存货的周转次数，是营业成本与存货平均余额的比值。用时间表示的存货周转率就是存货周转天数，它等于365除以存货周转率。其计算公式为：

存货周转率=营业成本÷存货平均余额

存货周转天数=365÷存货周转率

其中：

存货平均余额=（期初存货+期末存货）÷2

存货周转率是衡量和评价企业购入原材料、投入生产、销售收回等各环节管理状况的综合性指标。一般来讲，存货周转速度越快，存货的占用水平越低，流动性越强，存货转换为现金或应收账款的速度也就越快。提高存货周转率可以提高企业的变现能力，而存货周转速度越慢则变现能力越差。但是，如果一个企业的存货周转率过高，则有可能是企业的存货水平太低所致，要防止存货水平太低导致缺货，从而影响企业的正常生产。投资者还可以对存货的结构以及影响存货周转速度的重要项目进行分析，如分别计算原材料周转率、在产品周转率或某种存货的周转率。存货周转分析的目的是从不同的角度和环节上找出存货管理中的问题，使存货管理在保证生产经营连续性的同时，尽可能少地占用经营资金，提高资金的使用效率。

A公司2022年的营业成本是 40 114 356 881.19 元，期初存货是 6 999 627 326.74 元，期末存货是 7 810 177 079.88 元。计算存货周转率为：

存货周转率=40 114 356 881.19÷［（6 999 627 326.74+7 810 177 079.88）÷2］=5.42

存货周转天数=365÷5.42=67（天）

（2）应收账款周转率

应收账款和存货一样，在流动资产中有着举足轻重的地位。应收账款周转率是营业收入与应收账款平均余额的比值，用时间表示的应收账款周转率就是应收账款周转天数，它等于365除以应收账款周转率。其计算公式为：

应收账款周转率=营业收入÷应收账款平均余额

应收账款周转天数=365÷应收账款周转率

公式中，应收账款平均余额是指因销售商品、产品或提供劳务等应向购货单位或接受劳务单位收取的款项以及收到的商业汇票。它是资产负债表中"应收票据及应收账款"的期初、期末金额的平均数之和。有人认为，营业收入应扣除现金销售部分，即使用赊销净额来计算，虽然理论上更加完备，但是数据难以得到。

应收账款周转率就是年度内应收账款转换为现金的平均次数，它说明应收账款流动的速度。应收账款周转天数表示企业从取得应收账款的权利到收回款项、转换为现金所需要的时间。及时收回应收账款，不仅可以增强企业的短期偿债能力，也反映出企业在管理应收账款方面具有较高的效率。一般来说，应收账款周转率越高，平均收账期越短，说明应收账款的收回越快；否则，企业的营运资金会过多地呆滞在应收账款上，影响正常的资金周转。但是，如果一个企业的应收账款周转率过高，则可能是由于企业的信用政策过于苛刻所致，这样可能会限制企业销售规模的扩大，影响企业长远的盈利能力。因此，对应收账款周转率和应收账款周转天数不能进行片面分析，应结合企业具体情况深入了解原因，以便做出正确的决策。

A公司2022年年末的营业收入是60 621 193 436.91元，期初应收账款是2 832 792 897.08元，期初应收票据是11 308 297 066.37元，期末应收账款是2 542 568 582.32元，期末应收票据是9 539 066 246.73元，计算应收账款周转率为：

应收账款周转率=60 621 193 436.91÷［（2 832 792 897.08+2 542 568 582.32）÷2］=22.56

应收账款周转天数=365÷22.56=16（天）

（3）营业周期

营业周期是指从取得存货开始到销售存货并收回现金为止的这段时间。营业周期的长短取决于存货周转天数和应收账款周转天数。其计算公式为：

营业周期=存货周转天数+应收账款周转天数

把存货周转天数和应收账款周转天数加在一起计算出来的营业周期，是指取得的存货需要多长时间变为现金。在一般情况下，营业周期短，说明资金周转速度快；营业周期长，说明资金周转速度慢。

A公司2022年的营业周期为：

营业周期=67+16=83（天）

（4）流动资产周转率

流动资产周转率是营业收入与平均流动资产的比值，其计算公式为：

流动资产周转率=营业收入÷平均流动资产

其中：

平均流动资产=（期初流动资产+期末流动资产）÷2

流动资产周转率反映流动资产的周转速度。周转速度快，会相对节约流动资产，相当于扩大资产的投入，增强企业的盈利能力；而周转速度慢，需补充流动资产进行周转，形成资产的浪费，从而降低企业的盈利能力。当然，如果流动资产周转过快，还需要结合企业的具体情况分析原因，看是不是由于流动资产不合理等原因造成的。一般企业设置的标准值为1，对流动资产周转率应结合存货、应收账款一并进行分析，和反映盈利能力的指标结合在一起使用，可全面评价企业的盈利能力，这样才能真正分析透彻，找到根源。

A 公司 2022 年年末的营业收入是 60 621 193 436.91 元，期初流动资产是 25 200 214 623.69 元，期末流动资产是 29 744 577 220.36 元，计算流动资产周转率为：

流动资产周转率=60 621 193 436.91÷〔（25 200 214 623.69+29 744 577 220.36）÷2〕=2.21

3.盈利能力分析

盈利能力是指企业赚取利润的能力。盈利是企业存在的根本目的，不论是投资人、债权人还是企业经理人员，都日益重视和关心企业的盈利能力。一般说来，企业的盈利能力只涉及正常的营业状况。非正常的营业状况，也会给企业带来收益或损失，但只是特殊情况下的个别结果，不能说明企业的盈利能力。衡量企业盈利能力主要有以下指标：

（1）销售毛利率

销售毛利率是指企业一定时期毛利占营业收入的百分比。其计算公式为：

销售毛利率=（营业收入-营业成本）÷营业收入×100%

微课堂5-9

盈利能力分析

销售毛利率表示每 1 元营业收入扣除营业成本后，有多少钱可以用于各项期间费用并形成盈利。销售毛利率是企业净利率的基础，没有足够大的毛利率便不能有盈利。对毛利率可以进行横向和纵向的比较。通过与同行业平均水平或竞争对手的比较，可以洞悉企业业务的盈利空间在整个行业的地位以及与竞争对手相比的优劣。通过与以往年度的毛利率的比较，可以看出企业业务盈利空间的变动趋势。

A 公司 2022 年年末的营业收入是 60 621 193 436.91 元，营业成本是 40 114 356 881.19 元，计算销售毛利率为：

销售毛利率=（60 621 193 436.91-40 114 356 881.19）÷40 114 356 881.19×100%=51.12%

（2）销售净利率

销售净利率是指净利润与营业收入的比值。其计算公式为：

销售净利率=净利润÷营业收入×100%

该指标反映每 1 元营业收入带来的净利润是多少，表示营业收入的收益水平。企业在增加销售收入的同时，必须要相应获取更多的净利润才能使营业收入的利润率保持不变或有所提高。

A 公司 2022 年年末的营业收入是 60 621 193 436.91 元，净利润是 12 829 641 983.38 元，计算销售净利率为：

销售净利率=12 829 641 983.38÷60 621 193 436.91×100%=21.16%

（3）净资产收益率

净资产收益率又称为股东权益报酬率，是净利润与净资产的百分比，其计算公式为：

净资产收益率=净利润÷净资产×100%

净资产是指资产负债表中"股东权益合计"的期末数。一般来讲，如果所考察的公司不是股份制企业，该公式中的分母也可以使用"平均净资产"。而作为主要分析对象的上市公司基于股份制企业的特征，采用年末净资产或年末股东权益为分母，一方面符合中国证监会发布的《公开发行股票公司信息披露的内容与格式准则第二号〈年度报告的内容与格式〉》中关于净资产收益率计算公式的规定；另一方面也可以和上市公司每股收益、每股净资产等按"年末股份数"计算保持一致。上市公司如果发行股票使股东权益增加，则净资产一般按加权计算。

净资产收益率反映企业所有者的投资报酬率，具有很强的综合性。美国杜邦公司最先采用的杜邦财务分析法就是以净资产收益率为主线，将企业在某一时期的销售成果以及资产营运状况全面联系在一起，层层分解，逐步深入，构成一个完整的分析体系。

A公司2022年的净利润为12 829 641 983.38元，期初的净资产（股东权益合计）为30 754 126 558.37元，期末的净资产（股东权益合计）为39 250 411 663.25元，那么净资产收益率为：

净资产收益率=12 829 641 983.38÷［（30 754 126 558.37+39 250 411 663.25）÷2］×100%=36.65%

微课堂 5-10

每股指标分析

4. 每股指标分析

每股指标分析是将公司财务报表中公布的数据与有关公司发行在外的股票数、股票市场价格等资料结合起来进行分析，以便投资者对不同上市公司股票的优劣做出评估和判断。每股指标分析主要有以下指标：

（1）每股净资产

每股净资产又称为每股权益，是指净资产与发行在外的普通股股数的比值。该指标反映发行在外的每股普通股所代表的净资产成本即账面净资产。其计算公式为：

每股净资产=净资产÷发行在外的普通股股数

在投资分析时，只能有限使用这个指标，因其使用历史成本计量，既不反映净资产的变现价值，又不反映净资产的产出能力。例如，某公司的资产只有一块前几年购买的土地，并且没有负债，公司的净资产是土地的原始成本。现在土地的价格比过去翻了几番，引起股票价格上升，而其账面价值不变。这个账面价值，既不说明土地现在可以卖多少钱，又不说明公司使用该土地能获得什么。

每股净资产在理论上提供了股票的最低价值。如果公司的股票价格低于每股净资产的成本，成本又接近变现价值，说明公司已无存在价值，清算是股东最好的选择。

（2）每股收益

在对公司的财务状况进行研究时，投资者最关心的一个数字是每股收益。每股收益是指本年净利润与发行在外的普通股股数的比值，反映了公司每一股所具有的当前获利能力。考察每股收益历年的变化，是研究公司经营业绩变化最简单明了的方法。

其计算公式为：

每股收益=净利润÷发行在外的普通股股数

当普通股发生增减变化时，该公式的分母应使用按月计算的"发行在外的普通股加权平均股数"。当公司发行了不可转换优先股时，计算时要扣除优先股股数及其分享的股利，已作部分扣除的净利润通常被称为"盈余"，所以扣除优先股股利后计算出的每股收益又称为"每股盈余"。

（3）市盈率

市盈率是指普通股每股市价除以每股收益的倍数。其计算公式为：

市盈率=每股市价÷每股收益

市盈率反映上市公司股票的盈利状况，是人们普遍关注的指标，有关证券刊物几乎每天报道各类股票的市盈率。它是投资者用以衡量某种股票投资价值和投资风险的常用指标，也是公司管理者了解公司股票在证券市场上的影响程度的主要依据。

市盈率反映投资者对每元净利润所愿支付的股票价格，相当于净收益的倍数，可以用来估计股票的投资报酬和风险。由于它揭示了每股市价相当于每股净利润的倍数，表明公司需要积累多少年的净利润才能达到目前的股价水平。显然，市盈率越高，表明市场对公司的未来越看好。在市价确定的情况下，每股收益越高，市盈率越低，投资风险越小，反之亦然。在每股收益确定的情况下，市价越高，市盈率越高，风险越大，反之亦然。仅从市盈率高低的横向比较看，高市盈率说明公司能够获得社会信赖，具有良好的前景，反之亦然。

投资者一般都偏好市盈率低的股票，而在股票市盈率高时出货。但是这并不是绝对的，当投资者预期公司盈利将增加时会争相购买该公司股票，市盈率会迅速上升，因此，经营前景好、有发展前途公司的股票，市盈率会趋于升高；而发展机会不多、前景黯淡公司的股票，市盈率经常处于较低水平。

我国现阶段，股票的市价可能并不能很好地代表投资者对公司未来前景的看法，因此股价中含有很多炒作的成分。我们运用市盈率对公司作评价时要谨慎，应注意以下问题：该指标不能用于不同行业公司的比较，充满扩展机会的新兴行业市盈率普遍较高，而成熟工业的市盈率普遍较低，这并不说明后者的股票没有投资价值。在每股收益很小或亏损时，市价不会降至零，很高的市盈率往往不说明任何问题。市盈率高低受净利润的影响，而净利润受可选择的会计政策的影响，从而使得公司之间的比较受到限制。市盈率高低受市价的影响，市价变动的影响因素很多，包括投机炒作等，因此观察市盈率的长期趋势很重要。

由于一般的期望报酬率为 2.5% ~ 10%，所以正常的市盈率为 10 ~ 40 倍。通常，投资者要结合其他有关信息，才能运用市盈率指标判断股票的价值。

（4）市净率

市净率是指每股市价和每股净资产的比值，是市场对公司价值的评价。其计算公式为：

市净率=每股市价÷每股净资产

市净率可用于投资分析。每股净资产是股票的账面价值，它是用成本计量的，而每股市价是这些资产的现在价值，它是证券市场上交易的结果。市价高于账面价值时公司资产的质量较好，有发展潜力；反之，则资产质量较差，没有发展前景。优质股票的市价都超出每股净资产许多，一般市净率达到 3，可以树立较好的公司形象。市价低于每股净资产的股票，就像售价低于成本的商品一样，属于"处理品"。当然，"处理品"也不是没有购买价值，问题在于该公司今后是否有转机，或者购入后经过资产重组能否提高盈利能力。

5. 发展能力分析

企业的发展能力也称企业的成长能力，它是企业通过自身的生产经营活动，不断扩大积累而形成的发展潜能，如企业规模的扩大、盈利的持续增长、市场竞争力的增强等。反映发展能力的指标主要有：

微课堂 5-11

发展能力分析

（1）营业收入增长率

营业收入增长率是指本期营业收入减去上期营业收入，再除以上期营业收入的商。其计算公式为：

营业收入增长率=（本期营业收入-上期营业收入）÷上期营业收入×100%

营业收入增长率高，表明公司产品的市场需求大，业务扩张能力强。如果一家公司能连续几年保持30%以上的营业收入增长率，基本上可以认为这家公司具备成长性。

（2）资本保值增值率

资本保值增值率是指股东权益期末总额与股东权益期初总额之比。其计算公式为：

资本保值增值率=股东权益期末总额÷股东权益期初总额×100%

如果企业盈利能力提高，利润增加，必然会使期末所有者权益大于期初所有者权益，所以该指标也是衡量企业发展能力的重要指标。当然，这一指标的高低，除了受企业经营成果的影响外，还受企业利润分配政策的影响。

（3）净利润增长率

净利润增长率是指本期净利润减去上期净利润，再除以上期净利润的商。其计算公式为：

净利润增长率=（本期净利润-上期净利润）÷上期净利润×100%

净利润是公司经营业绩的最终结果。净利润的增长是公司成长性的基本特征，净利润增幅较大，表明公司经营业绩突出，市场竞争能力强；净利润增幅较小，甚至出现负增长，公司也就谈不上具有成长性。

实践操作

上市公司财务比率分析

某上市公司各年财务比率见表5-5。

表5-5　　　　　　　　　　某上市公司各年财务比率

	2020年	2021年	2022年	说明
偿债能力比率				
资产负债率	16%	59%	54%	负债总额÷资产总额×100%
流动比率	5.1	1.6	1.8	流动资产÷流动负债
速动比率	3.1	0.98	1.1	速动资产÷流动负债
盈利能力比率				
销售毛利率	10%	7%	8%	（营业收入-营业成本）÷营业收入×100%
销售净利率	5%	5%	5%	净利润÷营业收入×100%
净资产收益率	22%	57%	45%	净利润÷净资产×100%
营运能力比率				
应收账款周转率		83	70	营业收入÷应收账款平均余额
应收账款周转天数（天）		4	5	365÷应收账款周转率
存货周转率		31	20	营业成本÷存货平均余额
存货周转天数（天）		12	18	365÷存货周转率

财务状况评价如下：

第一，财务报表质量分析。企业财务报表均经过会计师事务所审计，并出示无保留意见的审计报告，报表表面看来真实、规范。

第二，偿债能力分析。从上述长短期财务比率各项指标来看，2021年、2022年流动比率分别为1.6、1.8，速动比率分别为0.98、1.1，说明公司具有较强的短期偿债能力；资产负债率由2021年的59%降到2022年的54%，说明公司偿还长期债务的能力增强了。综上所述，基本可判断公司长、短期偿债能力较强。

第三，盈利能力分析。公司销售毛利率、销售净利率均不高，反映了该企业业务经营比较稳定，要增加企业利润的一个可靠途径就是增加销量。同时，这两个比率比较稳定，说明公司对收入和支出比的控制较好。公司净资产收益率相对较高，2021年和2022年均维持在40%以上，说明公司利用净资产赚钱的能力比较强。2022年的净资产收益率比2021年有所下降，说明净利润的增长幅度不及所有者权益和资产总额的增长幅度。但总体来看，公司的整体盈利水平还是较高的。

第四，营运能力分析。公司应收账款周转率和存货周转率较高，应收账款周转天数、存货周转天数很短，说明营运资金在应收账款上和存货上占用较少，企业资金周转速度较快，营运能力较强，也可以反映出产品销路较好，企业在产品供求中基本处于强势地位。

综合以上各项分析，公司的资产负债率正常，长、短期偿债能力较强；盈利水平较高，营运能力较强，公司在扩大业务量的同时能够持续经营发展，净资产收益率比较高；公司的营运能力比较突出，应收账款和存货占用较少，在产品的供求中处于比较强势的地位。

【行业视窗】

康美药业欲挥别"旧时代"，改革之路仍漫漫

成立于1997年的ST康美主营中医药全产业链，2001年在A股市场上市。

2019年8月，康美药业收到证监会的《行政处罚及市场禁入事先告知书》。该告知书显示，经查明，ST康美2016年至2018年间涉嫌虚增货币资金886亿元，为A股造假金额之最。其中ST康美《2016年年度报告》虚增货币资金225亿元；《2017年年度报告》虚增货币资金299亿元；《2018年半年度报告》虚增货币资金362亿元，虚增金额的数量逐年上升。

造假期间，ST康美曾被市场视为"中药白马"，市值一度超千亿，是2015年牛市过后为数不多股价能反弹并再创新高的股票之一。

2021年11月17日，广东省佛山市中级人民法院对马兴田等12人操纵证券市场案公开宣判。马兴田因操纵证券市场罪、违规披露、不披露重要信息罪以及单位行贿罪数罪并罚，被判处有期徒刑12年，并处罚金120万元；康美药业原副董事长、常务副总经理许冬瑾及其他责任人员11人，因参与相关证券犯罪被分别判处有期徒刑并处罚金。

ST康美造假案相关的中介机构也受到处罚。广州中院判决公司审计机构正中珠江会计师事务所（以下简称"正中珠江"）未实施基本的审计程序，承担100%的投资者损失连带赔偿责任，正中珠江合伙人和签字会计师杨文蔚在正中珠江承责范围内承担连带赔偿责任。正中珠江为广州老牌审计机构，截至2022年7月申报注销执业许可为止，该机构已经成立并执业41年，拥有多项金融执业资格。ST康美案后，正中珠江大部分员工另谋生路，有的自行创业，有的转投他所。

资料来源：佚名. 原控股股东破产：康美药业欲挥别"旧时代"，改革之路仍漫漫［EB/OL］.［2023-04-12］. http://m.caijing.com.cn/article/296129.

评述：

通过康美药业财务造假案例的学习，我们可以得到如下的结论：

（1）家族企业特质存在弊端，内部控制机制不健全。

财务舞弊现象的出现往往意味着公司的内部控制出现了严重问题。长期以来，康美药业的管理就是以创始人马兴田为首的家族治理模式，董事长兼总经理的马兴田和其妻子、岳母合计持股比例达40.04%，对康美药业有着实际控制权。股权结构和治理结构的不合理，常常导致公司内部控制制度严重失效，康美药业在公司内部环境、风险管理水平、控制活动以及内部监督等方面的薄弱之处，为其后期系统性财务舞弊丑闻的曝出埋下了伏笔。

（2）独立董事履职不力。

康美药业的独立董事在工作中没有切实履行自己监督以及决策职责，在此次财务舞弊事件中有着不可推脱的责任。康美药业的五名独董在2016—2018年的董事会会议和股东大会中，以通信方式参会次数占参会次数的绝大部分，且有连年上升趋势，独董对公司的治理效果令人质疑。同时，在这期间五名独董都对康美药业相关决策表示赞同，未发表否定意见，没有为中小股东的合法权益发声，这在一定程度上助长了舞弊行为。

（3）审计人员未保持应有的职业谨慎。

"高存高贷"历来是大部分财务造假事件的典型特征，但在正中珠江会计师事务所对康美药业的审计过程中却没对此反常现象产生高度警惕，也未对货币资金的真实性提出质疑，从而没能识破康美药业虚增货币资金的造假手段。如果审计人员保持职业怀疑，严格执行审计程序，康美药业虚增收入从而相应虚增货币资金的舞弊手法自然会露出破绽。除了存贷双高之外，大股东质押比例过高、应收账款和存货异常等都是康美药业财务舞弊的危险信号，但审计人员却选择了忽视这些风险因素。

项目小结

本部分内容对上市公司的基本面、财务和其他因素进行分析。公司的基本分析包括：行业地位分析、区位分析、产品分析、公司经营管理能力分析、成长性分析。公司财务分析包括对财务指标等内容的分析。

过程考核

一、单项选择题

1.若流动比率大，则下列说法中正确的是（   ）。

A.营运资金大于零   B.短期偿债能力绝对有保障

C.速动比率大于1   D.现金比率大于20%

2.计算存货周转率，不需要用到的财务数据是（   ）。

A.年末存货   B.营业成本

C.营业收入   D.年初存货

3.某公司年末会计报表上部分数据为流动负债80万元、流动比率为3、速动比率为1.6、营业成本15万元、年初存货60万元，则本年度存货周转率为（   ）。

A.1.60次   B.2.5次

C.3.03次   D.1.74次

4.下列指标不反映企业偿付长期债务能力的是（   ）。

A.速动比率   B.已获利息倍数

C.有形资产净值债务率   D.资产负债率

5.（   ）指标的计算不需要使用现金流量表。

A.现金到期债务比   B.每股净资产

C.每股经营现金流量   D.全部资金现金回报率

6.当公司流动比率小于1时，增加流动资金借款会使当期流动比率（   ）。

A.降低   B.提高

C.不变   D.不确定

7.反映公司在某一特定时点财务状况的静态报表是（   ）。

A.资产负债表   B.比较利润表

C.现金流量表   D.利润表

8.下列不是上市公司产品竞争能力指标的是（   ）。

A.成本优势   B.人才优势

C.技术优势   D.质量优势

9.用以衡量公司偿付借款利息能力的指标是（   ）。

A.利息支付倍数   B.流动比率

C.速动比率   D.应收账款周转率

10.增发新股后，公司财务结构将（   ）。

A.净资产增加   B.负债结构变化

C.资产负债率不变   D.公司资本化比率升高

二、判断题

1.资产负债比率是资产总额除以负债总额的百分比。   （   ）

2. 反映公司在某一特定时点财务状况的报表是利润表。　　　　　　　（　　）

3. 一般而言，应收账款周转率越高，平均收账期越短，说明应收账款的回收越快。　　　　　　　　　　　　　　　　　　　　　　　　　　　（　　）

4. 在公司的资产中，存货的数量越大，该公司的速动比率越小。　　　（　　）

5. 现金流量表中的投资活动现金流量是指短期投资、长期投资所产生的现金流量。　　　　　　　　　　　　　　　　　　　　　　　　　　　　　（　　）

三、填空题

1. 对公司的基本分析可以分为_____和_____两部分。

2. 资产负债表和股东权益的关系用公式表示为_____。

3. 分析公司偿债能力的指标主要有五个，分别是_____、_____、_____、_____、_____。

4. 流动比率可以反映公司的_____，一般认为，生产企业合理的最低流动比率是_____。

5. 市盈率是每股市价与_____的比率，是衡量企业_____的重要指标。

6. 财务比率分析大致可分为偿债能力分析、_____、经营效率分析、_____和投资收益分析五大类。

四、简述题

1. 简述存货周转率的意义。

2. 分析上市公司偿债能力的指标有哪些？

3. 分析上市公司营运能力的指标有哪些？

4. 如何进行公司现金流量分析？

5. 对公司利润表的分析主要应关注哪些指标？

6. A、B、C三家公司的财务状况见表5-6，试评价它们的财务状况。

表5-6　　　　　　　　　　　　A、B、C三家公司的财务状况

	A公司	B公司	C公司
资产负债率	52.87%	73%	56.31%
存货周转率	2.48	15.45	2.88
流动资产周转率	6.67	11.20	4.90
净资产收益率	85%	18.13%	39.67%
销售净利率	12.84%	28%	12.70%

五、论述题

1. 论述市盈率的含义及对其进行分析的意义。

2. 怎样利用公司盈利能力的指标对公司进行盈利能力分析？

3. 在对企业的财务报表进行分析时，要注意哪些问题？

项目实训

企业财务分析

实训任务	比较、分析上市公司海尔智家（600690）的主要财务指标
条件要求	能接入互联网的证券实验室（配有投影仪）
资料准备	提示学生上网（中国证监会网站）查询《上市公司行业分类指引》
考核要求	完成实训报告
实训过程提示	第一步，登录上交所、深交所网站，查询海尔智家的主要财务指标； 第二步，结合海尔智家的实际情况，分析、对比有关数据，将分析结论写在下面
实训报告	

项目六
技术分析

学习目标

职业知识：

1.掌握K线图的画法和含义；

2.理解移动平均线的含义；

3.掌握形态理论的类型；

4.理解波浪理论。

职业能力：

1.能根据分时走势图画出K线图；

2.能读懂单根K线图以及多根K线图组合所表示的意义，并据此预测后市走势；

3.能根据股票价格走势画出压力线和支撑线、趋势线、上升通道、下降通道，并分析其含义；

4.能解读不同的移动平均线的含义；

5.能根据股价与多种移动平均线的交叉，找出死亡交叉和黄金交叉，并据此判断买卖信号；

6.能利用所学知识，找到所学的头肩顶、头肩底、双重顶、双重底、三角形态等图形，并据此进行投资分析；

7.能看懂技术分析指标MACD、RSI和OBV的含义，并据此对股票价格进行分析，判断买入、卖出信号。

职业素养：

1.引导学生树立科学的研究精神。证券投资技术分析的实质是对股票价格变动的规律总结，不能作为预测未来价格走势的依据，不存在能够准确预测未来价值走势的技术分析。

2.培养学生树立正确的投资观。通过相关技术分析的案例，让同学们明白投资与投机的区别，梳理正确的投资观。

任务一　技术分析认知

相信技术分析，还是相信基本面分析

　　基本面派与技术派争吵了一百年，这情形如同武林中两个门派之间的争斗。其实，基本面分析与技术分析并非是互相排斥的，而是相互补充的。正如约翰·墨菲所说："在两条道路中，任何一条都可以用来进行市场分析。我既认为技术性方面确实领先于已知的基础性方面，同时也相信，任何重大的市场运动都必定是由潜在的基础性因素所引发的。因此，道理很明白，技术派应当对市场的基础性状况有所了解。如果技术分析图上的重大价格运动别无解释的话，技术分析师不妨向他的基本面派同事请教，看看从基础性方面怎么看待这个变化。另外，考察市场对各种基础性新闻的反应，也是寻求技术性指标的绝好办法。基本面派分析师也可以利用技术性因素来验证自己的判断，或者提醒自己市场上可能将要发生什么样的重大变故。基本面派通过研究技术分析面，或者借助于计算机趋势跟踪系统作为过滤措施，可以避免开立与当前趋势相反的头寸。技术分析图上一些不寻常的变化可以充当基本面派分析师的预警信号，提醒他更仔细、更深入地研究基础性环境。"

　　资料来源：佚名．技术分析是科学还是玄学［EB/OL］．［2014-02-24］．http://www.360doc.com/content/n/0409/16/140372-1084036339.shtml.

　　问题：

　　（1）什么是技术分析？什么是基本面分析？

　　（2）技术分析和基本面分析之间有什么不同点？

　　分析提示：明白技术分析与基本面分析的概念以及它们的历史，就能够区分它们之间的不同；尝试分别用技术分析和基本面分析的方法来选择股票并进行观察，看看两种方法所选出的股票走势有何不同。

知识准备

微课堂6-1

技术分析的理论
基础及要素

一、技术分析的理论基础

1.技术分析的定义

　　所谓技术分析是通过股票市场行为来分析股票价格未来变化趋势的方法。具体地讲，这种方法是通过历史数据，运用统计等方法对证券市场过去和现在的市场行为进行分析，探索证券典型变化规律，并据此预测证券的未来变化趋势的技术方法。

2.技术分析的理论假设条件

　　技术分析之所以作为一种投资分析工具，能够预测证券市场的未来变化趋势，是以一些假设条件为前提的。这些假设是：市场行为涵盖一切信息；证券价格沿趋势移动，历史会重演。

（1）市场行为涵盖一切信息

技术分析认为，如果证券市场是有效的，那么影响证券价格的所有因素，如外在的、内在的、基础的、政策的和心理的因素，都会在市场行为中得到反映，并在证券价格上得以体现。作为技术分析的应用者，不必关心是什么因素影响证券价格，只需要从市场的成交量和价格变化中知道这些因素对证券市场的影响效果即可。这一假设具有一定的合理性，因为任何因素对证券市场的影响都必然体现在证券价格的变动上，所以这一假设是技术分析的基础。

（2）证券价格沿趋势移动

技术分析认为，证券价格的变化反映了一定时期内供求关系的变化。供求关系一旦确定，证券价格的变化趋势就会一直持续下去。只要供求关系不发生根本性改变，证券价格的走势就不会发生根本性变化。这一假设也有一定的合理性，因为供求关系决定价格在市场经济中是普遍存在的。这一假设是技术分析最根本、最核心的条件，证券价格遵循一定的规律变动。证券价格沿趋势移动如图6-1所示。

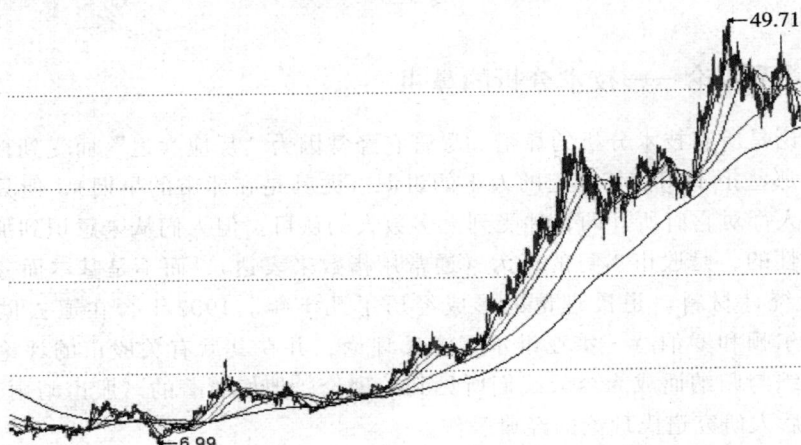

图6-1 证券价格沿趋势移动

（3）历史会重演

这一假设是建立在对投资者心理分析的基础上的，即当市场出现与过去相同或相似的情况时，投资者会根据过去的成功经验和失败教训来作出目前的投资选择，市场行为和证券价格走势会历史重演。这一假设的合理性在于投资者的心理因素影响着投资行为，进而影响证券价格。

二、技术分析的要素：价、量、时、空

技术分析的要素是证券价格、成交量和价格变动的时间跨度以及价格波动的幅度。技术分析可简单地归结为对价、量、时、空（分别指价格、成交量、时间和波动空间）四者之间关系的分析。纵然技术分析方法多种多样，但千变万化总也离不开对这四大要素的研究。

（1）价格和成交量是市场行为最基本的表现形式

价格和成交量是市场提供给我们的最基本、最原始的数据，对量价关系的研究、趋势的判断是一切技术分析的基础和核心。价格主要指的是市场成交均价，因为只有成交均价才代表了市场主流参与者的真实意图。股价的涨跌来自于多空双方每时每刻的力量对比，某一时点的价、量就是该一时点上多空双方市场行为的充分反映。我们可以从价格涨跌和成交量变化来考察多空双方的态度和意图，从而预测、判断股价后期可能的走势。

（2）时间和空间要素是市场行为另外的表现形式

技术分析要素中的时间要素主要体现在，人们完成任何一种行为都必须要有一定的时间才行。正如农民种植稻谷一样，春播秋收，绝对不可能种下后只需要几天就能收割。同时，也由于每一种事物都有它们自己的荣枯运动循环周期，该周期不断制约该事物的变化和发展。因此，该周期必然在其运动变化中产生不可低估的作用，这在股市里就体现为市场的波动周期。

空间在某种意义上讲，是价格的一方面，指的是价格波动能够达到的极限，即价格波动的幅度。

三、道氏理论——技术分析的鼻祖

道氏理论是所有技术分析的鼻祖。尽管它经常因为"反应太迟"而受到批评，并且有时还受到那些拒不相信其判定的人士的讥讽（尤其是在熊市的早期），但只要对股市稍有经历的人都对它有所耳闻，并受到大多数人的认可。但人们从未意识到那完全是简单的、技术性的，是股市本身的行为（通常用指数来表达），而不是基本面分析人士所依靠的商业统计材料。道氏理论的形成经历了几十年。1902 年，在道去世以后，威廉·P.汉密尔顿和罗伯特·雷亚继承了道氏理论，并在其后有关股市的评论写作过程中，加以组织与归纳而成为今天我们所见到的理论。他们所著的《股市晴雨表》《道氏理论》成为后人研究道氏理论的经典著作。

1. 道氏理论的基础

道氏理论有极其重要的三个假设，与人们平常所看到的技术分析理论的三大假设有相似的地方，不过，在这里道氏理论更侧重于对市场含义的理解。

假设 1：人为操作（Manipulation）——指数或证券每天、每星期的波动可能受到人为操作，次级折返走势（Secondary Reactions）也可能受到这方面有限的影响，比如常见的调整走势，但主要趋势（Primary Trend）不会受到人为的操作。

也许有人会说，庄家能操作证券的主要趋势。就短期而言，他如果不操作，这种适合操作的证券也会受到他人的操作；就长期而言，公司基本面的变化不断创造出适合操作证券的条件。总的来说，证券的主要趋势仍是无法人为操作的，只是证券换了不同的机构投资者和不同的操作条件而已。

假设 2：市场指数会反映每一条信息——每一位对金融事务有所了解的市场人士，他所有的希望、失望与知识，都会反映在大盘指数（如"上证指数"与"深证指数"或其他的指数）每天的收盘价波动中。因此，市场指数永远会适当地预期未来事件的影响。如果发生火灾、地震、战争等灾难，市场指数也会迅速地加以评估。

在市场中，人们每天对于诸如财经政策、领导人讲话、机构违规、创业板等层出不穷的题材不断加以评估和判断，并不断将自己的心理因素反映到市场的决策中。因此，对大多数人来说市场看起来总是难以把握和理解。

假设3：道氏理论是客观化的分析理论——成功利用它协助投机或投资行为，需要深入研究，并客观判断；当主观使用它时，就会不断犯错，不断亏损。

2. 道氏理论的观点

第一，价格指数包含一切行为。市场的价格指数预先反映了市场参与者整体的市场行为，无论这种行为是来自于投资者、中介者还是监管者。价格指数在每日的波动过程中包含和消化了各种已知的和可预见的事件，而这些信息都会影响整个市场中各种股票的供求关系。即使是"上帝的行为"，也就是那些无法预测的自然灾害或其他不可抗力因素所导致的事件，一旦发生，也将很快被评估并反映在市场指数中。这同时也是收盘价在道氏理论中如此重要的原因，即收盘价包含了交易日内市场的所有行为和信息，因此相比盘中价格而言更加不容易被操纵。

第二，市场波动有三种趋势。道氏理论认为市场行为按照趋势有规律地运动，并将这些趋势划分为三种类型，即主要趋势、次级趋势和短暂趋势，如图6-2所示。

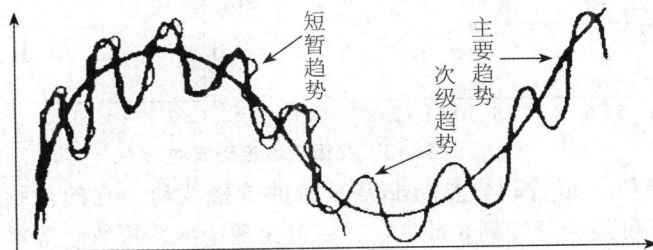

图6-2 三种趋势关系图

（1）主要趋势。主要趋势是指市场价格的大规模的、总体的上下运动，又称为多头（上涨）或空头（下跌）市场，它的持续时间通常会长达一年以上，甚至达到数年之久。主要趋势中包括多个重要的次级折返，趋势的方向将取决于这些次级折返的方向和力度。

如果每一个后续的次级折返（价格上升）都比前一个达到了更高的价格，同时每一个次级折返都在比前一折返更高的价位停止（即价格转跌为涨），其基本趋势就是向上的，形成一个主要多头市场。在主要多头市场的初期，大盘指数已经预先反映了最坏的利空消息，投资者对未来的信心开始恢复；紧接着，投资者对于经济状况的好转产生反应；继而，投资者的信心开始逐渐高涨以至于过度自信，投机气氛越来越浓，并最终使得价格的上涨脱离股票的内在价值。相反地，如果每一个后续的次级折返（价格下跌）都将价格压到更低的水平，同时其间的次级折返未能将价格拉升到前一个次级折返的顶部之上，市场的基本趋势则向下，形成一个主要空头市场。在主要空头市场的初期，投资者开始逐渐失去购买股票的动力，从而使得经济活动和公众盈利持续下降。当投资者最终由于丧失信心或迫于清仓压力，不再考虑股票的内在价值而抛空股票时，空头行情将发展到顶点。

　　主要趋势是在三种趋势中真正的长期投资者唯一关注的趋势。长期投资者的目标是在主要上涨趋势中尽可能早地买入并持有股票,直到发现明显的牛市终止、熊市开始的信号。长期投资者通常会忽略在主要趋势中的次级趋势和短暂趋势。

　　(2)次级趋势。次级趋势又称次级折返或中期折返,它是价格在沿着主要趋势演进中产生的重要波动。换言之,次级趋势通常持续3周至几个月的时间。在此期间,次级折返走势的价格回调幅度通常为前一次的次级折返走势后价格主要变动幅度的1/3到2/3。举例来说,如果在前一次的次级折返走势发生后市场呈现出上涨的主要趋势,如道·琼斯工业指数稳步上涨了150点,那么在新一轮的中等规模上涨开始之前,次级折返通常会造成50~100点的下跌。图6-3表现了这一原则所包含的关系。

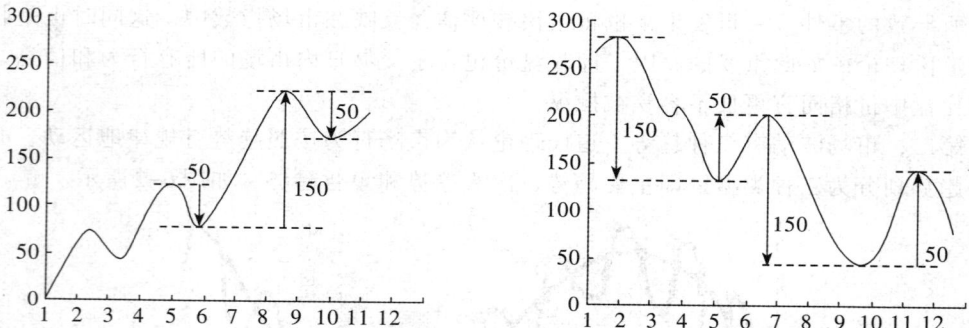

图6-3　次级折返走势波动

　　(3)短暂趋势。短暂趋势是指非常短暂的价格波动,它的持续时间通常在3周以内,个别情况下可能会延续到6周左右。在道氏理论中,短暂趋势本身是不具有什么意义的,然而我们不能否认短暂趋势的重要性。短暂趋势的意义在于:一方面,它受到了短期投资者以及投机者的青睐,因为他们只关心短期的价格波动,并试图从中获得超常收益;另一方面,它是主要趋势和次级趋势的组成部分,因此观察短暂趋势的走向对判断次级趋势,进而判断主要趋势具有一定的启示作用。短暂趋势所具有的局限性在于,它易于被人为因素所操纵,因此从这种日间波动所推导出的结论通常会误导投资者。相比之下,次级趋势和主要趋势则不易被操纵。

　　第三,价格行为决定趋势。价格行为是决定趋势的核心因素,然而这并不意味着所有的价格都同等重要。道氏理论不关心交易日中的最高价和最低价,而只考虑收盘价。之所以只关注收盘价,是因为收盘价包含了一个交易日内市场的所有信息和行为,反映了对市场的最终评价,因而相比开盘价、最高价和最低价而言更为重要。

　　在运用价格判断趋势时需要根据这一原则进行操作,即在趋势的反转信号被明确地给出之前,应当假定原有的趋势会继续发挥作用。换句话说,技术分析是一门基于足够的证据来识别趋势反转的艺术,因此当市场行情缺乏足够的来自于各方面的证据以证明其反转特征时,投资者对市场趋势的判断必须有所保留,持较为保守的态度。这一原则虽然招致了许多批评,但不可否认,它确实经受住了时间的检验。它并非是指在趋势改变的信号出现之后，交易者还要等待一段不必要的时间而延迟行动，而是在告诉人们不要"抢跑"，也就是不要过早地变动自己的市场头寸。主要趋势反转的信号依然应当按照我们前面介绍的原则进行判断。图6-4表现了这一原则的基本内容。

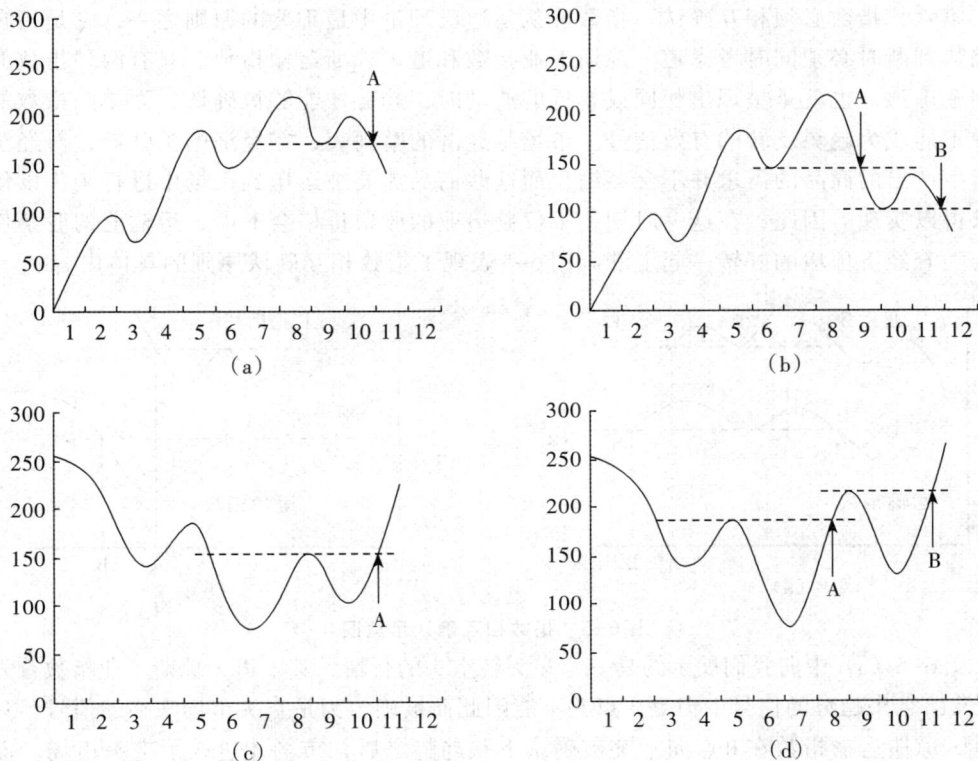

图6-4　主要趋势反转

图6-4中的（a）图和（b）图显示了理论上的多头走势。在（a）图中，指数的走势形成了3个峰位和3个谷底，后一波的峰位和谷底都高于前一波，但第4波的峰位未能超过第3个峰位。在随后的跌势中，指数跌破前期的低点，在A点确认进入空头走势。在（b）图中，紧随着多头走势第3个峰位的下跌走势，指数跌破前一个次级趋势的谷底，发出空头市场的信号。对于（a）图中的走势，前一个次级趋势属于多头行情的一部分，但第3个峰位之后的谷底则属于空头市场。对于（b）图中的走势，道氏理论通常认为，A点的向下突然突破并不一定是进入空头市场的信号。通常应当站在较为保守的立场，等待下一波反弹后的下跌走势，在B点跌破前期的低点，此时才真正进入空头行情。另一方面，（c）图和（d）图显示了空头市场底部的类似情形。

第四，以量价关系为背景。市场价格的变动必须结合成交量的变化加以解释和判断，这是因为成交量跟随趋势而动。价格与成交量的关系在于，当价格沿着当前的基本趋势的方向运动时，成交量倾向于增加。

第五，"道氏线"可以代替次级趋势。道氏线通常也被称为窄幅盘整，它是一个或两个指数进行的一种横向运动，通常持续两到三周的时间，有时也会持续数月之久。道氏线可能会在价格趋势的顶部或底部形成，但是更多地出现在已经确认的主要趋势中，形成趋势的调整形态。在这种情况下，道氏线事实上取代了次级趋势，发挥着与之相同的作用。

第六，指数必须相互确认。指数确认是道氏理论中最重要的原则之一，它是指在进行趋势判断时必须同时考虑道·琼斯工业指数和道·琼斯运输指数。只有两种指数的变动相互确认，也就是呈现出相同或相近的波动时，趋势才能够被确认，而单一指数的行为并不能成为趋势反转的有效信号。市场是经济的晴雨表，在经济的扩张期，对经济体中所生产出的商品的需求并不会萎缩，而这些商品需要被运送到市场中进行销售以使得需求得以实现。因此，在这一时期，不仅制造业的股票价格会上涨，运输业的股票价格也会随着经济环境的好转一起上涨。图6-5表现了指数相互确认原则的具体内容。

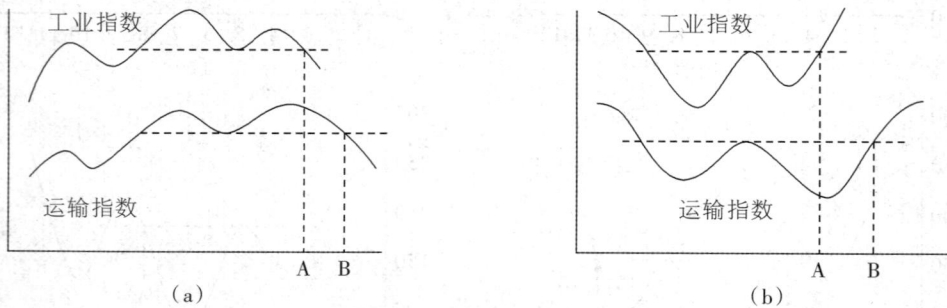

图6-5　指数相互确认示意图

图6-5（a）中向我们展示的是一个多头转空头的行情，其中道·琼斯工业指数首先在A点发出空头趋势的信号，但是A点并不能因此而被确定为是空头市场来临的信号，只有当道·琼斯运输指数在B点向下突破确认下跌趋势之后，市场才进入了空头市场。而在（b）图中显示的则是一个空头转多头的行情，其中工业指数在经过大幅下跌之后达到新低，随后经历了一次中期折返，此后紧接着的回调没有跌破前期的低点。当工业指数在A点向上突破前期反弹的高点时，发出了多头市场的信号。同（a）图中所显示的情况相同，只有当运输指数在B点对上升趋势进行了确认之后，才能够认定多头市场的形成。

3. 道氏理论的缺陷

第一，道氏理论的主要目标是探讨股市的基本趋势。一旦基本趋势确立，道氏理论假设这种趋势会一直持续，直到趋势遇到外来因素被破坏而改变为止。但有一点要注意的是，道氏理论只试图去推断股市的大趋势，却不能推断大趋势里面的升幅或者跌幅将会达到何种程度。

第二，由于道氏理论每次都要两种指数（是指道氏工业股指和道氏铁路股指）互相确认，才能推断出大趋势，结果这样做已经慢了半拍，因此失去了最好的入货和出货机会。

第三，道氏理论对选择有投资价值的股票没有帮助，因此其可操作性较差。

第四，道氏理论注重长期趋势，对中期趋势，特别是在不知是牛市还是熊市的情况下，不能带给投资者明确的启示和判断。

4. 道氏理论的主要贡献

道氏理论已创立百年有余，随着科技的发展，现在虽然在某些方面具有局限性，但它仍为现代金融投资理论的发展作出了巨大的贡献。

第一，它提出了股票的风险包括系统风险和非系统风险。在道氏理论没有提出来之前，投资者没有意识到个别股票的波动与整个股票市场变动的关系。道氏编制了股票指数体系，为衡量股票市场整体波动状况提供了一套科学、准确的标准。个股不仅受自身风险的影响（非系统风险），同样受整个股票市场的波动影响（系统风险），两者具有相关性。

第二，股票市场是经济发展的晴雨表。在道氏理论产生之前，人们一直没有找到能准确衡量经济整体状况的客观尺度。当时，人们对国民经济整体状况的衡量指标主要是以"价格"为中心的指标体系，包括货币的价格——利率及银行信用等。但是，价格尺度本身不但具有滞后性的特征，而且国民经济周期性的供求失衡在很大程度上应归咎于价格的误导作用。道氏理论解决了上述问题。经过多年的实践证明，道氏理论提出了股市波动领先于经济周期的观点。目前，在美国政府建立的国民经济领先指标体系中，股票指数仍是其中 11 个指标中的核心指标之一。

道氏理论自创立以来，经受了无数的市场考验，虽然不是完全准确的预测方法，会出现一些错误的预测，但总的来说，道氏理论对股票市场长期趋势的预测还是相当成功的。我们应该以不断发展的眼光来看待道氏理论。

微课堂 6-2

波浪理论

四、波浪理论

波浪理论是一种很神奇的方法，它的一些结论和预测总是在开始时被认为很荒唐，但过后却不可思议地被证实。波浪理论的形成是一个复杂的过程，它是由美国股票分析大师拉尔夫·尼尔森·艾略特（Ralph Nelson Elliott，1871—1948）创立的。

艾略特出生于美国密苏里州堪萨斯市的一个小镇的一个商人家庭。1891 年，20 岁的他离开家到墨西哥的铁路公司工作。艾略特大约在 1896 年开始从事会计职业，在随后的 25 年里，他曾在多家股份公司任职。1919 年，艾略特曾担任美国皮亚石油公司审计员。1924 年夏季，他加入纽约商业月刊《茶室与礼品店》的编辑队伍，专栏评论受到读者关注。1924 年 12 月，艾略特在好友的举荐下，被美国国务院任命为新组建的尼加拉瓜国民银行总会计师。此后不久，改任中美洲国际铁路公司总审计师。在此期间，艾略特于 1926 年出版的《茶室与自助餐厅的管理》获得好评。此书显示出了他对商业循环的兴趣。在该书的结论中，艾略特非常有诗意地将商业循环称作"经济循环的潮起与潮落"，这个词组后来被他称为"波浪"。后来，他在危地马拉大病一场，并于 1927年退休。退休后，他在加利福尼亚的老家养病。20 世纪 20 年代的股市波峰，以及后市的股市崩盘，这些事件激发了艾略特的兴趣。随后，他阅读了大量如《道氏理论》等股评文章，仔细地研究了道·琼斯工业平均指数。1932 年，已患病多年的艾略特开始将精力转入研究股票市场行为。

1934 年 12 月 9 日，在写给在伦敦投资顾问公司任股市通讯编辑的查尔斯·J.柯林斯（Charless J Collions）的信中，艾略特简要地介绍了自己的发现——波浪理论。柯林斯经历长达 4 年的贴近市场的研究，到了 1938 年，他终于被艾略特的波浪理论渐渐地折服了。于是柯林斯举荐艾略特担任华尔街《金融世界》（Financial World）杂志的编辑。同年，艾略特在柯林斯的帮助下出版了《波浪理论》（The Wave Principle）一书。1945年，他完成了关于波浪理论的集大成之作——《自然法则——宇宙的奥秘》（Nature's Law——The Secret of the Universe）。

但是艾略特在世时，他的理论没有得到社会广泛的认可。直到1978年，《波浪理论》一书的理论才被证券市场人士所重视。波浪理论是技术分析理论中最复杂、最难懂的理论，也是最神奇的理论。

1.波浪理论的基本思想

波浪理论是技术分析大师艾略特所发明的一种价格趋势分析工具，它是一套完全靠观察得来的规律，可用以分析股市指数、价格的走势，它也是世界股市分析上运用最多而又最难以了解和精通的分析工具。

艾略特认为，不管是股票还是商品价格的波动，都与大自然的潮汐一样，一浪跟着一浪，周而复始，具有相当程度上的规律性，展现出周期循环的特点，任何波动均有迹可循。因此，投资者可以根据这些规律性的波动预测价格未来的走势，在买卖策略上适时使用。

该理论以周期为基础，将其分为时间长短不等的各种周期，并指出大周期之中可能存在小周期，而小周期又可分为更小的周期。每个周期无论时间长短均按5升和3降8个过程的模式进行，这8个过程结束后，才能证明这个周期已经结束，将进入新的周期，这是波浪理论的核心内容。与波浪理论密切相关的，还有道氏理论和斐波那契数列。

（1）艾略特的波浪理论大部分与道氏理论相吻合，不过波浪理论不仅找到了这个趋势，而且还找到了这些移动发生的时间和位置。

（2）艾略特波浪理论中所用的数字来自斐波那契数列。斐波那契数列是由1，1，2，3，5，8，13，21，34等构成。它具有特殊性。

- - - - - ▶▶▶

拓展阅读6-1　　波浪理论的数学基础——斐波那契数列与黄金分割率

1.斐波那契数列

斐波那契数列是以13世纪意大利数学家斐波那契的名字命名的数列。这个数列排在前面的十几个数字是：1，1，2，3，5，8，13，21，34，55，89，144，…

1989年，霍雷斯在发表波浪理论报告时指出，波浪理论源于老子的《道德经》思想，《道德经》第四十二章有："道生一，一生二，二生三，三生万物。万物负阴而抱阳，冲气以为和。"这个数列表面看似简单，但背后却隐藏着无穷的奥妙。这个数列有如下特点：

（1）任何相邻的两个数字之和等于后一个数字：1+1=2，1+2=3，2+3=5，3+5=8，5+8=13，…

（2）除了最初的4个数字外，任何一个数字与后面的数字的比值，都接近0.618，如 $\frac{3}{5}$=0.600，$\frac{8}{13}$=0.615，$\frac{21}{34}$=0.618。

（3）除了最初的 4 个数字外，任意一个数字与前面的数字的比值都接近 1.618，如 $\frac{13}{8}$=1.625，$\frac{21}{13}$=1.615，$\frac{34}{21}$=1.619。

（4）除了最初的 4 个数字外，任意一个数字与其前第 2 个数字的比值趋近 2.618，如 $\frac{21}{8}$=2.625，$\frac{34}{13}$=2.615，$\frac{55}{21}$=2.619。

（5）除了最初的 4 个数字外，任意一个数字与其后第 2 个数字的比值趋近 0.382，如 $\frac{8}{21}$=0.381，$\frac{13}{34}$=0.382，$\frac{21}{55}$=0.382。

（6）在波浪理论中，一个完整的市场循环所经历的波浪数目是斐波那契数列中的数字；每一个波浪运行周期常常符合斐波那契数列中的数字；波浪与波浪之间的时间长度比例具有斐波那契数列关系。

2.黄金分割率

用斐波那契数列可以产生黄金分割率。在波浪理论中经常用到的黄金分割率有：

0.191	0.382	0.618	0.809
1.191	1.382	1.618	1.809
2.618	4.236	6.854	11.09

……

资料来源：张增伟"技术分析"课程电子课件。

2.波浪理论的基本原理

（1）波浪理论考虑的因素

波浪理论考虑的因素主要有三个方面：

第一，股价走势所形成的形态；

第二，股价走势图中各个高点和低点所处的相对位置；

第三，完成某个形态所经历的时间长短。

在这三个方面中，股价的形态是最重要的，它是指波浪的形状和构造，是波浪理论赖以存在的基础。

高点和低点所处的相对位置是波浪理论中各个波浪的开始和结束位置。通过计算这些位置，可以弄清楚各个波浪之间的相互关系，确定股价的回撤点和将来股价可能达到的位置。

完成某个形态的时间可以让我们预先知道大趋势即将来临。波浪理论中各个波浪之间在时间上相互联系，用时间可以验证某个波浪形态是否已经形成。

以上三个方面是波浪理论首先应考虑的，其中，股价形态最为重要。

（2）波浪理论价格走势的基本形态结构

艾略特认为证券市场应该遵循一定的周期，周而复始地向前发展。股价的上下波动也是按照某种规律进行的。通过多年的实践，艾略特发现每一个周期（无论是上升还是下降）可以分成8个小过程，这8个小过程一结束，一次大的波动就结束了，紧接着的是另一次大的波动。

波浪理论可以用一句话来概括，即"八浪循环"（如图6-6所示）。

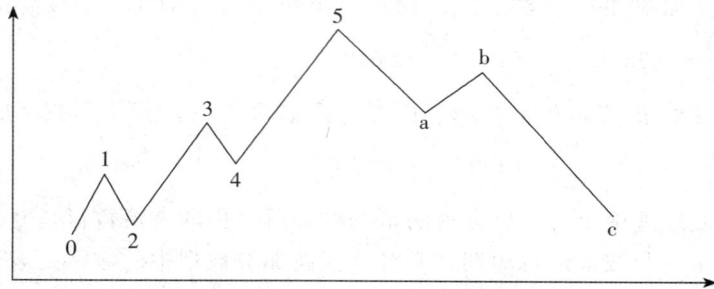

图6-6　八浪结构基本形态

波浪的形态分上升五浪和下跌三浪。0—1是第1浪，1—2是第2浪，2—3是第3浪，3—4是第4浪，4—5是第5浪。在这5浪中，第1、第3和第5浪被称为上升主浪，而第2和第4浪被称为对第1和第3浪的调整浪。上述5浪完成后，紧接着会出现一个3浪的向下调整，这3浪分别为：5—a为a浪，a—b为b浪，b—c为c浪。一般说来，8个浪各有不同的表现和特性。

第1浪：①几乎半数以上的第1浪是属于营造底部形态的第一部分，第1浪是循环的开始，由于这段行情的上升出现在空头市场跌势后的反弹和反转，买方力量并不强大，加上空头继续存在卖压，因此，在此类第1浪上升之后出现第2浪调整回落时，其回档的幅度往往很深；②另外半数的第1浪出现在长期盘底的底部完成之后，在这类第1浪中，其行情上升幅度较大，由经验看来，第1浪的涨幅通常是5浪中最短的行情。

第2浪：这一浪是下跌浪，由于市场人士误以为熊市尚未结束，其调整下跌的幅度相当大，几乎吃掉第1浪的升幅，当行情在此浪中跌至接近底部（第1浪起点）时，市场出现惜售心理，抛售压力逐渐衰竭，成交量也逐渐缩小，这时第2浪调整才会宣告结束，在此浪中经常出现图中的转向形态，如头底、双底等。

第3浪：第3浪往往是最大、最有爆发力的上升浪，这段行情持续的时间经常是最长的，幅度通常是最大的，市场投资者信心恢复，成交量大幅上升，常出现传统图形中的突破信号，例如裂口跳升等。这段行情走势非常激烈，一些图形上的"关卡"非常轻易地被穿破，尤其在突破第1浪的高点时，是最强烈的买进信号。由于第3浪涨势激烈，经常出现"延长波浪"的现象。

第4浪：第4浪是行情大幅劲升后的调整浪，通常以较复杂的形态出现，经常出现"倾斜三角形"的走势，但第4浪的低点不会低于第1浪的顶点。

第5浪：在股市中第5浪的涨势通常小于第3浪，且经常出现失败的情况，在第5浪中，二、三类股票通常是市场内的主导力量，其涨幅常常大于一类股（绩优蓝筹股、大型股），即投资人士常说的"鸡犬升天"，此期间市场情绪表现相当乐观。

　　第a浪：在a浪中，市场投资人士大多数认为上升行情尚未逆转，此时仅为一个暂时的回档现象。实际上a浪的下跌，在第5浪中通常已有警告信号，如成交量与价格走势背离或技术指标上的背离等，但由于此时市场仍较为乐观，a浪有时出现平势调整或者以"之"字形态运行。

　　第b浪：b浪的表现经常是成交量不大，一般而言是多头的逃命线，然而由于是一段上升行情，很容易让投资者误以为是另一波的涨势，形成"多头陷阱"，许多人士在此期间惨遭套牢。

　　第c浪：是一段破坏力较强的下跌浪，跌势较为强劲，跌幅大，持续的时间较长，而且出现全面性下跌。

　　从以上分析来看，波浪理论似乎颇为简单和容易运用，实际上，由于每一个上升/下跌的完整过程中均包含一个八浪循环，大循环中有小循环，小循环中有更小的循环，即大浪中有小浪，小浪中有细浪，因此，相当繁杂和难于把握，再加上其推动浪和调整浪经常出现延伸浪等变化的复杂形态，使得对浪的准确划分更加难以界定，这两点构成了波浪理论实际运用的最大难点。

　　（3）浪的合并与浪的细分

　　波浪理论考虑股价形态的跨度是可以随意而不受限制的，大到可以覆盖从有股票以来的全部时间跨度，小到可以只涉及数小时、数分钟的股价走势。

　　正是由于上述的时间跨度的不同，在数8浪时，必然会涉及将一个大浪细分成很多小浪和将很多小浪合并成一个大浪的问题，这就是每一个浪所处的层次的问题。

　　处于较低层次的几个小浪可以合并成一个层次较高的大浪，而处于较高层次的一个大浪又可以细分成几个层次较低的小浪。层次的高低和大浪、小浪的地位是相对的。这种浪的合并与细分如图6-7所示。

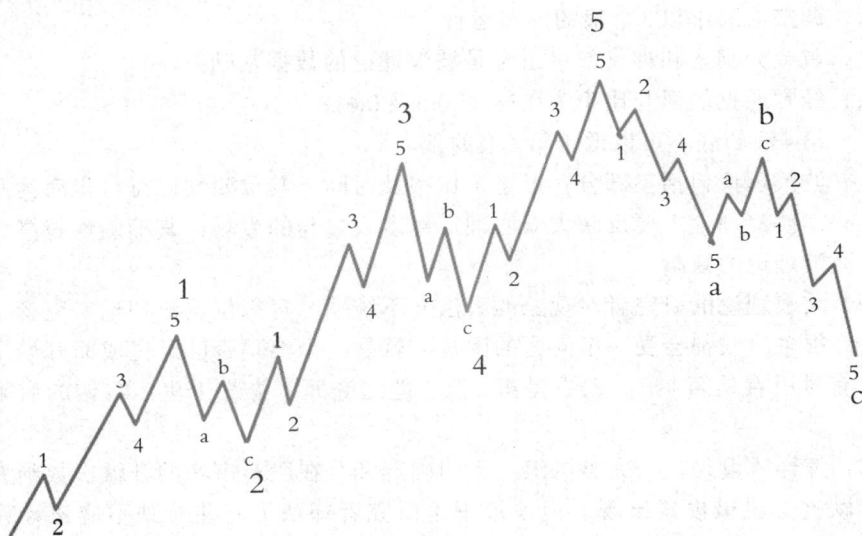

图6-7　浪的合并与细分

　　将浪细分时，会遇到这样的问题，是将一个较大的浪细分成5个较小的浪，还是细分成3个较小的浪呢？这个问题要看这个较大的浪和上一层次较大的浪是在上升还是在下降，这两个因素决定将较大的浪细分成3浪还是5浪。一般来说，可以这样细分：

一个大浪是上升，上一层次的大浪是上升，则分成5浪。

一个大浪是上升，上一层次的大浪是下降，则分成3浪。

一个大浪是下降，上一层次的大浪是上升，则分成3浪。

一个大浪是下降，上一层次的大浪是下降，则分成5浪。

换句话说，如果这一浪的上升和下降方向与它上一层次的浪的上升和下降的方向相同，则分成5浪，如果不相同则分成3浪。按照这样的原则可以将一个浪进行细分。同样，不管是什么样的证券市场，将浪按照这样的原则不断合并下去，最终整个过程就会被合并成1浪或2浪。

（4）浪之间的数字比例

波浪理论推测股市的升幅和跌幅采用黄金分割率和神秘数字去计算。一个上升浪的高点可以是上一次高点的1.618倍，下一个高点又再乘以1.618，以此类推。

另外，下跌浪也是这样，一般常见的回吐比率有0.236（0.382×0.618）、0.382、0.5、0.618等。

（5）波浪理论应用时的要点

第一，一个完整的循环包括8个波浪，五升三跌。

第二，浪可合并为高一级的大浪，亦可以再分割为低一级的小浪。

第三，跟随主流行走的浪可以分割为低一级的5个小浪。

第四，第1、第3、第5这3个推动浪中，第3浪不可以是最短的一个浪。

第五，假如3个推动浪中的任何一个浪成为延伸浪，其余两个波浪的运行时间及幅度会趋于一致。

第六，调整浪通常以3个浪的形态运行。

第七，黄金分割率和神秘数字组合是波浪理论的数据基础。

第八，经常遇见的回吐比率为0.382、0.5及0.618。

第九，第4浪的底不可以低于第1浪的顶。

第十，波浪理论包括三部分：形态、比率及时间，其重要性以排行先后为序。

第十一，波浪理论主要反映大众心理。越多人参与的市场，其准确性越高。

（6）波浪理论的缺陷

第一，波浪理论的研究者对现象的看法并不统一。每一位波浪理论研究者，包括艾略特本人，很多时候都会受一个问题的困扰，就是一个浪是否已经完成而开始了另外一个浪呢？有时甲看是第1浪，乙看是第2浪。差之毫厘，失之千里。看错的后果却可能十分严重。

第二，怎样才算是一个完整的浪，无明确定义，在股票市场的升跌次数绝大多数不按五升三跌这个机械模式出现。但波浪理论研究者却认为有些升跌不应该计算在浪里面，数浪比较随意主观。

第三，波浪理论有所谓的伸展浪，有时5个浪可以伸展成9个浪。但在什么时候或者在什么准则之下波浪可以伸展呢？艾略特却没有明言。

　　第四，波浪理论的浪中有浪，可以无限延伸，亦即升势时可以无限上升，都是在上升浪之中，一个巨型浪，一百或几十年都可以。下跌浪也可以跌到无影无踪仍然是下跌浪。只要是升势未完就仍然是上升浪，跌势未完就仍然是下跌浪。这样的理论缺乏对实践的指导意义。

　　第五，艾略特的波浪理论是一套主观分析工具。市场运行却是受情绪影响而并非机械运行。波浪理论套用在变化万千的股市中，会增加出错的概率。

　　第六，波浪理论不能运用于个股的选择上。

四、量价关系理论

　　量价关系理论最早见于美国股市分析家葛兰碧（Joe Granville）所著的《股票市场指标》。葛兰碧认为成交量是股市的元气与动力，成交量的变动直接体现股市交易是否活跃，人气是否旺盛，而且体现了市场运行过程中供给与需求间的动态实况。没有成交量的发生，市场价格就不可能变动，也就无股价趋势可言，成交量的增加或萎缩都体现出一定的股价趋势。

　　量价关系理论在技术分析中具有极其重要的地位。成交量是股价上涨的原动力，市场价格的有效变动必须有成交量配合，成交量是测量证券市场行情变化的"温度计"，通过其增加或减少的速度可以推断多空战争的规模大小和指数、股价涨跌之幅度。然而到目前为止，人们并没有完全掌握量价之间的准确关系。这里仅就目前常用的量价关系理论进行介绍。

　　1. 量价关系的基本特征

　　成交量是股价或指数上升和下跌的原动力，成交量决定价格趋势。成交量是价格趋势的先行指标。成交量变化是股价或指数发生变化的前兆，决定了价格变化的方向及强弱程度。

　　成交量和价格趋势的关系主要有以下七种情形：

　　（1）价升量增

　　价升量增是指股价或指数上升时，伴随成交量的稳步增加（如图6-8所示）。价升量增表示市场买气旺盛，买方愿意不断以新高价买入，买方力量大于卖方力量。股价的上升得到了成交量的支持，量价配合理想，股价会继续保持上升趋势。价升量增的情况一般出现在上升趋势的初升段和主升段。

　　（2）价升量减

　　价升量减是指股价或指数上升时，成交量反而逐渐减少。价升量减表示市场买气减弱，愿意以更高价买入的人越来越少，买方力量在逐渐减弱。股价的上升没有得到成交量的配合支持，出现量价背离，上升趋势难以为继，不久将反转下跌。因此，价升量减是股价或指数反转的信号。价升量减的情况一般出现在上升趋势的末升段和下跌趋势的反弹阶段。有些被主力庄家高度控盘的个股，往往会出现缩量持续上升的情形，这种情形不能以上述价升量减的原理来判断，如图6-9所示。

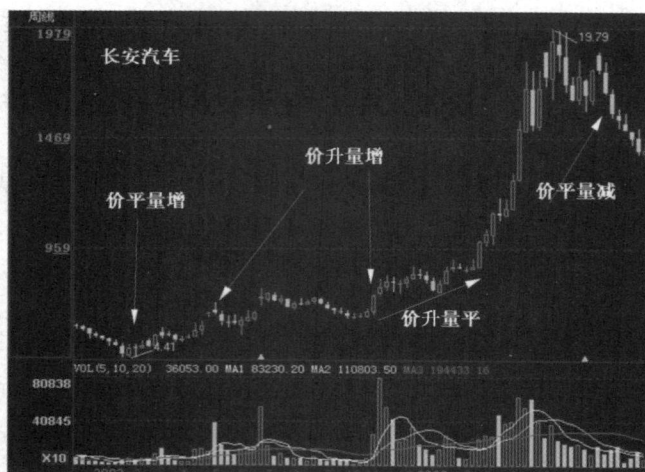

图6-8 价升量增

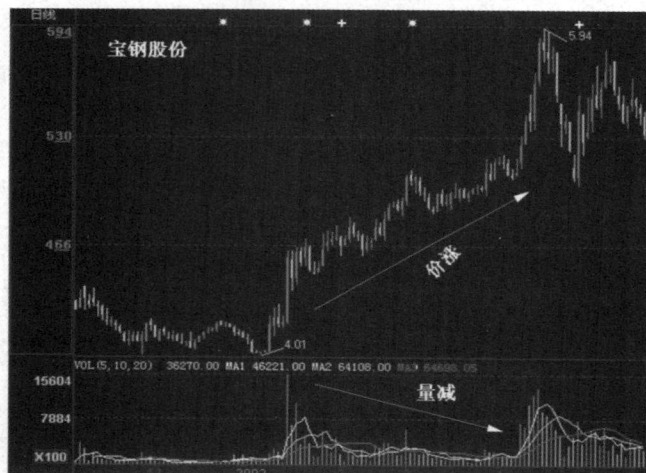

图6-9 价升量减

（3）价滞量缩

价滞量缩是指股价或指数上升到一定高位后，价格停滞上升，转为横向盘整，成交量逐渐萎缩。价滞量缩表示市场买方产生畏高心理，不敢再追涨买入，高价位承接者越来越少，买方力量不断减弱。价滞量缩，后市有两种发展方向：一是成交量始终不能有效增加，股价或指数得不到成交量的支持难以维持高价位，最终选择向下滑落，形成顶部；二是在成交量放大配合下股价或指数向上突破，形成新一轮升势。这两种情况以第一种情况更为多见。第一种价滞量缩的情形通常出现于上升趋势的末端和下跌趋势反弹阶段的末端，在构筑顶部过程中出现；第二种价滞量缩的情形出现在上升趋势的中途整理过程中。

（4）价滞量增

价滞量增是指股价或指数上升到一定高位后，价格停滞上升，转为横向震荡，成交量反而大幅增加。价滞量增表示在高位区多空分歧加大，虽然买盘踊跃，但是抛盘更重，致使股价或指数无法继续上升，是卖方力量转强，股价或指数将要反转下跌的信号。价滞量增的情形主要出现于上升趋势的顶部。

（5）价跌量增

价跌量增是指股价或指数下跌时，伴随成交量的明显增加。价跌量增表示卖盘汹涌，卖方力量大于买方力量。但这种情形出现于跌势初期和跌势末期所蕴含的意义完全不同。

价跌量增出现在跌势初期，如顶部反转时，或反弹结束时，表示下跌动力强劲，下跌趋势刚刚开始，做空能量有待进一步释放，后市股价或指数会继续下跌。如果出现在一轮跌势的末期，则表示卖方力量经过最后的恐慌性下跌而得到较为彻底的释放，此后卖压将大幅减轻，股价或指数将出现反弹甚至反转。因此，它是跌势即将结束的信号。价跌量增的情形一般出现于顶部反转下跌时，反弹结束再度破位下跌和跌势末期的暴跌阶段，如图6-10所示。

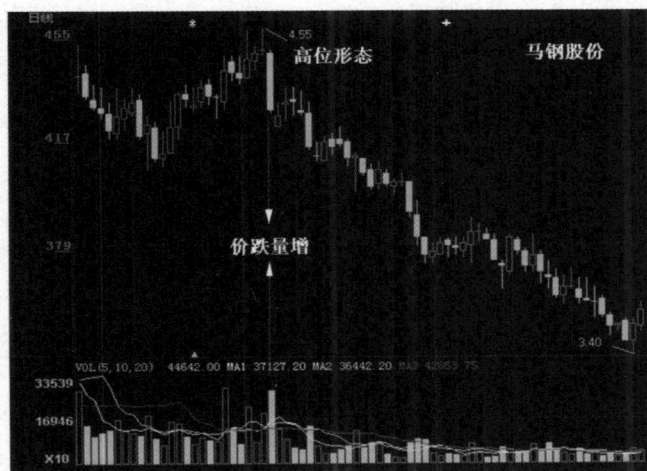

图6-10　价跌量增

（6）价跌量减

价跌量减是指股价或指数下跌时，成交量随之减少。价跌量减在上升趋势和下跌趋势中的含义有所不同。在下跌趋势中，价跌量减表示市场买气虚弱，接盘乏人，稍有抛盘就会使股价下一台阶，是买方力量匮乏的表现，后市继续看跌。

在上升趋势中，价跌量减表示市场卖方获利回吐压力逐渐减小，是股价或指数止跌回升的前提条件，给买方再度放量上攻创造了机会。价跌量减一般出现于下跌趋势进行途中和上升趋势的中途回调过程中。

（7）价稳量增

价稳量增是指在股价或指数下跌到一定的低位时，股价或指数止跌回稳，转为横向盘整，此时成交趋于活跃，成交量明显增加。价稳量增表示低位买盘踊跃，多方力量转强，是股价或指数即将上涨的信号。价稳量增的情形一般出现于中期底部构筑过程中和下跌趋势阶段性底部的形成过程中。

2.古典量价关系理论

古典量价关系理论，也称为逆时针曲线法，它是最浅显、最易入门的量价关系理论。它是通过观测市场供需力量的强弱，来研判未来走势方向的方法，如图6-11所示。

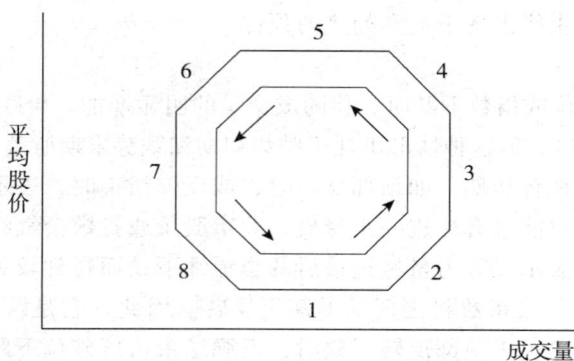

图6-11 古典量价关系理论图

其应用原则有八个阶段:

(1)价稳量增

股价经一段跌势后,下跌幅度缩小,甚至止跌企稳,在低位盘旋,成交量明显地由萎缩而递增,表示低位接手转强,此为阳转信号。

(2)价量齐升

成交量持续扩增,股价回升,量价同步走高,逆时针方向曲线由平转上或由左下方向右转动时,进入多头位置,为最佳买进时机。

(3)价涨量稳

成交量扩增至高水准后,维持于高档,不再急剧增加,但股价仍继续上升,此时逢股价回档时,宜加码买进。

(4)价涨量缩

股价继续上涨,涨势趋缓,但成交量不再扩增,走势开始有减退的迹象,此时价位已高,宜观望,不宜追高抢涨。

(5)价稳量缩

股价在高价区盘旋,已难再创新的高价,成交量无力扩增,甚至明显减少,此为警戒信号,宜有卖出的准备,应卖出部分持股。

(6)价跌量缩

股价从高位滑落,成交量持续减少,量价同步下降,逆时针方向曲线的走势由平转下或由右上方朝左转动时,进入空头趋势,此时应卖出手中持股。

(7)价格快速下跌而量小

这是主跌段,股价下跌速度很快,市场上无人接盘,是以空方为主的市场,持续卖出。

(8)价稳量增

成交量开始递增,股价虽下跌,但跌幅缩小,表示谷底已近,此时多头不宜再往下追杀,空头也不宜放空打压,应观望,伺机回补。

逆时针曲线原理的特性可归纳如下:

(1)简单易懂,是了解价量关系的启蒙知识,但对于复杂的K线量价关系无法完全有效诠释。

（2）股价经常剧烈波动，甚至发生单日反转，若刻板地应用，会有慢半拍之感，不易把握良好的买卖点。

（3）高位时价跌量增，量价背离形态未能呈现出来，无法掌握绝佳卖点；低位时的价稳量缩也无法表现，不易抓住绝佳买点。

（4）上文第8项的观望阶段，极易与高位价跌量增、杀盘沉重观念混淆，须注意。

（5）尽管逆时针曲线原理有诸多缺点，但因其易于应用，故可以适当加以运用，但需注意一定要与实际情况相结合。

3. 涨跌停板制度下量价关系分析

由于涨跌停板制度限制了股票一天的涨跌幅度，使多空的能量得不到彻底的宣泄，容易形成单边市。很多投资者存在追涨杀跌的意愿，而涨跌停板制度下的涨跌幅度比较明确，在股票接近涨幅或跌幅限制时，很多投资者可能经不起诱惑，挺身追涨或杀跌，形成涨时助涨、跌时助跌的趋势。而且，涨跌停板的幅度越小，这种现象就越明显。目前，在沪、深证券市场中，ST板块的涨跌幅度由于被限制在5%内，因而它的投机性也是非常强的，涨时助涨、跌时助跌的现象最为明显。

在实行涨跌停板制度下，大涨（涨停）和大跌（跌停）的趋势继续下去，是以成交量大幅萎缩为条件的。拿涨停板时的成交量来说，在以前，看到价升量增，我们会认为价量配合好，涨势形成或会继续，可以追涨或继续持股；如上涨的成交量不能有效配合放大，说明追涨意愿不强，涨势难以持续，应不买或抛出手中股票。但在涨跌停板制度下，如果某只股票在涨停板时没有成交量，那是卖主目标更高，想今后卖出好价，因而不愿意以此价抛出，买方买不到，所以才没有成交量。第二天，买方会继续追买，因而会出现续涨。然而，当出现涨停板后中途被打开，而成交量放大，说明想卖出的投资者增加，买卖力量发生变化，下跌有望。

类似地，在以前，价跌量缩说明空方惜售，抛压较弱，后市可看好；若价跌量增，则表示跌势形成或继续，应观望或卖出手中的筹码。但在涨跌停板制度下，若跌停，买方寄希望于明天以更低价买入，因而缩手，结果在缺少买盘的情况下成交量小，跌势反而不止；然而，如果收盘仍为跌停，但中途曾被打开，成交量放大，说明有主动性买盘介入，跌势有望止住，上涨有望。

在涨跌停板制度下，量价分析基本判断为：

（1）涨停量小，将继续上扬；跌停量小，将继续下跌。

（2）涨停中途被打开次数越多、时间越久、成交量越大，反转下跌的可能性就越大；同样，跌停中途被打开的次数越多、时间越久、成交量越大，则反转上升的可能性就越大。

（3）涨停关门时间越早，次日涨势的可能性越大；跌停关门时间越早，次日跌势的可能性越大。

（4）封住涨停板时的买盘数量大小和封住跌停板时卖盘数量大小说明买卖盘力量的大小。这个数量越大，继续当前走势的概率越大，后续涨跌幅度也就越大。

不过，要注意庄家大户借涨跌停板制度反向操作。也就是说，涨停板或跌停板上的巨额买卖单并不一定是真正买卖意愿的表示，很可能是被用来引诱跟风或制造恐慌。在这种情况下，根据上述规则判断后市走势很可能会犯错。判断真假的一个方法是观察涨停板和跌停板上是否存在频繁挂单、撤单行为，涨跌停板是否经常被打开，当日成交量是否很大。如果上述回答都为是，则应谨慎操作。

这些规则的运用如图6-12所示。

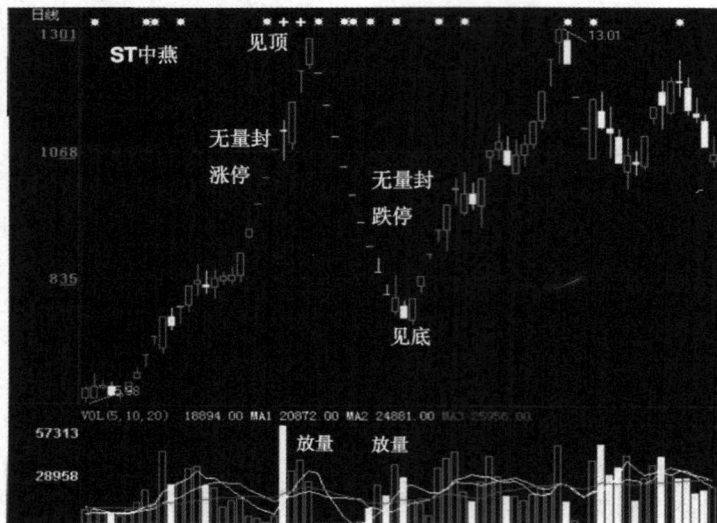

图6-12　涨跌停板的量价关系

实践操作

运用道氏理论分析股票投资价值

1.道氏理论的基本内容

定义趋势："相继上冲的价格波峰和波谷都对应地高过前一个波峰和波谷，那么市场就处于上升趋势。"依次上升的波峰和波谷为上升趋势；依次下降的波峰和波谷为下降趋势；依次横向延伸的波峰和波谷为横向延伸趋势。

道氏理论的趋势图分析如图6-13所示。

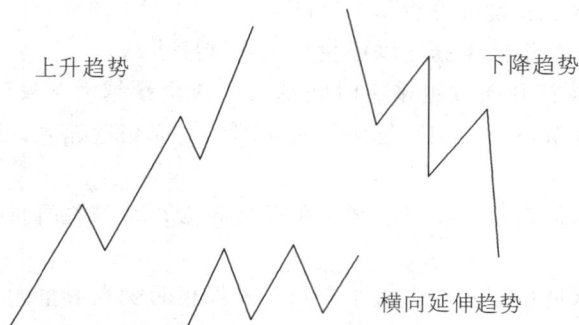

图6-13　道氏理论的趋势图分析

2. 市场趋势

价格以趋势方式演变，主要有三种市场趋势。其中，最重要的是主要趋势，即基本趋势，在基本趋势的演变过程中穿插着与其方向相反的次级趋势，即调整趋势，作为基本趋势推进过头时发生的回撤或调整，最后是短暂趋势即每日的波动。这三种趋势的最大区别是时间的长短和波动幅度的大小不同。

（1）基本趋势

特点：最主要的趋势，价格广泛或全面性上升或下降；持续的时间通常为一年或一年以上；总体升（降）幅超过20%。

组成：由基本上升趋势（牛市）和基本下降趋势（熊市）组成。

股价的基本趋势是长期投资者最关心的，目的是尽可能地在多头市场形成时买入股票，在空头市场形成前及时卖出股票。

图6-14和图6-15即为基本趋势以及基本上升趋势的阶段划分。

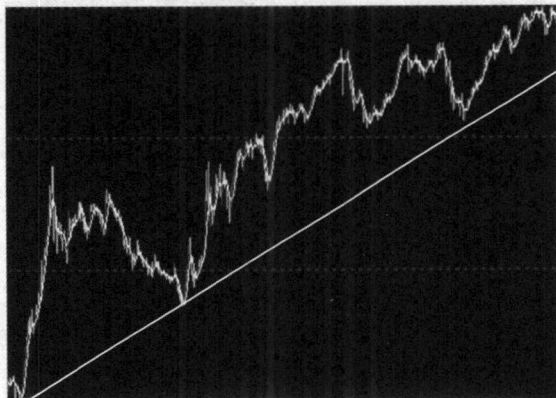

图6-14 基本趋势

基本上升趋势也称多头市场或牛市，它通常（而非必定）可分为三个阶段：

①积累阶段：熊市末尾牛市开始时，所有的坏消息被消化，一些有远见的投资者觉察到目前不景气的市场将有转机，因而逐步买进股票，价格缓缓上升，交易量适度增加。

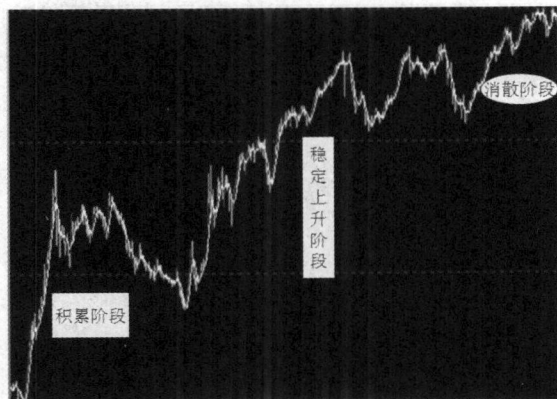

图6-15 基本上升趋势

②稳定上升阶段：经济景气上升，公司盈余增加，许多使用技术分析的交易人士开始买入，价格快步上扬，成交量放大，大众投资者积极入市。

③消散阶段：股价不断创出新高，买卖活跃，成交量持续上升，新股不断大量上市，随便什么股都涨。但在积累阶段买进的那些投资者开始"消散"，逐步抛出。

（2）次级趋势

它与基本趋势的运动方向相反，并对其产生一定的牵制作用，因而也称为修正趋势。在多头市场，它是中级的下跌或调整；在空头市场，它是中级的上升或反弹。这种趋势持续的时间从3周至数月不等，其上升或下降的幅度一般为基本趋势的1/3~2/3，如图6-16所示。

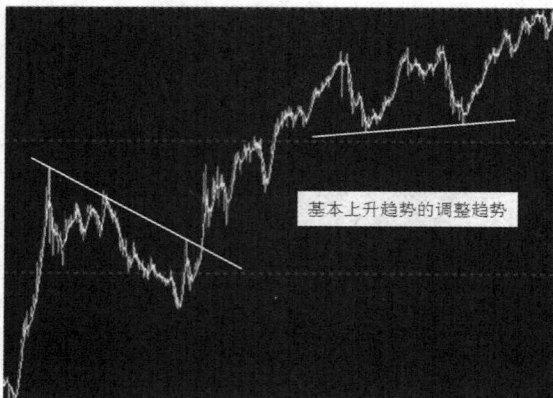

基本上升趋势的调整趋势

图6-16　次级趋势

特点：与主要趋势方向相反，持续至少3周；至少回落前面涨幅的1/3。

3.各种平均价格必须相互印证

市场趋势必须由两种指数来确定，两者变动一致，反映的趋势才是确实、有效的。除非上证综指和深证综指这两种指数均发出看涨或看跌的信号，否则就不可能发生大规模的牛市或熊市。任何单种指数所显示的变动都不能作为断定趋势有效反转的信号。当然两种指数不必同时发出信号，但间隔时间越短越好。如果两者的平均价格表现相背离，不能印证，说明原先的趋势依然有效，预测可能有错。两种指数相互印证如图6-17所示。

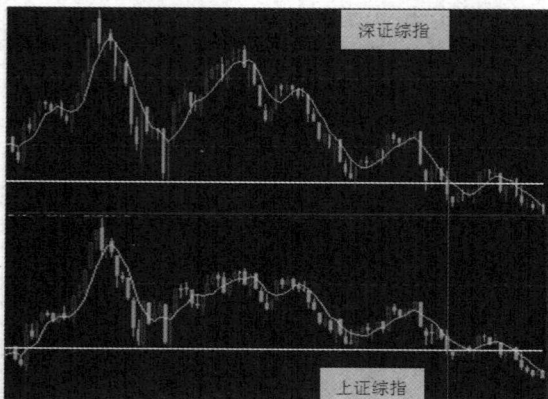

深证综指

上证综指

图6-17　两种指数相互印证

4.交易量必须验证趋势

道氏理论认为，交易量分析是第二位的，但作为验证价格图表信号的旁证具有重要的价值。根据成交量可以对主要趋势作出判断，但价格反转的信号只能由收盘价发出。

图6-18表示上升趋势中的量价配合，图6-19表示下跌趋势中的量价配合。

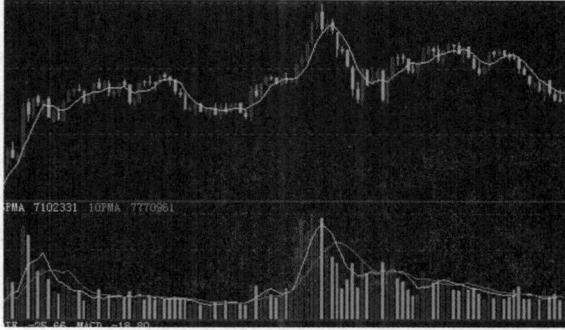

图6-18　上升趋势中的量价配合

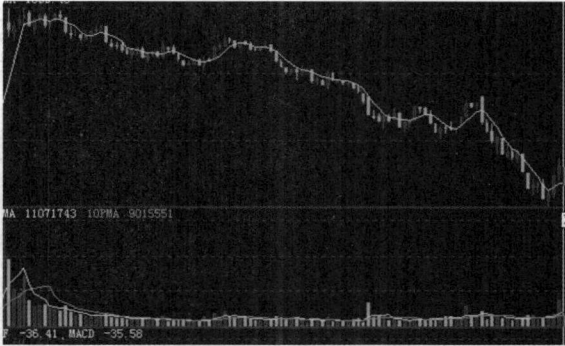

图6-19　下跌趋势中的量价配合

5.交易量领先于价格（量在价先）

无论是上升趋势中价格上涨压力的减小，还是下降趋势中价格下跌压力的减小，都通过交易量资料预先反映出来了。而就价格本身来说，这一点要等到价格趋势实际反转时才能体现出来，如图6-20所示。

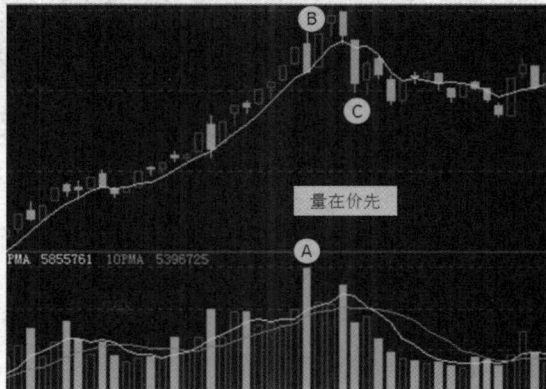

图6-20　量在价先

任务二　K线分析

　　K线图这种图形源自于日本德川幕府时代（1603—1867年），被当时日本米市的商人用来记录米市的行情与价格波动，后因其细腻独到的标画方式而被引入股市及期货市场。

　　这种图形分析法在中国以至整个东南亚地区颇为流行。由于用这种方法绘制出来的图形状颇似一根根蜡烛，加上这些蜡烛有黑白之分，因而也叫阴阳线图。通过K线图，我们能够把每日或某一周期的市况表现完全记录下来，股价经过一段时间的波动后，在图上即形成一种特殊区域或形态，不同的形态显示出不同的意义。我们可以从这些形态的变化中摸索出一些有规律的东西。K线图形态可分为反转形态、整理形态及缺口和趋向线等。K线图具有直观、立体感强、携带信息量大的特点，预测后市走向较准确，是现今应用较为广泛的技术分析手段。

　　运行股票分析软件，会出现如图6-21所示的技术分析图，这一根根类似蜡烛的线就是K线。

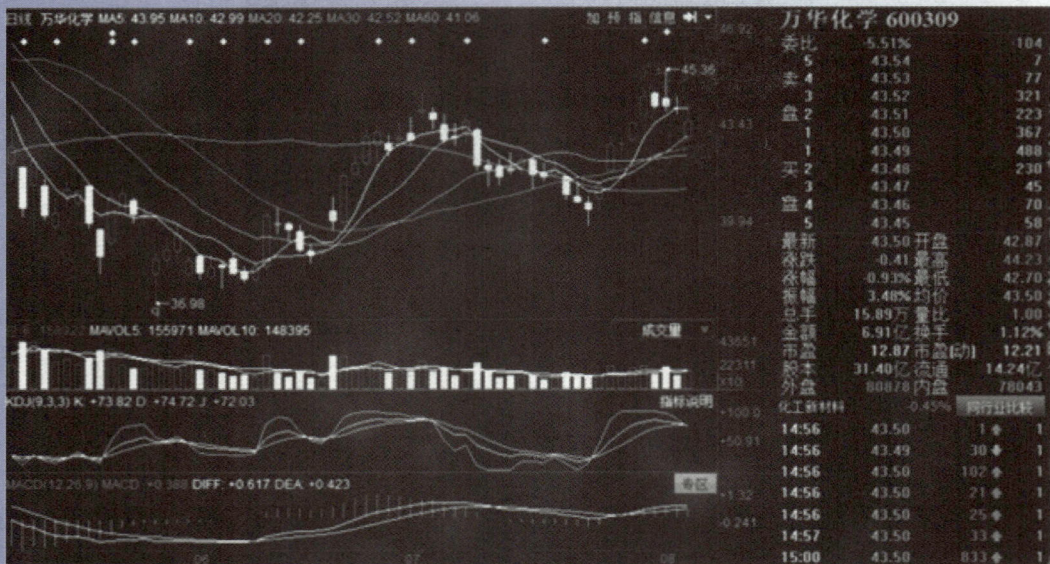

图6-21　万华化学分析图

　　资料来源：佚名. 电子现货K线图指标入门学习 [EB/OL]. [2014-02-24]. http://Jingyan.baidu.com/article/358570fbood381ce47245cdo.htm.

　　问题：

　　（1）什么是K线图？

　　（2）K线图的画法如何？

　　分析提示：请根据课本内容自己动手画一下K线图。

知识准备

一、认知 K 线

1. K 线的定义

所谓 K 线又称阴阳线或阴阳烛，它能将每一个交易期间的开盘与收盘的涨跌以实体的阴阳表示出来，并将交易中曾出现的最高价及最低价以上影线和下影线形式直观地反映出来，从而使人们对变化多端的市场行情有一种一目了然的直接感受。

2. K 线图的定义

一根 K 线记录的是交易在一天内的价格变动情况。将每天的 K 线按时间顺序排列在一起，就组成了交易价格的历史变动情况，叫作 K 线图。K 线图将买卖双方力量的增减与转变过程及实战结果用图形表示出来。经过近百年来的使用与改进，K 线理论被投资者广泛接受。

就单根 K 线而言，一般上影线和阴线实体表示股价的下压力量；下影线和阳线的实体则表示股价的上升力量。多根 K 线组合在一起所包含的信息就更加丰富了。

二、K 线图的画法

微课堂 6-3

K 线图的画法

K 线是一个柱状的线条，由实体和上下影线组成，中间的方块是实体，影线在实体上方的部分叫上影线，下方的部分叫下影线。实体分阴线和阳线两种，当天收盘价高于开盘价的称为阳线，收盘价低于开盘价的称为阴线。下面以日 K 线为例来说明其画法，其他不同时间周期的 K 线画法可以此类推。

画日 K 线时需要 4 个价格，即交易日的开盘价、收盘价、最高价和最低价。开盘价是每个交易日的第一笔成交价格，收盘价是每个交易日的最后一笔成交价格。道氏理论认为收盘价是一天当中最重要的价格。最高价和最低价是每个交易日的最高和最低成交价格，二者之间的区域即为当天股价波动的范围。日 K 线的具体画法为：

第一步是确定 K 线的阴阳。如果当天开盘价低于收盘价为阳线，如果当天开盘价高于收盘价为阴线。无论是阴线还是阳线，都将开盘价和收盘价之间的价格区域用方框来表示，即 K 线的实体部分。

第二步是画出上下影线，将当天最高价与 K 线实体上端用一根线连接起来为上影线，将当天最低价与 K 线实体下端用一根线连接起来为下影线。

画 K 线的步骤是：

（1）收集一天的开盘价、收盘价、最高价与最低价。

（2）在开盘价、收盘价处用"—"标记，在最高价、最低价处用"·"标记。

（3）将开盘价、收盘价横杠之两端连接起来，形成方格状。

（4）将最高价、最低价与收盘价或开盘价相连。

（5）若开盘价低于收盘价，则 K 线保持原状为阳线；若收盘价低于开盘价，则 K 线之方格就需涂黑为阴线。阳线与阴线如图 6-22 所示。

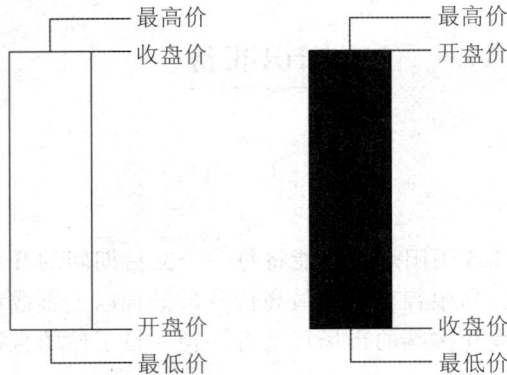

图6-22　阳线和阴线

三、K线种类

1. 单根K线

由于每日、每周或每月都呈现出不同的行情，所以单根K线的形状也不同，其所表现出的意义也不同。单根K线简单明了，作为预测工具有一定的准确性，但是K线易被大机构所操纵，所以结合周K线、月K线有助于提高趋势判断的准确性。

（1）光头光脚K线

这种K线没有上下影线，当开盘价和收盘价分别与最高价和最低价中的一个相等时，就会出现这种K线。图6-23从左至右分别为光头光脚大、中、小阴线和光头光脚大、中、小阳线。

（2）带上影线的K线

这种K线没有下影线，即当最低价与收盘价或是开盘价当中的一个相等时，就会出现这种K线。图6-24从左至右分别为带上影线的大、中、小阴线和带上影线的大、中、小阳线。

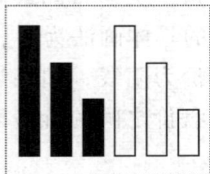

图6-23　光头光脚K线

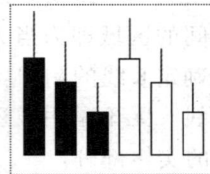

图6-24　带上影线的K线

（3）带下影线的K线

这种K线没有上影线，即当最高价与收盘价或是开盘价当中的一个相等时，就会出现这种K线。图6-25从左至右分别为带下影线的大、中、小阴线和带下影线的大、中、小阳线。

（4）带上下影线的K线

这是一种最常见的K线。图6-26从左至右分别为带上下影线的大、中、小阴线和带上下影线的大、中、小阳线。

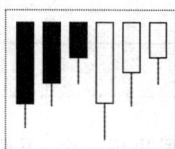

图6-25　带下影线的K线　　　　　　　　　　　图6-26　带上下影线的K线

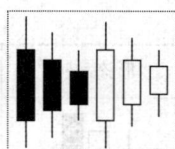

（5）其他类型的K线

图6-27是不太常见的K线，从左至右分别为十字星（当天开盘价和收盘价相等）、T字星（当天开盘价、收盘价和最高价相等）、倒T字星（当天开盘价、收盘价和最低价相等）和一字星（当天4个价格均相等，出现这种K线一般不是涨停就是跌停）。

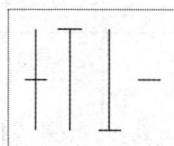

2. 组合K线

图6-27　其他类型的K线

单根K线只反映股票单日的交易情况，不能说明市场趋势的持续和转折等信息。实践中，投资者还需要研究K线组合形态，即通过观察几根K线组成的复合图形，来分析市场多空力量的强弱，判断股价的后期走向。组合K线类型见表6-1。

表6-1　　　　　　　　　　　　　　　　　组合K线类型

类型	形态	特征	操作策略
两阳夹一阴		上升途中两根阳线夹一根阴线，阴线被包含在里面	短线看涨，逢低买进
两阴夹一阳		下跌途中两根阴线夹一根阳线，阳线被包含在里面	短线看跌，逢高卖出
早晨之星		连续下跌途中大阴线后出现一个实体较小的K线，之后出现大阳线，成交量温和放大	上升概率高，逢低买进
黄昏之星		连续上升途中大阳线后出现一个实体较小的K线，之后出现大阴线，成交量温和放大	下跌概率高，逢高卖出
乌云盖顶		连续上升途中大阳线后出现一个实体较大的阴K线，成交量放大	下跌概率高，逢高卖出

续表

类型	形态	特征	操作策略
穿头破脚		上升（下跌）途中大阳（阴）线后出现一个实体较大的阴（阳）K线，后者实体包纳前者，且成交量放大	下跌（上升）概率高，逢高（低）卖出（买进）
红三兵		上升初始阶段，三根小阳线每日收市价不断上移，相应地，成交量也逐日温和放大	上升概率高，逢低买进
三乌鸦		上升末端出现每日收市价不断下跌的三根中阴线，相应地，成交量也温和放大	下跌概率高，逢高卖出
上升三部曲		上升途中出现大阳线，然后通过三根小的阴线进行休整，第五天的阳线往往高开，并一举创出新高	后市看好，逢低买进
下降三部曲		下跌途中出现大阴线，然后通过三根小的阳线进行休整，第五天的阴线往往低开，并一举创出新低	后市看淡，逢高卖出

四、K线分析的应用

（一）单根K线分析的应用

1. 阳线和阴线（如图6-28和图6-29所示）

微课堂6-4

单根K线分析
的应用

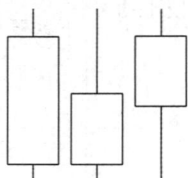

图6-28　阳线

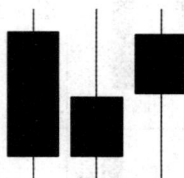

图6-29　阴线

　　带上下影线的阳线（如图6-30所示）是最常见的一种阳线。开盘后价位下跌，在低位遇多方力量支撑，双方争斗之后，买力增强，价格一路上涨，但在高价位上又遇空方阻力，最终在最高价之下收盘。全天交易多方获得一定胜利，但空方在高价位已展开反击。根据阳线实体长度和上下影线长度分为三种情形。

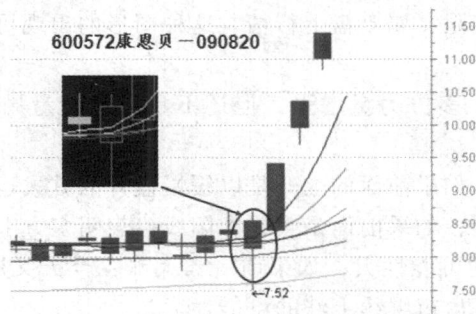

图6-30　下影线比上影线长的阳线

（1）上影线越短，下影线越长，实体越长，越有利于多方占优，而不利于空方占优。

（2）上影线越长，下影线越短，实体越短，越有利于空方占优，而不利于多方占优。

（3）上影线和下影线相比的结果，也影响多方和空方取得的优势，上影线长于下影线，利于空方；反之，下影线长于上影线，利于多方。

带上下影线的阴线是最为常见的一种阴线。开盘后多方一度发起攻势，股价上扬，但在高位遇空方反击，双方争斗之后，卖压增强，价格一路下跌，但在低价位上又遇多方抵抗，最后收在最低价之上，形成下影线，空方占据优势。根据阴线实体长度和上下影线长度分为三种情形：

（1）实体越长，上影线越长，越有利于空方占优，而不利于多方占优。

（2）下影线比上影线长，利于多方；反之，上影线比下影线长，利于空方。

（3）实体越短，下影线越长，上影线越短，越有利于多方占优，而不利于空方占优。

2.光头光脚阳线和阴线（如图6-31至图6-33所示）

（1）　（2）

图6-31　光头光脚阳线

（1）　（2）

图6-32　光头光脚阴线

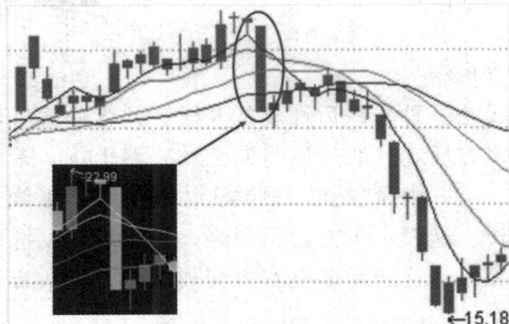

图6-33　光头光脚阴线行情实例

图6-31中的光头光脚阳线（1）为小阳线，表示最高价与收盘价相同，最低价与开盘价一样，上下值波动有限，属于盘上行情。这种图形的出现可根据市场的情况来作出推断：

（1）在盘整局势中，多方力量增强，但还不足以打破盘局，多方还不该作深入性攻击。

（2）在上升趋势中，如果前面的上升是以缓慢盘升的方式运行的，表明多方仍居优势，后市会继续盘升走势；如果前面是大、中阳线，表明多方上攻力量减弱，后市多方将面临考验，股价回调的可能性大；如果前一天大涨，今天又形成跳空大涨的小阳线，表明多方占据巨大优势，后市继续上涨的可能性大。

（3）在下降趋势中，表示多方虽抵抗下跌，但反击无力，难以扭转下跌趋势，后市继续下跌的可能性大。

图6-31中的光头光脚阳线（2）为大阳线，是买方发挥最大力量的表现，尤其在盘档末期出现时，表示多方已占上风，空方阵地已告失守，属于上涨行情，但投资者必须注意行情反转。

图6-32中的光头光脚阴线（1）为小阴线，表示开盘价就是最高价，收盘价与最低价相同，价格波动小，属于盘下行情，说明多方仍在抵抗。这种图形的出现，可根据市场的情况来作出推断：

（1）盘局中，表示空方力量略占优势，但无力打破盘局，后市延续盘局的概率大。

（2）下跌趋势中，如果前面的下跌是以盘跌的方式运行的，表示空方仍占优势，后市延续盘跌走势的概率大；如果前面是大、中阴线，表示空方的势力在减弱，多方有反击的机会，后市股价出现反弹的概率大；如果是跳空大跌形成的小阴线，表示空方占据巨大优势，后市继续下跌的概率大。

（3）上升趋势中，表示空方虽抵抗上升，但无力扭转局面，后市继续上升的概率大。

3. 光头阳线和阴线（如图6-34和图6-35所示）

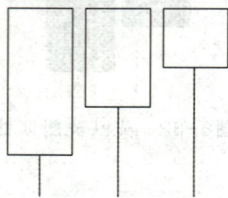

图6-34　光头阳线　　　　　图6-35　光头阴线

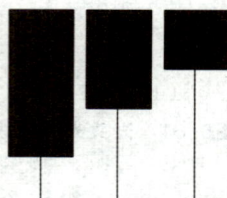

带下影线的光头阳线是一种先跌后涨型的K线。开盘后卖气较重，股价下跌，但在低价位得到买盘支撑，多方反攻。股价返身向上，一路上扬，最后以最高价收盘。总体来讲，出现先跌后涨的，买方力量较强。根据实体长度和下影线长度又分为三种情形：

（1）实体比下影线长。这表示买方力量很强，后市继续上涨的概率很大。

（2）实体与下影线等长。这表示多空双方交战激烈，但买方占主导地位，对买方有利，后市继续上涨的概率较大。

（3）实体比下影线短。这表示多空双方在低价位上发生激战，但遇买盘支撑使股价逐步上扬。然而，由于上面实体部分较小，多方的优势也并不大，后市空方反击的概率大。长下影线的小阳线出现于高价区，往往是空方发起试探性反攻所留下的图形，被称为吊颈线，是空方力量将占上风的征兆；相反，在低价区出现长下影的小阳线，通常表明股价已在低位遇到有力的买盘支撑，将止跌回稳或回升。

带下影线的光头阴线，这种 K 线属于下跌抵抗型。开盘后即一路下跌，开盘价成为最高价，但在低价位上遇到买方抵抗，多方收复一部分失地，形成下影线。交战结果空方获胜，占据优势。根据阴线实体和下影线长度分为三种情形：

（1）实体比上影线长。这表示开盘后股价即大幅走低，多方虽在低位进行抵抗，但多空双方交战的结果是多方将价位上推不多，表明卖压沉重，空方占有明显的优势，后市继续下跌的概率大。

（2）实体与上影线等长。这表示空方把价位下压后，多方的抵抗也在增加，但空方仍占优势。

（3）实体比上影线短。这表示空方把价位一路压低，但在低价位上遇到多方顽强抵抗，逐渐把价位上推，最后虽以阴线收盘，但阴线实体很小，空方优势较小，后市多方有反击的机会。

4.光脚阳线和阴线（如图 6-36 和图 6-37 所示）

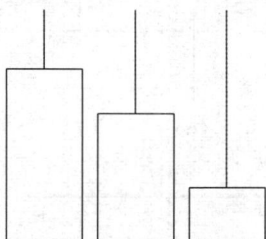

图6-36　光脚阳线

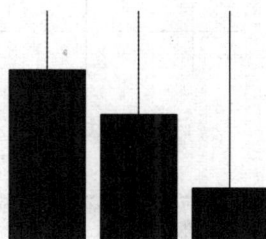

图6-37　光脚阴线

带上影线的光脚阳线（如图 6-38 所示）是一种上升抵抗型阳线。开盘后多方发动攻势，股价一路上涨，但在高价位遇卖方压力，使上升受阻回落，在最高价之下收盘，形成上影线。全天交易结果为多方占上风，但在高位已遇到空方阻力。根据阳线实体长度和上影线长度，又可分为三种情形：

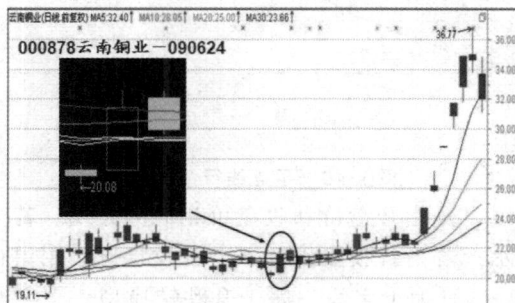

图6-38　带上影线的光脚阳线

（1）实体比上影线长。这表示买方力量占据较大优势，在高位遇到的阻力较小，后市继续上升的概率大。

（2）实体与上影线等长。这表示双方搏杀激烈，高位卖压较重，多方将面临考验，后市多方如不能将上影线攻克，股价将下跌调整。

（3）实体比上影线短。这表示高位卖压强大，多方上攻势头已遭遏制，后市股价向下调整的概率大。

带上影线的光脚阴线属于先涨后跌型。开盘后多方曾占上风，股价向上推进，但在高位遇强大卖压，空方大举反攻，多方节节败退，最后以最低价报收，一天的交易结果为空方占据优势。根据阴线实体与上影线的长度分为三种情形：

（1）实体比上影线长。这表示多方将价位上推不多，立即遇到空方强有力的反击，空方把价位压破开盘价后乘胜追击，再把价位下推很大一段。这种情形表明空方力量特别强大，局势对空方有利，后市继续下跌的概率很大。

（2）实体与上影线等长。这表示多方将价位上推，但由于空方力量更强，股价仍旧下跌，空方占据优势，后市继续下跌的概率较大。

（3）实体比上影线短。这表示空方虽将价格下压，但优势较小，多方有反击的机会。

5. 平盘线（如图6-39和图6-40所示）

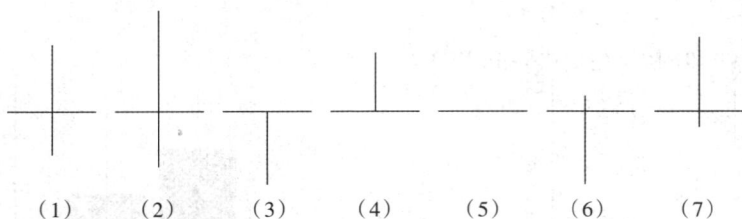

图6-39　平盘线

图6-40　平盘线行情实例

平盘线，又称同值线，是指开盘价和收盘价相同的K线。若当时收盘价高于上日收盘价，用红色平盘线表示；若当日收盘价低于上日收盘价，用黑色平盘线表示。

图6-39中的平盘线（1）为十字线，属于升跌转换型。十字线表示无论是多方还是空方，占优势的一方即可使行情转换，或转换为上升，或转换为下跌。

图6-39中的平盘线（2）为长十字线，属于升跌转换型。长十字线表示多方与空方

一度都曾占据优势，竞争激烈，表明多空双方势均力敌。若某一方突破对方防线时，行情就会发生转折性的变化。

图6-39中的平盘线（3）为下影平盘线，属于下跌抵抗型。它表示当日交易都在开盘价以下的价位成交，而股价以当日最高价即收盘价收盘，说明空方力量有限，而多方力量占优势。下影线越长表明多方优势越大。

图6-39中的平盘线（4）为上影平盘线，属于上升抵抗型。它表示当日交易都在开盘价以上的价位成交，而股价以当日最低价即收盘价收盘，说明多方力量有限，而空方力量占优势。上影线越长，空方优势越大。

图6-39中的平盘线（5）为典型的平盘线，属于升跌转换行情。它表示全日交易只有一档价位成交。冷门股在此类情形下比较容易发生，或者在行情呈现绝对看好或绝对看坏时，开盘便以涨停板或跌停板价成交。若涨停板价维持至收盘，则用红色"—"表示；若跌停板价维持至收盘，就用黑色"—"表示。

图6-39中的平盘线（6）为上下影平盘线，属于下跌抵抗型。下影线长于上影线，表示买盘大量介入，将价位托高，多方占优势。

图6-39中的平盘线（7）为上下影平盘线，属于上升抵抗型。上影线长于下影线，表示抛盘大于买盘，价位回落，空方占优势。

微课堂6-5

（二）多根K线组合的分析及应用

1. 两根K线组合的分析与应用

两根阳线组合如图6-41和图6-42所示。

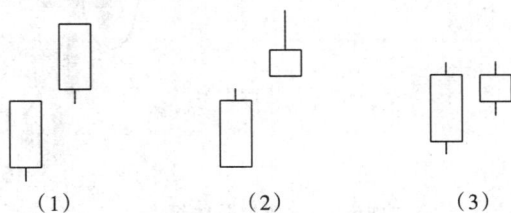

两根K线组合
的分析与应用

(1)　　　　　　(2)　　　　　　(3)

图6-41　两根阳线组合的三种形态

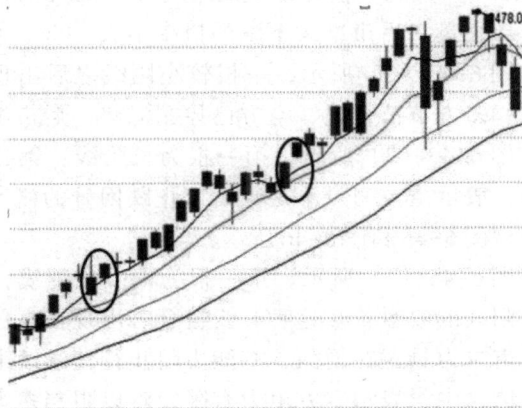

图6-42　两根阳线组合

（1）两根长阳。如图6-41（1）所示，连续两根长阳线，表示多方攻势凌厉，占据绝对优势，是行情的主导力量，后市继续上涨的概率大。

（2）前长后短。如图6-41（2）所示，第一根为长阳线，第二根为跳空上涨的带长上影线的小阳线。这表示多方在高位遇到较重卖压，将面临考验，后市多方若不能将上影线攻克，行情下跌的概率大。

（3）两阳并列。如图6-41（3）所示，第一根为长阳线，第二根阳线实体短小，且收盘价未能超过第一根阳线，表示多方力量不足，失去主动，空方反击的机会大，后市看跌。

两根阴线组合如图6-43和图6-44所示。

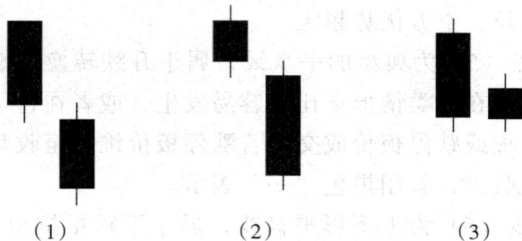

（1）　　　　　　　　（2）　　　　　　　　（3）

图6-43　两根阴线组合的三种形状

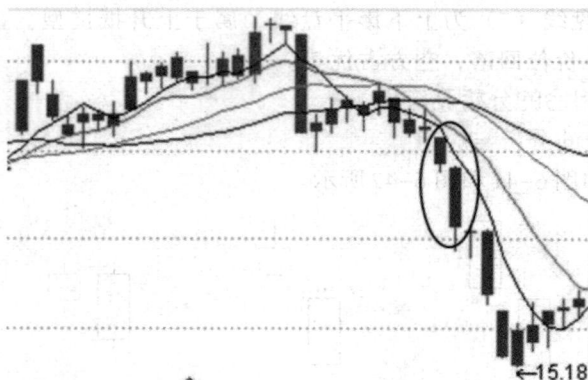

图6-44　两根阴线组合

（1）两根长阴。如图6-43（1）所示，连续两根长阴线表示，表示空方攻势猛烈，优势明显，是行情的主导力量，后市继续下跌的概率很大。

（2）前短后长。如图6-43（2）所示，一根较小阴线之后出现一根跳空长阴线，表示空方力量在不断加强，多方节节败退，空方已控制局势，后市继续下跌的概率较大。

（3）两阴并列。如图6-43（3）所示，第一根为长阴线，第二根阴线实体短小且收盘价不低于第一根阴线，表示空方力量不足，后市止跌回升的概率大。

2.前阳后阴组合（如图6-45和图6-46所示）

（1）高位阴线。如图6-45（1）所示，第一根为中、长阳线，第二根是跳高的小阴线，阴线的收盘价高于阳线的收盘价。这种K线组合若出现在高位区，表示多空双方力量在高价区发生转变，空方力量正在增强，有能力阻止行情继续上升，后市回调的概率大；如果出现于上升行情途中，表示空方阻力有限，难以阻挡多方继续上攻。

（2）切入线。如图6-45（2）所示，第一根为中阳线，第二根阴线切入阳线中部位置，表示空方展开反击，多方退守但元气未伤，后市多方有能力再度上攻，若多方再度上

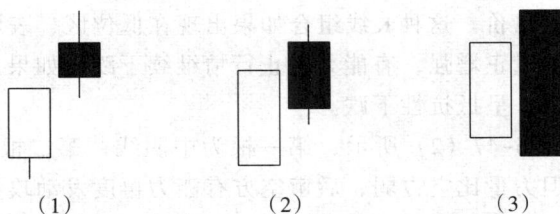

图6-45　前阳后阴组合的三种形态

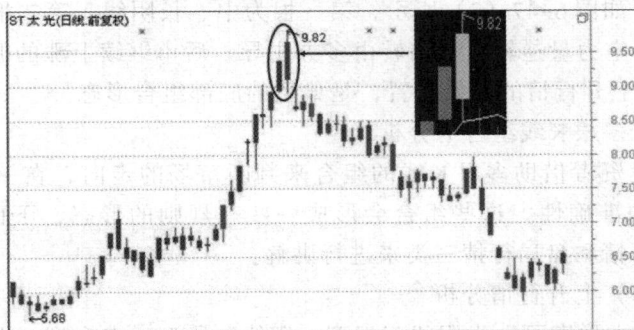

图6-46　前阳后阴型

攻不能吃掉阴线，行情向淡。

（3）覆盖线。如图6-45（3）所示，第一根为中、长阳线，第二根阴线将阳线完全覆盖掉，表示多空双方力量发生逆转，行情由先前的多方占主导转变为空方居主动，后市继续下跌的概率非常大。这种K线组合常出现于上升行情的顶部，是典型的头部组合形态。

3.前阴后阳组合（如图6-47和图6-48所示）

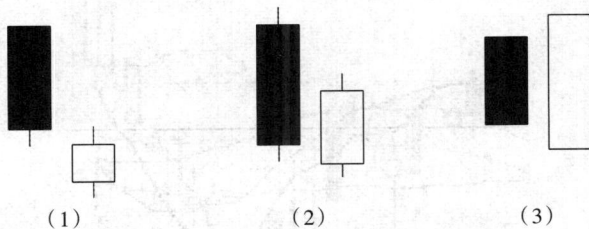

图6-47　前阴后阳组合的三种形态

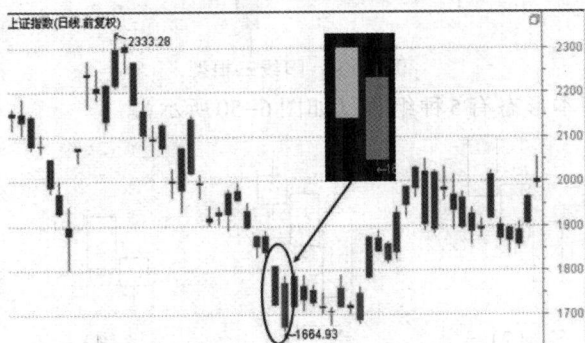

图6-48　前阴后阳型

（1）低位阳线。如图6-47（1）所示，第一根为长阴线，第二根为跳低的小阳线，阳线收盘价低于阴线收盘价。这种K线组合如果出现在低位区，表示多空双方力量在低价区发生转变，多方力量正增强，有能力阻止行情继续下跌；如果出现在下跌行情的途中，表示多方力量有限，呈抵抗性下跌。

（2）切入线。如图6-47（2）所示，第一根为中阴线，第二根阳线切入中部位置，表示多方抵抗下跌，但力量比空方弱，后市空方有能力再度发动攻势吃掉阳线，若不能吃掉阳线，行情看涨。

（3）覆盖线。如图6-47（3）所示，第一根为中、长阴线，第二根长阳线将阴线完全覆盖掉，表示多空力量逆转，行情转由多方主导，后市继续上涨的概率非常大。这种K线组合常出现于上升行情的起始位置，是典型的底部组合形态。

微课堂6-6

多根K线组合
的分析

4.多根K线组合的分析

投资者借助多日K线的组合来判断市场的走向，在一定程度上能提高判断的准确性。这些组合会形成一些有规则的形态，下面就以上升行情、下跌行情和盘局行情三类来进行讲解。

（1）上升行情分析

上升行情的基本形态可分为阳线三根型、阳线阶段型、点升型、上升抵抗型、上升中继型和上升跳空型。

①阳线三根型

阳线三根型是典型的上升形态，由三根连续的阳线构成，如图6-49所示。这主要说明涨势行情滞后，至少有三阶段的涨势，持股的多头不必急于出货，但一定要在涨势的高潮时获利了结，可以为作短线的投资者提供参考。

图6-49　阳线三根型

阳线三根型的基本形态有5种组合（如图6-50所示）。

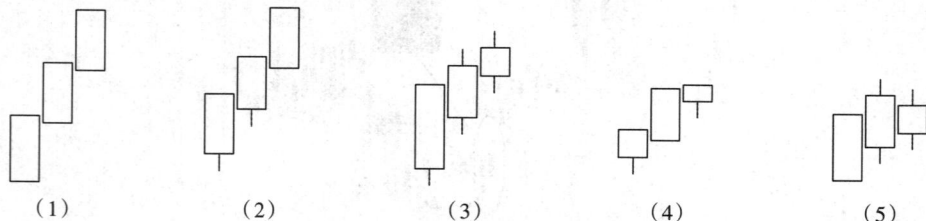

（1）　　　　　（2）　　　　　（3）　　　　　（4）　　　　　（5）

图6-50　阳线三根型组合

图6-50（1）由三根几乎等长的光头阳线所组成。阳线三根的第一根线表示股市的

好景象已初露端倪。敏锐而大胆的投资者或补货的空头开始大量买进，市场中买进者超过卖出者，这可以说是市场的初期。第二根线表示投资者受到第一根线的刺激开始跟进，这时，好消息源源不断传入市场，一般投资者已了解到当前环境对多头有利，准备或已着手买进股票，这是市场的中期。第三根线表示市场受到前两根线的影响，普遍看好股市，连一些谨慎的投资者也放心大胆地跟进，造成股市的一片欢腾，成交量大增，这是市场的末期。紧跟而来的将是行情的逆转、市场的衰退。聪明的投资者应在第三根阳线出现之时，逢高获利了结，卖出手中的股票，等待下一档行情。等长的阳线三根型是一种标准的形态，在实际行情中并不多见。

图6-50（2）由两根上下影线或只带上影线或下影线的阳线和一根光头光脚的长阳线组成。它表示买方的决心和力量，对卖方是沉重的打击。卖方曾数次阻挠行情上升，但买方并不畏惧，非常吃力地将股价向上推，卖方不耐久战，不约而同在第三天集体补货，买方乘势追击，行情便扶摇直上，导致当日阳线格外长而有劲。

图6-50（3）由三根实体日益缩短的带影线的阳线组成。在这个形态中，第一根阳线特别长，这种形态可解释为利好消息在第一天里出现，大部分投资者都于当天进，期待股价继续上涨，此时卖方知道后市还有高价出现，采取观望态度。第二天利好消息还未散尽，买气仍然存在，股价升高，但是买方已有戒心，投资者也有先获利了结的行动，价格上升有限。第三天行情虽小涨但买方担心股价可能下跌，因而买盘减少。

图6-50（4）由两边短和中间长的三根阳线组成。在这个形态中，第一天买方略占优势，拉出一根小阳线；第二天买方乘胜追击，拉出一根大阳线；第三天买方虽然仍在进攻，但心存疑虑，不敢追高，拉出一根小阳线。

图6-50（5）由三根价位比较接近的阳线组成。在这个形态中，第一天多方力量强大，拉出一根光头光脚的大阳线；第二天卖意产生，股票以低于昨日收盘价开盘，不过多方主力仍然坚守阵地，导致股票以高于昨日收盘价结束当日行情；第三天空方积极反击，多方顽强抵抗，股票以低于昨日收盘价开市与收市。由于连续两天反击有效，空头乘胜追击，将预示出现一段下跌行情。

②阳线阶段型

阳线阶段型，如图6-51所示，是由三根长度较短的等长阳线所组成，而且第二根和第三根都是低开高走的行情。阳线阶段型因其出现的时机不同而具有不同的意义。若出现在由低价上升到相当一段距离已成为高价时，可视为危险期已到，上升行情的力量不稳，行情已到高价圈，应在第三天的收盘或第四天的开盘时出货。若出现在行情由高价连续下跌相当一段距离，而且能够达到低价圈时，其意义就完全不同了，这时表示空头正在补货，行情可能即将反弹回升。

③点升型

点升型是由两根阳线中间夹着两到四根短阳线所组成的，如图6-52所示。它表示投资者已经发现利好因素而买进股票，但仍存有戒心，不敢大胆买进，同时卖方也不愿意大量出货。这种情形反复持续了几天，使市场对前途有了一致的看法，最后一股买进热潮使行情暴涨，造成一根长阳线，结束了多空相持局面，这种行情常在上升行情告一段落的盘档末期出现。

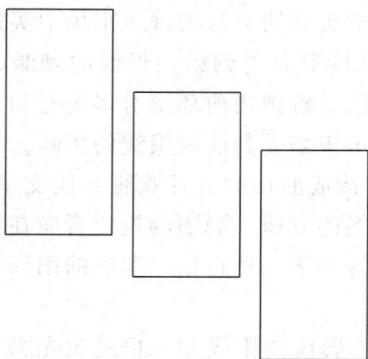

图6-51　阳线阶段型

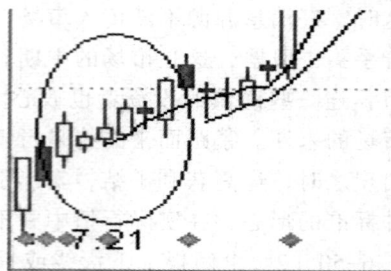

图6-52　点升型

④上升抵抗型

上升抵抗型可视为点升型的变形，与点升型不同的是，第三、四天是两根小阴线，虽是小阴线，行情仍有小幅进展。在正常情况下，股市行情的上涨很少是一边倒的，应是涨三天，跌一天或两天，让短线获利者回吐消化一下，然后再继续上升。上升抵抗型是在上升行情中比较容易出现的一种形态，如图6-53所示。

上升抵抗型具有以下特点：在上升行情的初期，一般投资者对上升行情的认识是半信半疑的，虽然连续两天拉出上涨的阳线，行情升高不少，但他们并不敢确定涨势行情已经形成，只是希望逢低慢慢承接，甚至乘机获利回吐，同时原来属于卖方的空头亦趁高掼压，只有少数的空头发现苗头不对而陆续补货。因而在第三、四天的行情继续向上档推进时，便因买气不足以及卖压的加重而受阻，拉出高开低走的两根小阴线（或小阳线）。可是，两天的收盘价仍然比前一天收盘价高。这意味着低价买进者正在云集，存在雄厚的买气。一旦行情明朗，免不了引发空头投降的大涨行情，在第五天以后连续几天拉出长阳线。

⑤上升中继型

上升中继型可以说是上升抵抗型的延伸，是在连续上升的阳线中夹杂着两根或三根小阴线，如图6-54所示。上升抵抗型的买方力量是相当强的，所以会出现阴线收盘价高于阳线收盘价的情况。上升中继型的买方力量相对弱些，所以出现阴线收盘价低于阳线收盘价的情况，但卖方的压力仍不够强，等待回档买进的买方仍然超过卖方，使阴线的收盘价高于阳线的开盘价。因此，在行情欲回不回之下，最后自然只有继续向上升行情迈进。

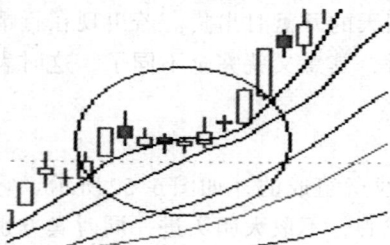

图6-53　上升抵抗型

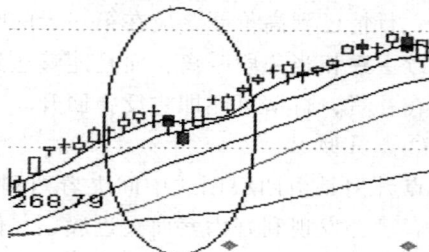

图6-54　上升中继型

上升中继型是常见的上升形态。这主要表示在整个上升趋势中，股价虽然不断攀升，也不断遭到谨慎的买方回吐及顽强的卖方反抗的压力，但看好准备逢低买进的买方众多，所以回档有限，终于继续向上升的目标迈进。擅长短线进出的投资者，可以利用这一形态来回多次操作获取更高差价的收益，但其大前提是必须认清这是一个上升趋势，不能做空，以免乱了阵脚。

⑥上升跳空型

上升跳空型主要是受实际利多消息刺激而出现的价格暴涨的形态，如图6-55所示。其特征是一夜之间投资者纷纷看好，开盘时买气集中，买方抢购，卖方惜售，抬高行情，使行情跳空而上，上升幅度大于阳线三根型。

图6-55　上升跳空型

（2）下跌行情分析

①阴线三根型（如图6-56所示）

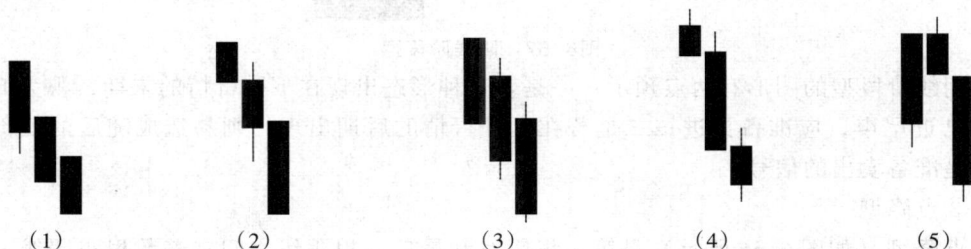

（1）　　　　　（2）　　　　　（3）　　　　　（4）　　　　　（5）

图6-56　阴线三根型组合

图6-56（1）由一波比一波低的三根大阴线组成，表明卖方力量极强，下跌幅度极深，但已近底价或即将反弹。

图6-56（2）由连创新低的三根大阴线组成，中间上下影阴线表明，卖方受买方阻击，下跌暂时有限，但买方只有招架之势，没有力量还击，卖方乘机大胆进攻，买方心虚，多头亦忍不住损失而抛售股票，一根长阴线由此而生。

图6-56（3）由一根超长阴线加两根大阴线组成。第一根长阴线是在利空消息的刺激下，卖方大量抛盘，引起空杀多而形成；第二、三根阴线是由于跌幅已深，多空双方寻求新的平衡点，但买方一时无力挽回败局。

图6-56（4）由两边中小阴线和中间一根大阴线组成。表示卖方力量在第二天表现出来，第三天便转弱，成为中小阴线，这种形态多半出现于下跌中段，准备反弹，或出现于底价附近，暗示卖方力量已弱，将面临买方反击的考验。

图6-56（5）由两边大阴线和中间小阴线组成。此种形态表示空头已近空仓，但股价并未如空头期望的那样大幅滑落，明显可知卖方力量有限，下跌的态势已被遏止，等

待买方的反击。

②阴线阶段型

阴线阶段型（如图6-57所示）是连续三根阴线后，后一根的开盘价均高于前一根的收盘价。这种下跌行情的走势属于多头抵抗力量较强的形态。其下跌的阴线是经过上档的挣扎才形成的。通常是第一根阴线出现之后，多头并不认输，第二天仍出现开盘价高于前一天收盘价的情形，直到最后才因后继无力，又以阴线收盘。如此连续两三天有意争高，最后还是不支而下。

图6-57　阴线阶段型

阴线阶段型的图形有两点预示：一是若这种形态出现在下跌行情的末期，视为低价形势已近尾声，应准备买进；二是若在上升行情的后期出现，则易造成随后的跌价行情，是准备卖出的信号。

③点降型

点降型（如图6-58所示）是第一根阴线和最后一根阴线之间夹着数根小阴线。因为部分多头忘不了过去的高价，小阴线连续出现以后，多头才决定抛空，而空头的抛空也由此开始，终于造成长阴线。不过长阴线的形成是下跌行情的终点。

④下跌抵抗型

下跌抵抗型（如图6-59所示）的特点是在下跌的阴线之中夹杂着一些小阳线。这种大跌小回的走势，是一种标准的下跌行情，显示跌势方兴未艾，不宜逢低买进，而宜逢高卖出，以待跌势到底之后，再重新进场承接。

⑤跳空下跌型

跳空下跌型（如图6-60所示）是一种跌幅最大、跌速最快的形态。它通常出现在高价盘局之后，买方无力向上方突破，在利空消息的刺激下，买方全线崩溃，造成跳空下跌局面。

（3）盘局行情分析

①三段整理型

三段整理型由上升三段整理型和下跌三段整理型组成，如图6-61所示。股价在高价之间来回调整三次就会突破盘局。

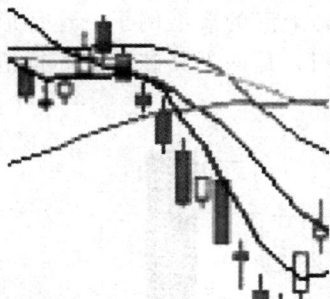

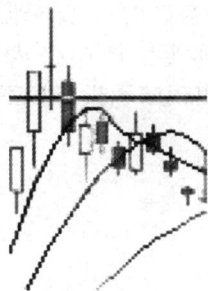

图6-58　点降型　　　　　　图6-59　下跌抵抗型　　　　　图6-60　跳空下跌型

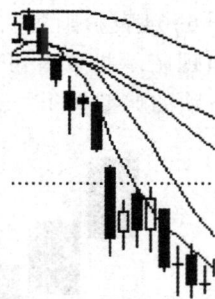

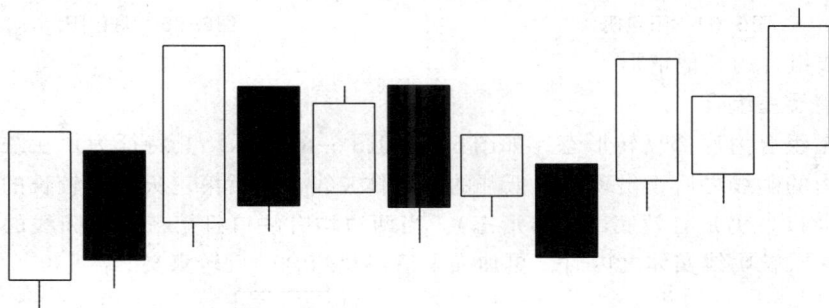

图6-61　三段整理型

②中段整理型

中段整理型由上升中段整理型和下跌中段整理型组成，表示在行情中段发生的盘整现象。图6-62表示上升中段整理型。这种形态时常出现于前一段上升支撑下，卖方发挥力量有限。只出现连续无力的小阴线，连一根阳线的开盘价都攻不下，买方反攻时，一根长而有力的阳线迅速将卖方一网就擒，另一段上升行情可能继续下去。图6-63表示下跌中段整理型。它表明连续出现阴线，股价下跌幅度已很深，自然产生卖方暂时观望与买方采取积极买进的态度，使阳线不止出现一根，等到买方力量用尽，卖方便再占上风。

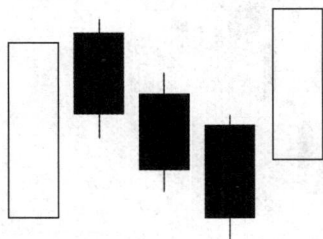

图6-62　上升中段整理型　　　　　　　　　图6-63　下跌中段整理型

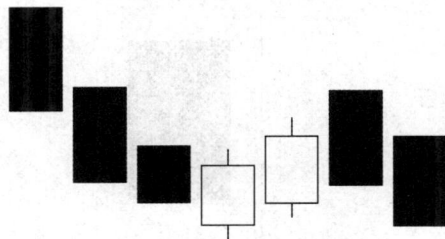

③盘局突破型

盘局中的突破是证券投资者最关心的问题，因为谁能事先判断盘局的突破谁就能有更多的盈利。但是，突破必须是真正的突破。它具有两个判断标准：一是量价配合，也就是说，新高价必须有新高量相配合，新低价必须有新低量相配合；二是突破幅度必须超过3%，也就是说，上涨或下跌幅度必须超过原价或最低价的3%。一旦K线图上出现了阳包阴或阴包阳这两个盘局突破形态，那么就意味着真正的突破。

图6-64表示阳包阴，它是向上突破的形态，即行情反转上涨的典型例子。这种形态的出现暗示投资者可大胆地买入股票。图6-65表示阴包阳，是向下突破，也即行情反转下跌的典型例子。这种形态的出现暗示投资者不可介入。

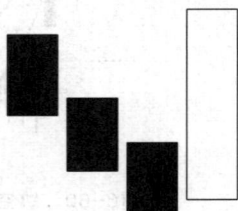

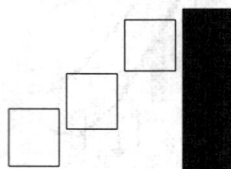

图6-64　阳包阴　　　　　　　　　　　　图6-65　阴包阳

5. K线组合的其他情形

（1）清晨星组合

清晨星组合为底部反转形态，如图6-66和图6-67所示。其特征为：在跌势中，一根长而有力的阴线之后，出现跳空低开的小实体K线，然后第三天出现较长的阳线（没有第二个缺口，仍是有效底部反转形态）。当两边均有缺口且第三根长阳线的收盘价深深切入第一根长阴线实体之内时，更加强了清晨星组合的反转意义。

微课堂6-7

K线组合的形态

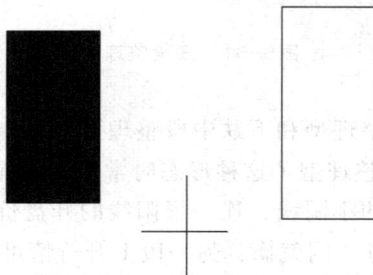

图6-66　清晨星组合

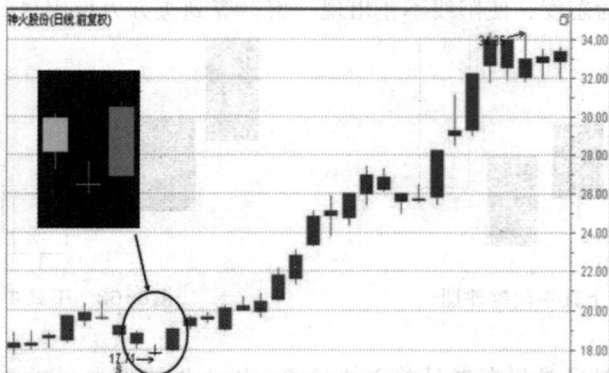

图6-67　清晨星组合行情实例

（2）黄昏星组合

黄昏星组合的情况正好相反，它是较强烈的上升趋势中出现反转的信号，如图6-68所示。黄昏星的K线组合形态如果出现在上升趋势中应引起注意，因为此时趋势已发出比较明确的反转信号或中短期的回调信号，对于我们来说可能是非常好的卖出时机或中短线回避的时机。同时如能结合成交量来判断，对于提高判断的准确性有更大的帮助。

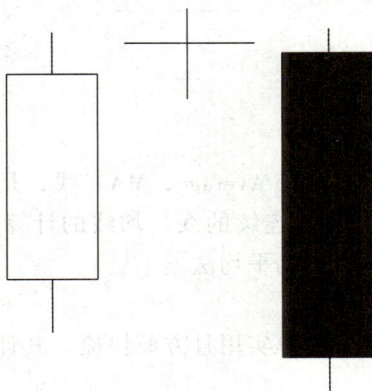

图6-68　黄昏星组合

任务三　均线分析

任务导入

图 6-69 中与 K 线结合在一起的 4 条曲线就是均线，也叫作移动平均线。

图 6-69　600309 万华化学的 K 线走势图

问题：

（1）什么是移动平均线？

（2）如何运用移动平均线判断股票买卖的时机？

分析提示：移动平均线其实就是由股票价格的平均值构成的。

知识准备

一、均线认知

1. 均线的定义

所谓均线也称移动平均（Moving Average，MA）线，是指根据一定的计算方法，将连续一段时间内的平均收盘价连成连续的线。均线的计算方法有三种：算术移动平均法、加权移动平均法、指数平滑移动平均法[①]。

2. 均线的计算方法

一般采用算术移动平均法，简单实用且方便快捷。其计算公式为：

$$MA_n = \frac{C_1 + C_2 + C_3 + \cdots C_n}{n}$$

式中：MA 是移动平均值；n 是计算周期；C_n 是第 n 天的收盘价。

均线按其计算周期的不同可以分为短期均线、中期均线、长期均线。短期、中期和长期均线并没有固定的规定，都是相对的。一般来说计算周期为 5 天的均线通常简称为 5 日均线，以此类推，有 10 日均线、20 日均线、30 日均线等概念，这些都是常用的均线，当然有时也会用到半年线和年线等概念。

二、均线性质

第一，均线的运动方向代表了计算期内股票价格的运动趋势。平均的基本作用在于消除偶然性因素而留下必然性因素，移动平均线通过移动平均的方法将股价变动中的偶然性因素去掉后，剩下的是股价变动的必然性因素。从这个角度来讲，均线的运动方向即股价的运动趋势。

第二，均线代表了计算期内市场投资者的平均成本。以 10 日均线为例，其第 10 日的移动平均值是这 10 个交易日收盘价的平均价，假定一个交易日内所有投资者都按照收盘价来买入和卖出股票，这样第 10 日的移动平均值即为 10 日内投资者的平均成本。理解这一点对于投资者把握短期买卖时机非常重要。

▶▶▶

拓展阅读 6-2

如图 6-70 所示，中原高速（600020）2019 年 3 月 5 日的收盘价为 5.21 元，当日其 30 日均线值为 4.30 元（表明 30 日内买入该股的投资者的平均买入成本为 4.30 元），若按当天收盘价卖出，则 30 日内买入该股的投资者的平均收益将达到 21.16%，其计算过程如下：

投资者收益率＝（5.21-4.30）÷4.30×100%=21.16%

---

① 均线理论作为投资大师葛兰维尔的得意杰作，是现有技术分析方法中最重要、最有效和最具有操作性的分析工具之一，其核心思想是通过移动平均的方法来消除股价变动的偶然性因素，以发现股价变动的必然性因素（即股价运行的规律，也就是股价运行的趋势）。

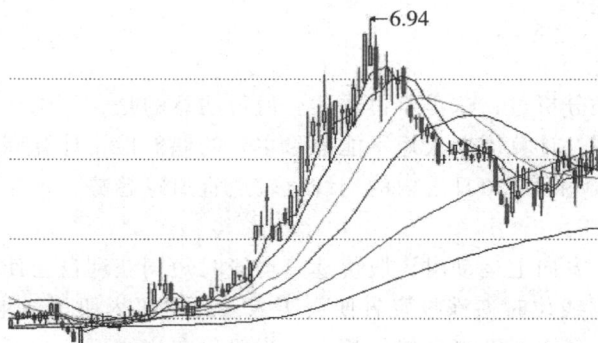

图6-70　中原高速的均线

在 30 日之内即可获得超过 10% 的收益率，在这种诱惑下，多数投资者会选择卖出获利了结，从而导致股价向下运动。

第三，均线代表了计算期内多空双方力量的均衡点。这一点很好理解，道氏理论认为收盘价即一个交易日内多空双方的均衡点，均线值是收盘价的平均值自然就代表了多空双方在计算期内的均衡点。这可以帮助投资者理解为什么通常股价在均线位上方时会上涨、股价在均线位下方时会下跌。

多方希望拉动股价上升而空方希望拉动股价下跌，当股价站在均线位上方就说明了计算期内多方将股价拉到均衡点上方，多方占优、股价上升；反之，股价站在均线下方说明空方占优，股价自然下跌。

拓展阅读 6-3

如图 6-71 所示，股价虽有不规则波动（偶然性因素导致），但从总体上来看，股价是从底部盘整阶段转入上升阶段的，均线是一条比较光滑的上行曲线，清楚地反映了股价的上升运动趋势。

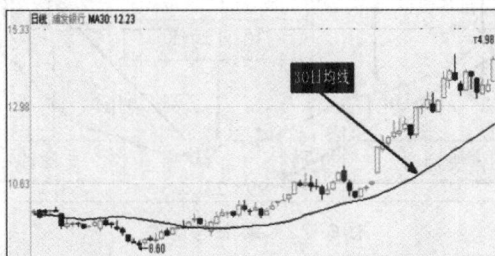

图6-71　股价上升下降转化

同时，从图 6-71 中可以看出，当股价下降时，股价在均线下方运动，这是因为空方占优，故而能将股价拉到多空双方均衡点（即均线）以下；反过来，当股价上升时，多方占优，故而能将股价拉到多空双方均衡点（即均线）以上。这种关系表明，均线的确代表了计算期内多空双方力量的均衡点。

三、均线功能

1. 追踪趋势功能

这一点前面已经分析过，这里不再重述。值得注意的是，不同计算周期的均线追踪趋势的功能不尽相同。计算周期太短不能消除主要的偶然性，计算周期太长又会显得过于滞后，通常认为30日至120日之内的均线比较适宜追踪趋势。

2. 助涨与助跌功能

当股价在均线上方向上运动时，股价远离均线时短期获利盘会使得股价朝着均线运动，但当股价跌至均线位时追涨投资者便会买入（此时买入股票成本最低），因而股价会止跌回升，即均线产生了助涨功能。相反，当股价在均线下方向下运动时，股价远离均线时补仓盘会使得股价向着均线运动，当股价升至均线位时，解套投资者便会卖出（此时卖出股票损失最小），即均线产生了助跌功能。

3. 支撑线和压力线功能

均线的助涨和助跌功能决定了均线扮演了支撑线和压力线的角色，技术分析者将均线位作为一种重要的支撑与压力来看待。

▶▶▶

拓展阅读 6-4

在图6-72中，均线的三种功能显现无疑：第一，30日均线先下降后上升，反映了股价的先跌后升的运动趋势，体现了其追踪趋势的功能；第二，在股价下跌时，30日均线的助跌功能至少两次显现，而股价上升时，30日均线的助涨功能至少两次显现，体现了其助涨与助跌的功能；第三，30日均线助跌时，即是压力线，反过来，30日均线助涨时，即是支撑线。

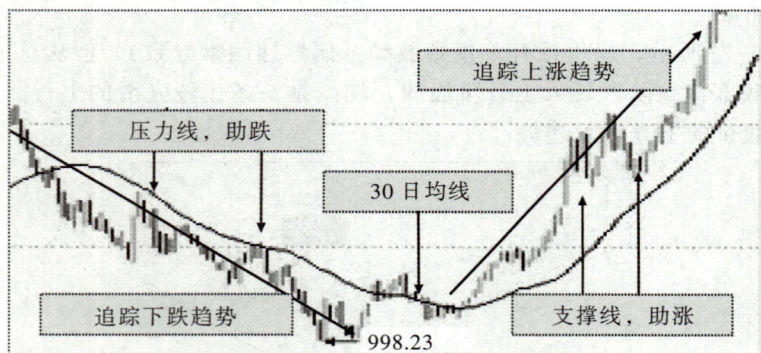

图6-72　助涨与助跌

四、均线应用——葛兰维尔八大法则

1. 葛兰维尔八大法则

葛兰维尔八大法则具体如图6-73所示。

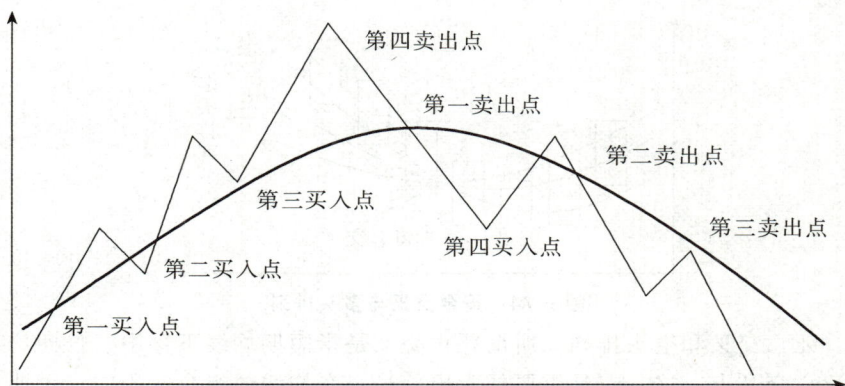

图6-73 葛兰维尔八大法则

第一买入点，均线从下降转为盘局或上升，股价从均线下方向上突破均线，买入。其理由是均线向上说明股价有向上的趋势，股价也向上运动并突破均线，二者相互确认。

第二买入点，股价跌破均线，但立刻回升到均线以上，而均线仍持续上升，买入。其理由是均线持续上升说明股价的趋势依然向上。

第三买入点，股价跌至均线附近立即回升，均线依然向上，买入。其理由是均线产生了支撑作用且股价运动趋势依然向上。

第四买入点，股价急跌，远离均线，买入。其理由是被套牢的投资者有买入股票降低加权平均成本的要求，抢反弹的投资者也有买入要求，但总的来说，此时对股价向上的推动力不大，因此此处仅是一个短期买入点。

第一卖出点，均线从上升转为盘局或下跌，股价向下跌破均线，卖出。其理由是均线的趋势向下，且股价也向下跌破均线，二者互相确认。

第二卖出点，股价向上突破均线，但立即回跌至均线以下，均线仍持续下跌，卖出。其理由是均线运动趋势向下。

第三卖出点，股价走在均线下方，股价上升至均线附近时立即下跌，卖出。其理由是均线对股价产生压力作用，同时股价趋势依然向下。

第四卖出点，股价急涨，突破均线且远离均线，卖出。其理由是短期获利盘对股价造成向下压力，因而短期获利了结。

2. 均线的组合运用

尽管均线通过平均计算可以消除股价变动的偶然性因素，但是为了保险起见，通常还将不同时期的均线结合起来组合使用，如将10日、20日和30日均线等3条均线（短、中、长组合）放在一起使用，这样做的目的是降低均线分析时出错的概率。

第一，黄金交叉和多头排列。所谓黄金交叉是指短期均线上穿中、长期均线，上穿的位置即黄金交叉点，这一点是重要的买入信号。在均线的组合运用中，短期均线向上突破中、长期均线为买入信号，在此之后，如果短、中、长三条均线依次从上到下排列，就称之为多头排列。这种组合的操作策略是在黄金交叉点买入，一直持有直到股价向下突破长期均线为止。黄金交叉与多头排列如图6-74所示。

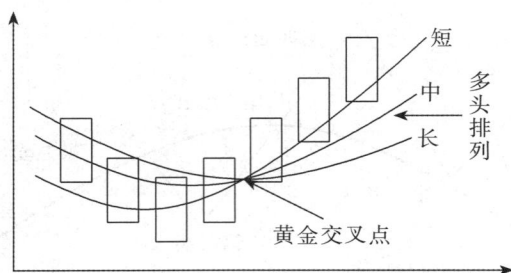

图6-74　黄金交叉与多头排列

第二，死亡交叉和空头排列。所谓死亡交叉是指短期均线下穿中、长期均线，下穿的位置即死亡交叉点，这一点是重要的卖出信号。在均线的组合运用中，短期均线向下突破中、长期均线为卖出信号，在此之后，如果长、中、短三条均线依次从上到下排列，就称之为空头排列。这种组合的操作策略是在死亡交叉点卖出，直至股价从下方上穿长期均线为止方可回补。死亡交叉与空头排列如图6-75所示。

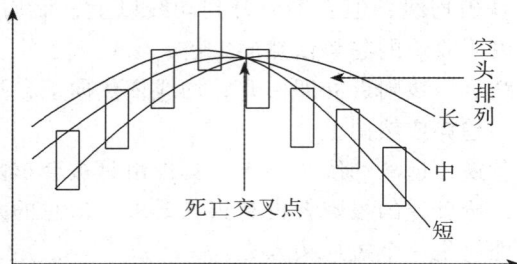

图6-75　死亡交叉与空头排列

第三，均线的失效。正如人们常说的"金无足赤、人无完人"，均线系统作为一种非常有效和广泛使用的技术分析方法，也有其不足和缺陷。当股价进行横盘整理时，均线会和股价交织在一起，此时均线系统经常会发出买入和卖出信号，显然这时发出的买入和卖出信号是不可信的，此时均线失效。

实践操作

运用移动平均线分析股票走势

1. 攻击线

所谓攻击线就是我们日常所说的5日均线。攻击线的作用有三个：攻击线拐头向上表示其有助涨作用；攻击线走平意味着股票正在作平台整理；攻击线拐头向下代表其有助跌作用。需要注意的是，在大盘行情较稳定的情况下要选择攻击线陡峭向上的个股，斜率大，上涨速度快，赚钱速度快。

实战范例：图6-76为002232启明信息20××年周K线与5日均线走势图，5日均线即攻击线的三个作用非常明显，助涨、助跌、整理。攻击线向上是因为主力买入成本不断加大或者主力通过对倒或对敲拉升股价，如图6-76中这一段，只需要用这么一根攻击线就能坐享从8元拉升到50元的所有利润。这个攻击线角度十分陡峭，斜率极大，所以短短几个月股价就翻了6倍。

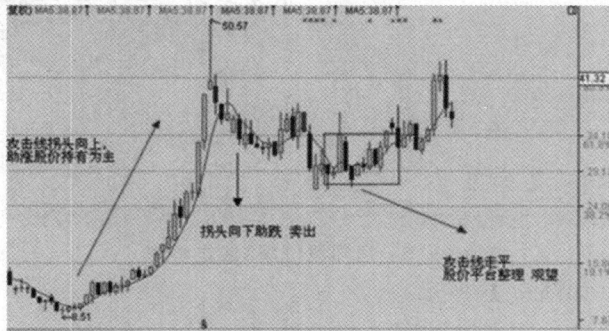

图6-76　启明信息的周K线与5日均线走势图

2. 操盘线

操盘线即我们常用的10日均线，其走势有向上、走平、下跌三种，具体含义可以参照上面攻击线来理解。操盘线是波段行情的重要指标，个股的操盘线一旦变得陡峭有力，临盘决策时应该果断跟进，下跌途中如果操盘线角度太大一定要有所畏惧，及时规避风险。

图6-77为000570苏常柴A20××年周K线走势图，股价一直沿着操盘线走出了波澜壮阔的行情，一年的时间从3元涨到35元（股价做了复权处理），翻了10倍多，主力操盘手一直沿着简单得不能再简单的操盘线操作此股。

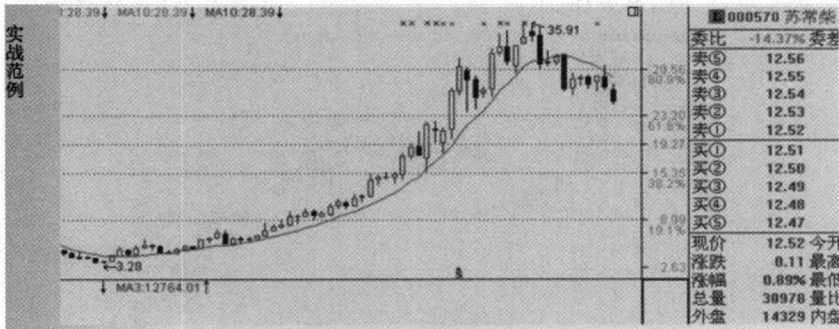

图6-77　苏常柴A周K线与10日均线走势图

3. 攻击线和操盘线的综合使用

图6-78为002237恒邦股份20××年周K线走势图。在前一年经过史无前例的大跌之后，攻击线上穿拐头向上的操盘线，此时短线狙击者应该果断跟进，后市二者金叉，投资者可放心持有，在矩形中，攻击线和操盘线走平并接近黏合，此时投资者要有所畏惧，临盘应作减仓处理。有的朋友可能会觉得此时不减仓又如何，那如果开始下跌怎么办？我们现在回头看它的历史走势和当时的操盘感觉是不一样的，赚钱的投资者都是极度谨慎的投资者，安全第一。在矩形整理后，攻击线再度金叉操盘线，临盘操作时可以加仓、持有。随后股价涨到了125元，攻击线死叉操盘线，投资者在股价翻了8倍的情况下应该清仓离场了。

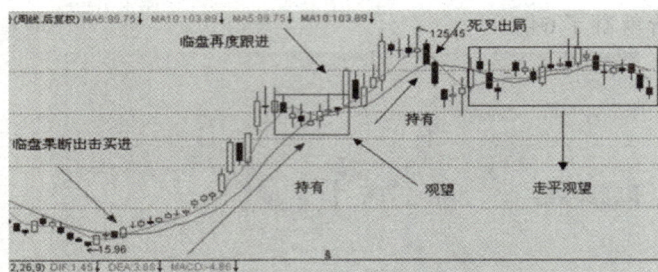

图6-78　恒邦股份周K线走势图

4.黄金交叉点（如图6-79所示）

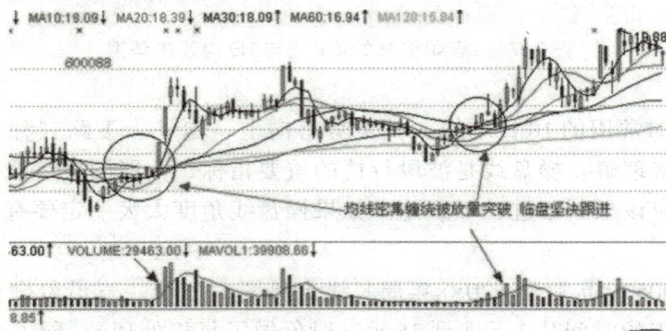

图6-79　黄金交叉点

5.死亡交叉点（如图6-80所示）

图6-80　死亡交叉点

任务四　形态分析

任务导入

　　将K线组合形态中所包含的K线数目扩大到更多，众多的K线就组成了一条上下波动的曲线，这条曲线就是价格在这段时间内移动的轨迹，即价格走势形态。形态分析则是通过研究价格所走过的轨迹，分析和挖掘出曲线所代表的含义，从而指导投资者的投资行为。图6-81是601688华泰证券的K线走势图。

图 6-81　601688 华泰证券的 K 线走势图

问题：

（1）图中的 K 线图的整体是什么形态？这个形态具有什么意义？

（2）分析这个形态，能够判断该股后市的走势吗？

（3）能够根据形态分析来判断股票的买卖点吗？

分析提示：要掌握 K 线图的形态分析方法，这对股票投资很有帮助。

<h1 style="text-align:center">知识准备</h1>

一、形态分析认知

1. 形态分析的定义

所谓形态就是证券价格移动所留下的轨迹。证券价格曲线上下波动的过程实际上仍然是多方和空方进行争斗的过程。在不同的时期，多方和空方力量对比的大小就决定了曲线是向上还是向下。这里的向上和向下所延续的时间和波动的幅度都要比 K 线理论中所说的向上和向下深远得多。

2. 形态分析理论的界定

（1）价格移动规律

价格的移动是由多方和空方的力量大小决定的。在某一个时期内，如果多方处于优势，力量增强，证券价格将向上移动；在某一个时期内，如果空方处于优势，占据上风，则证券价格将向下移动。

根据多方和空方力量对比可能发生的变化，可以知道证券价格的移动应该遵循这样的规律：①证券价格应在多方和空方取得均衡的位置上下来回波动；②原有的平衡被打破后，证券价格将寻找新的平衡位置。

可见，价格移动规律表明，股价的移动是由多空双方力量的大小决定的，股价的移动主要是保持平衡的持续性整理和打破平衡的突破这两个过程。可以用下面的表示方法具体描述证券价格移动的规律：持续性整理，保持平衡→打破平衡→新的平衡→再打破平衡→再寻找新的平衡……

价格的移动就是按这一规律循环往复、不断进行的。证券市场中投资的胜利者往往是在原来的平衡快要被打破之前或者是在打破的最初过程中采取行动而获得收益的。原平衡已经被打破，新的平衡已经找到，这时才开始行动，就已经晚了。

（2）股价移动的形态

股价完全按照多空双方力量的大小和所占优势的大小而移动。股价经过一段时间的移动后，在图上即形成一种特殊区域或形态，不同形态显示出不同意义。我们可以从这些形态的变化中摸索出一些有规律的东西。一般的形态类型可分为反转形态、调整形态和缺口形态等。

3.形态分析的特征

（1）形态的典型性

形态学中有多种形态，如头肩底、头肩顶、三角形、圆弧底、圆弧顶、M头、W底、旗形、楔形、矩形、菱形等。这些形态的出现都非常典型，简单易懂，容易辨认、理解，便于投资者掌握。

（2）形态的周期性

一种典型的形态经过一段时间后，又重复出现，而当它重复出现时将反映市场又处于一种相同或相近的情况。投资者如果把握这种形态，便可以采用相同或相近的操作策略。

（3）形态的可靠性

一种形态出现时，往往反映出一种相同的因果关系，相同的原因产生相同的后果，相近的原因产生相近的后果；如果符合形态规定的标准，那么形态的可靠性非常强，因此，具有较强的可操作性。

（4）形态的标准和要求

每一种形态都有它固定的标准和要求，只有当形态符合这些标准和要求时，它的可靠性才强；如果不符合形态的标准和要求，特别是关键的要求，此形态不能得到确认，将没有可操作性。

（5）形态的可度量性

当一种标准的形态出现时，如果是一种比较典型的底部形态，如W底，投资者根据一定的条件可以得知可能出现的最小上涨空间，也就是最小上涨度量。W底的最小上涨度量是两底的连线至颈线的垂直距离。投资者掌握W底形态后，就可以较明确地了解在最小上涨度量中操作股票承担的风险非常小，并可以知道它至少涨到什么价位。当一种比较典型的顶部形态出现时，如头肩顶，投资者也可以根据头到颈线的位置，得出这种形态的最小下跌度量，在这段时间应该持币，在股价完成了最小度量之后，才可以考虑去寻找买点。掌握了这种可度量性，投资者在很大程度上可能规避风险。

（6）形态分析要结合成交量

成交量在形态分析中占有非常重要的位置，尤其用于判断关键位置形态是否成立，特别是在向上突破时。因此，在形态分析中，要结合成交量的变化。

4.形态类型

证券价格曲线的形态可以分为两类：反转突破形态和持续整理形态。反转突破形态主要有头肩形、三重顶与三重底和圆弧形态；持续整理形态主要有三角形、矩形、旗形、楔形、喇叭形、菱形、V形。

二、反转突破形态分析

1.头肩顶和头肩底

头肩顶和头肩底是股价反转形态中出现较多的形态，是最著名和最可靠的反转突破形态。图6-82、图6-83是这两种形态的简单形式。

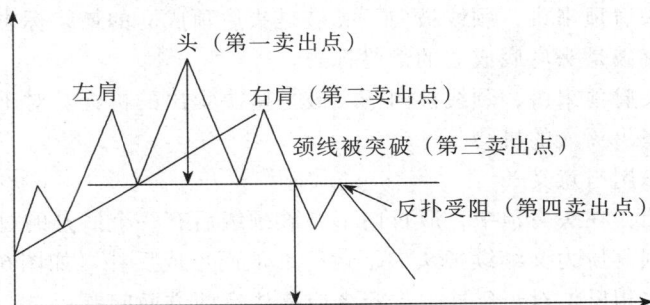

图6-82 头肩顶

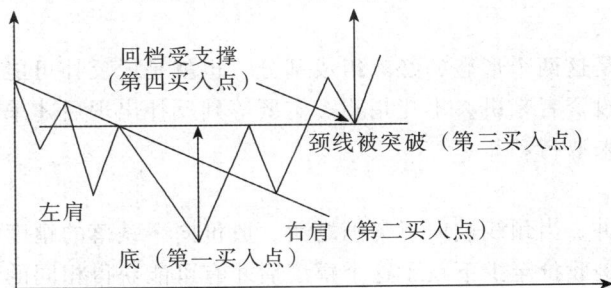

图6-83 头肩底

（1）形成过程

从图中可以看出，这种形态一共出现3个顶（底），也就是要出现3个局部的高点（低点）。中间的高点（低点）比另外两个都高（低），称为头（底），左右两个相对较低（高）的高点（低点）称为肩，这就是头肩形态名称的由来。

从图6-82中可以看出，股价沿着上涨趋势线向上运动，至左肩处创出第一高点，股价回落至趋势线处受到支撑继续上升，一鼓作气超越了左肩而形成了另一高点即头部，此时多方力量消耗殆尽而致使股价下跌，跌到前期低点时受到支撑而反弹，但由于多方力量下降而空方力量增加，使得反弹空间有限而形成一个与左肩相近高度的右肩，当股价回落跌破图中水平直线的时候，头肩顶正式确立。

头肩底的形成过程刚好与之相反，如图6-83所示，请投资者自己体会。另外值得投资者注意的是，对于头肩顶来讲，左肩、头和右肩所对应的成交量依次减少。而对于头肩底来讲，其左肩、底和右肩所对应的成交量没有明显的规律，但是其向上突破颈线时需要大成交量的配合。

（2）颈线的作用与意义

头肩顶的颈线是连接左肩与右肩对应的两个低点而形成的一条直线，头肩底的颈线是连接左肩与右肩对应的两个高点而形成的一条直线。

颈线的作用与意义体现在三个方面：

第一，对于头肩顶来讲，在股价没有跌破颈线前，颈线起的是支撑作用，跌破后颈线起的是压力作用。对于头肩底来讲，在股价没有突破颈线前颈线起的是压力作用，升破后颈线起的是支撑作用。

第二，对于头肩顶来讲，颈线被向下突破是头肩顶成立的最终标志。对于头肩底来讲，颈线被向上突破是头肩底成立的最终标志。

第三，对于头肩顶来讲，颈线被向下突破是坚决卖出的机会。对于头肩底来讲，颈线被向上突破是坚决买入的机会。

（3）反扑的作用与意义

反扑也称回档，在头肩顶中，股价向下突破颈线后有一个回升的过程，当股价回升至颈线附近后受到其压力又继续掉头向下运行，从而形成反扑（如图6-83所示）。在头肩底中则刚好与之相反。对于反扑，投资者应该注意两方面问题：

第一，在头肩顶中，反扑为多方提供了最后一次出逃的机会。在头肩底中，反扑为空方提供了补买机会。

第二，反扑不是这两个形态的必然组成部分，也就是说反扑可能会出现，也可能不会出现，所以对于投资者来讲，不能指望一定要等到反扑出现后才采取行动，而应该在颈线被突破后坚决采取行动。

（4）预测价值

对于头肩顶来讲，当颈线被向下突破之后，股价向下跌落的幅度等于头和颈线之间的垂直距离，也就是股价至少下跌了这个幅度后才有可能获得相同的支撑。同样，对于头肩底来讲，股价向上突破颈线之后，其上涨的幅度等于底部与颈线之间的垂直距离，此时，股价上升才有可能遇到相同的压力。

（5）操作策略

对于头肩顶来说，头是第一卖出点，但大部分投资者认为先前的上升趋势仍然持续，故而不太可能把握住这一卖出点；右肩是第二卖出点，这一点是整个头肩顶形态的较佳卖出点，此时股价上升至右肩位置，由于买方动能不足而回落，头肩顶形态基本成形，因此投资者在此位置要主动卖出；颈线被突破是第三卖出点，这一点是头肩顶最重要的卖出点，当颈线被突破后，头肩顶宣告成立，股价运动趋势逆转无疑，投资者应坚决卖出；股价突破后反弹至颈线附近时是第四卖出点，这一点也是头肩顶最后一个卖出点，但正如前面提到的，这一点有时不会出现，所以投资者面对头肩顶来说，一定要把握住前面的三个卖出机会，不要把希望都寄托在反扑上面。

对于头肩底来说，底是第一买入点，右肩是第二买入点，股价向上突破颈线是第三买入点，股价从颈线上方回落至颈线附近时是第四买入点（买入的理由请投资者自行分析与体会）。

2.双重顶和双重底

双重顶和双重底即证券市场上众所周知的M头和W底，这种形态在实际中出现得非常频繁。图6-84和图6-85是这种形态的简单形状。

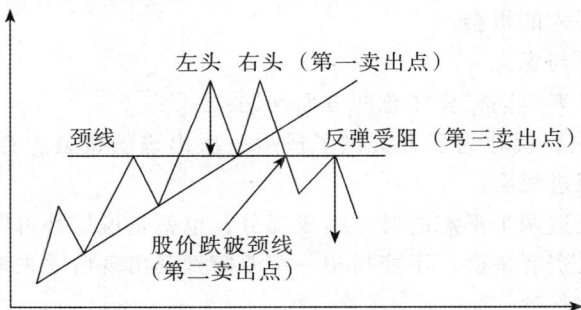

图6-84　双重顶

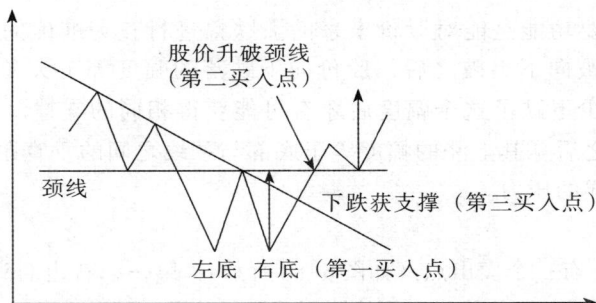

图6-85　双重底

（1）形成过程

从图6-84和图6-85中可以看出，双重顶（底）一共出现两个顶（底），也就是两个相同高度的高点（低点）。下面以M头（如图6-84所示）为例说明一下双重顶形成的过程。在上升趋势过程的末期，股价在第一个高点之后正常回落，受上升趋势线的支撑，这次回档将获得支撑，获得支撑后继续上升，但是由于买方力量不够，上升高度不足，在前期高点处遇到压力，股价向下，这样就形成了两个顶的形状。当股价向下跌破图中水平直线的时候，M头正式确立。双重底的形成过程刚好与M头相反，请投资者自己体会。

另外值得注意的是，对于M头来讲，左边头部所对应的成交量一般大于右边头部所对应的成交量。而对于W底来讲，左边底部的成交量一般小于右边底部所对应的成交量，尤其是在向上突破颈线时需要大成交量的配合。

（2）颈线的作用与意义

以双头顶（底）中间的低（高）点作水平直线，就得到一条非常重要的直线——颈线。颈线的作用与意义体现在三个方面：

第一，对于M头来讲，在股价没有跌破颈线前颈线起的是支撑作用，跌破后颈线起的是压力作用。对于 W 底来讲，在股价没有升破颈线前颈线起的是压力作用，升破后颈线起的是支撑作用。

第二，对于 M 头来讲，颈线被股价向下突破是 M 头成立的最终标志。对于 W 底来讲，颈线被股价向上突破是 W 底成立的最终标志。

第三，对于 M 头来讲，颈线被向下突破是坚决卖出的机会。对于 W 底来讲，颈线被向上突破是坚决买入的机会。

（3）反扑的作用与意义

对于反扑，投资者也同样要注意两方面问题：

第一，在 M 头中，反扑为多方提供了最后一次出逃的机会。在 W 底中，反扑为空方提供了最后一次跟进机会。

第二，反扑不是这两个形态的必然组成部分，也就是说反扑可能会出现，也可能不会出现，所以对于投资者来讲，不能指望一定要等到其出现后才采取行动，而应该在颈线被突破后坚决采取行动。

（4）预测价值

形态的一个重要功能是能对股价未来的涨跌幅进行较为准确的预测，M 头和 W 底也不例外。当 M 头被向下突破之后，股价向下跌落的幅度等于头和颈线之间的垂直距离，也就是股价至少下跌了这个幅度后才有可能获得相同的支撑。同样，对于 W 底来讲，股价突破颈线之后，其上涨的幅度等于底部与颈线之间的垂直距离，此时，股价上升才有可能遇到同样的压力。

（5）操作策略

对于双头来说，有三个卖出点（如图 6-84 所示）：第一，右边的头部；第二，颈线被向下突破的位置；第三，股价反弹至颈线附近受阻的位置（这一卖出点有可能不出现）。

对于双底来说，有三个买入点（如图 6-85 所示）：第一，右边的底部；第二，股价向上突破颈线的位置；第三，股价回落至颈线附近受支撑的位置（这一买入点有可能不出现）。

3. 圆弧形态

（1）形成过程

圆弧形又称为碟形、圆形、碗形等，是一种不常见但很有爆发力的反转形态。由于多空双方的力量较为接近，此消彼长的过程既缓和又缓慢，导致股价在顶部或底部的变化幅度要比前面介绍的几种形态小。在这种情况下，将价格在一段时间内的顶部高点用折线连起来，从而得到一条类似于圆弧的线，盖在股价上面，即圆弧顶；相反，将价格在一段时间内的底部低点用折线连起来，从而得到一条类似于圆弧的线，托在股价下面，即圆弧底。

在识别圆弧形态时，成交量也是很重要的。无论是圆弧顶还是圆弧底，在它们的形成过程中，成交量都是两头多、中间少。越靠近顶或底，成交量越少，到达顶或底时成交量达到最少（圆弧底在达到底部时，成交量可能突然大一下，之后恢复正常）。在突破后的一段，都有相当大的成交量。具体的圆弧形态如图 6-86 和图 6-87 所示。

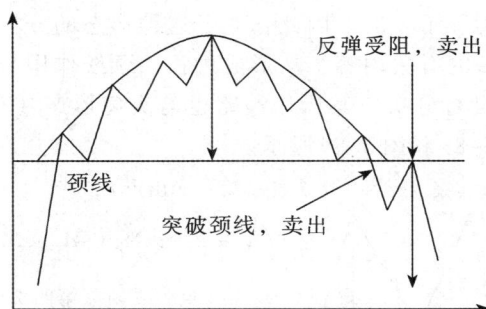

图6-86　圆弧顶

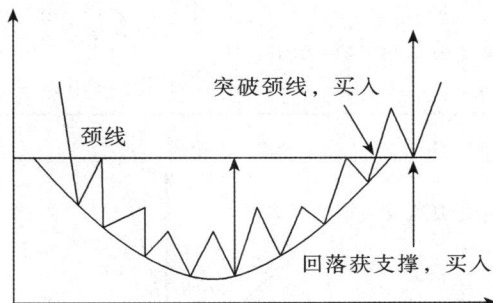

图6-87　圆弧底

（2）颈线与反扑

圆弧形态也有颈线和反扑，从圆弧形态开始的地方作一条水平的直线即为颈线。对于圆弧顶来讲，其主要作用是支撑作用；对于圆弧底来讲，其主要作用是压力作用。一旦颈线被突破之后，也可能有个反扑的过程。其作用和其他反转形态的作用类似，这里不再一一说明。

（3）预测价值

与前面几种反转形态都具有较为明确的预测价值不同，圆弧形态未来的涨跌幅度较难预测。但由于圆弧形态平时极少出现，正如人们所说的物以稀为贵，因此，一旦圆弧形态出现，其爆发力极强。总的来说，其未来的涨跌幅度与圆弧形态形成的时间呈正比，即形成圆弧形态的时间越长，其未来的涨跌幅度就越大，反之越小。此外，人们通常以圆弧半径作为其未来涨跌的第一个目标位。

（4）操作策略

圆弧形态出现的概率较小，但越是出现概率小的形态，其出现以后对投资者的价值也就越大。

对于圆弧底来说，当股价向上突破颈线时是第一买入点，当股价回落获得颈线支撑后是第二买入点；对于圆弧顶来说，当股价向下突破颈线时是第一卖出点，当股价反弹受到颈线阻碍后是第二卖出点。

4.三重顶（底）形态

三重顶（底）形态严格说是头肩形态的一种变形，它是由三个一样高（低）的顶（底）组成。与头肩形态的区别是头的价位回缩到与肩差不多相等的位置，有时甚至低于或高于肩部一点。从这个意义上讲，三重顶（底）与双重顶（底）也有相似的地方，只是前者比后者多"折腾"了一次。因此，对于这种形态的分析，投资者可以参考头肩顶（底）和双重顶（底）的有关内容，从形成过程、颈线作用与意义、反扑作用与意义以及预测价值四个方面自行分析，其操作策略也与头肩形态（双顶、双底形态）类似。三重顶（底）形态如图6-88和图6-89所示。

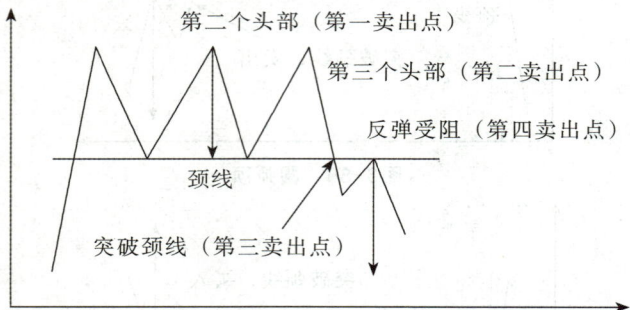

图6-88　三重顶

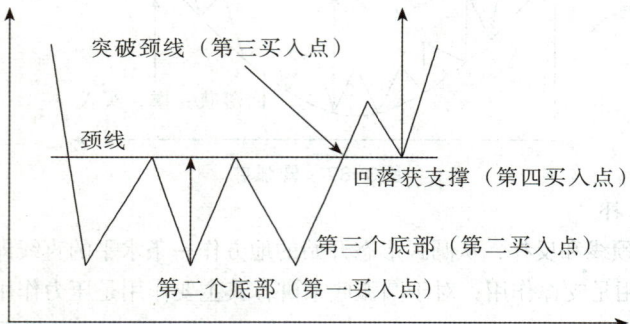

图6-89　三重底

5. V形走势（如图6-90和图6-91所示）

（1）V形走势的含义

V形走势是个转向形态，显示过去的趋势已逆转过来。V形走势说明市场中卖方的力量很大，令股价快速持续地挫落，当这股沽售力量消失之后，买方的力量完全控制整个市场，使得股价出现戏剧性的回升，几乎以与下跌时同样的速度收复所有失地，因此形成一个像V字形的移动轨迹。倒转V形情形则刚刚相反，市场看好的情绪使得股价节节攀升，可是突如其来的一个因素扭转了整个趋势，卖方股价以上升时同样的速度下跌，形成一个倒转V形的移动轨迹。V形底和V形顶如图6-90和图6-91所示。通常这类形态是由一些突如其来的因素（如一些消息灵通的投资者所不能预见的因素）造成的。

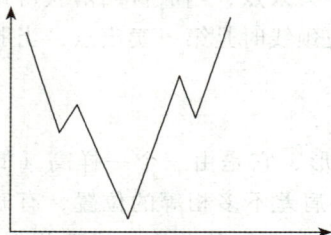

图6-90　V形底

图6-91　V形顶

（2）V形走势形态分析

V形走势可分为三个部分：

下跌阶段：通常V形的左方跌势十分陡峭，而且持续时间短。

转势点：V形的底部十分尖锐，一般来说形成转势点的时间仅两三个交易日，而且在低点的成交量明显增多。有时候转势点在恐慌交易日中出现。

回升阶段：股价从低点回升，成交量亦随之而增加。

（3）V形走势形态的要点提示

第一，V形走势在转势点必须有明显成交量配合，在图形上形成倒V形。

第二，股价在突破延伸V形的徘徊区顶部时，必须有成交量增加的配合，在跌破倒转延伸V形的徘徊区底部时，则不必要有成交量增加。

（4）V形走势突破形态中的操作策略

V形走势形态的共同点是只有V形走势形态突破了才能算形态的完成，而一旦确认反转成立，价格已经处于较高或较低的价位上了，在确认突破之后行动收益就会比较低。但如果V形走势形态没有确定就贸然行动，又会碰到虚假突破或形态失败等情形而遭遇损失。这是投资者面临的两难问题。任何投资者都难以获得形态反转的所有好处，相对来说在V形走势形态即将完成之前采取行动是较好的时点。在V形走势形态即将完成时，如头肩形的右肩、双重顶（底）的第二顶（底），往往不是简单地朝一个方向直线运动，而是曲折进行，这样就形成一些短期的支撑线或阻力线。我们可以在突破这些短期的支撑线或阻力线时采取行动，突破颈线后就应该大量买进或抛出了。

三、持续形态分析

1.三角形

三角形是一种典型的持续形态，根据其形态的不同，可以分为对称三角形、上升三角形和下降三角形三种。

（1）对称三角形

对称三角形的情况大多是发生在一个大趋势进行的途中，它表示原有的趋势暂时处于休整阶段，之后还要随着原趋势的方向继续运动。由此可见，见到对称三角形后，股价今后走向最大的可能是沿原有的趋势方向运动。下面以上升的对称三角形为例来介绍（如图6-92所示）。

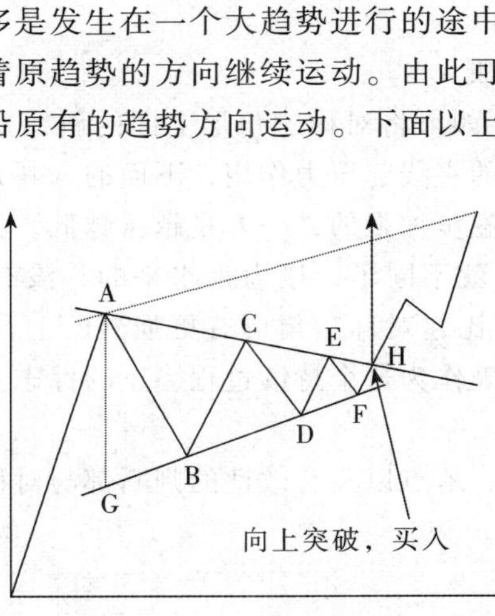

图6-92 对称三角形

①对称三角形的图形特征

从图中可以看出，对称三角形有两条聚拢的直线，上面的向下倾斜，起压力作用；下面的向上倾斜，起支撑作用。两直线的交点称为顶点。另外，对称三角形要求至少应有4个转折点，图中的A、B、C、D、E、F都是转折点。4个转折点的要求是必然的，因为每条直线的确定需要两个点，上下两条直线就要求至少有4个转折点。正如趋势线的确认要求第三点验证一样，对称三角形一般应有6个转折点，这样，上下两条直线的支撑压力作用才能得到验证。

②对称三角形的突破

对称三角形只是原有趋势运动的途中休整阶段，所以持续的时间不应太长，如果持续时间太长，则股价保持原有趋势的能力就会下降。一般说来，突破上下两条直线的保卫，继续沿原有既定的方向运动的时间要尽量早些，越靠近三角形的顶点，三角形的各种功能就越不明显，对投资者进行买卖操作的指导意义就越不强。

一般来说，对称三角形突破的位置一般应在三角形的横向宽度（即虚线AG的高度）的1/2到3/4的某个点，这样投资者可以大致测算出突破的时间范围。当然，三角形突破的有效性也遵循前面介绍的判断突破的三种方法。

③对称三角形的预测价值

三角形被有效突破后，可以通过两种方法来测算其未来涨跌幅度：

方法一：如图6-92所示，从H点向上带箭头直线的高度，是未来股价至少要达到的高度。带箭头直线的长度与AG连线的长度相等。AG连线的长度为对称三角形的高度。

方法二：如图6-92所示，过A点作平行于下边直线的平行线，图中斜虚线是股价今后至少要达到的位置。

需要说明的是，对称三角形本身并没有方向，其方向是由其所处的股价趋势所决定的，即上升趋势中的对称三角形在突破后仍将向上运行，而下降趋势中的对称三角形在突破后仍将向下运行。

（2）上升三角形

①上升三角形的图形特征

从图6-93中可以看到，如果将对称三角形上面的斜线变成水平方向，对称三角形就会变成上升三角形。上面的直线起压力作用，下面的（斜）直线起支撑作用。在对称三角形中，压力和支撑都是逐步加强的，一方是越压越低，另一方是越撑越高，看不出谁强谁弱。在上升三角形中就不同了，压力是水平的，没有变化，而支撑都是越撑越高。由此可见，上升三角形比起对称三角形有更强烈的上升意识，多方比空方更为积极。通常以三角形的向上突破作为这个持续过程终止的标志。

②上升三角形的突破

上升三角形的突破时间、地点以及有效性的判断都与对称三角形类似，这里不再多作说明。

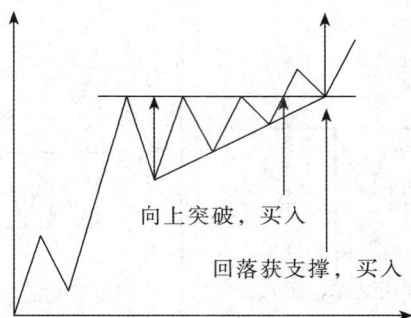

向上突破，买入

回落获支撑，买入

图6-93　上升三角形

但需要提醒投资者注意一个问题，即"上升"的意思是指三角形的底部支撑越来越高，而不是说其未来运动方向一定向上。如果股价原有的趋势是向上，则很显然，遇到上升三角形后，几乎可以肯定今后是向上突破。一方面要保持原有的趋势，另一方面形态本身就有向上的愿望。这两方面的因素使股价很难逆大方向而动。如果原有的趋势是下降，则出现上升三角形后，前后股价的趋势判断起来有些难度。一方要继续下降，保持原有的趋势，另一方要上涨，两方必然发生争执。如果在下降趋势处于末期时（下降趋势持续了相当长一段时间），出现上升三角形还是以看涨为主，这样，上升三角形就成了反转形态的底部。

③上升三角形的预测价值

上升三角形突破后的涨跌幅度以及测算方法与对称三角形基本相同，请投资者参照上面的分析。

（3）下降三角形

下降三角形同上升三角形正好相反，是看跌的形态。它的基本内容同上升三角形基本相同，只是方向相反。从图6-94可以很清楚地看出下降三角形所包含的内容。

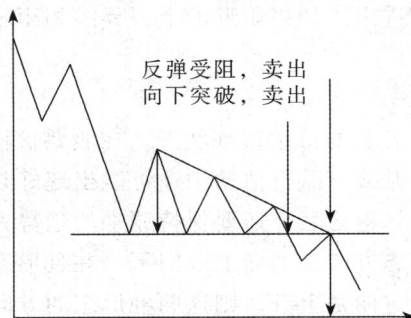

反弹受阻，卖出
向下突破，卖出

图6-94　下降三角形

2.矩形

（1）矩形的形成过程

矩形又叫箱形，是一种典型的整理形态。股票价格在两条横着的水平直线之间上下波动，作横向延伸的运动。矩形在形成之初，多空双方全力投入，各不相让。空方在价格涨到某个位置就抛出，多方在股价下跌到某个位置就买入，时间一长就形成两条明显的上下界线。随着时间的推移，双方的战斗热情会逐步减弱，市场趋于平淡。具体的矩形如图6-95所示。

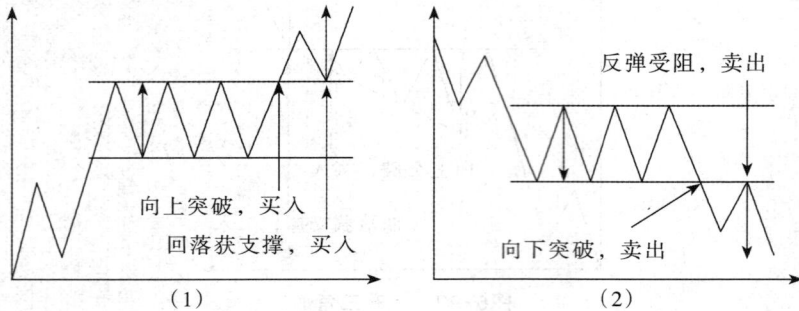

图6-95　矩形

（2）矩形的突破方向

如果原来的趋势是上升，那么经过一段矩形整理后，会继续原来的趋势，多方会占优势并采取主动，使股价向上突破矩形的上界；如果原来是下降趋势，则空方会采取行动，突破矩形的下界。

从图6-95中可以看出，矩形在其形成的过程中极有可能演变成三重顶（底）形态，这是投资者应该注意的。正是由于矩形的判断有这么一个容易出错的可能性，在面对矩形和三重顶（底）进行操作时，一定要等到突破之后才能采取行动，因为这两个形态今后的走势方向完全相反。一个是持续整理形态，要维持原来的趋势；一个是反转突破形态，要改变原来的趋势。

（3）矩形被突破后的预测价值

矩形被突破后，也具有预测价值，股价未来上升或下降的高度等于矩形的宽。与别的大部分形态不同，矩形为投资者提供了一些短线操作的机会。如果在矩形形成的早期能够预测到股价将进行矩形调整，就可以在矩形的下界线附近买入，在矩形的上界线附近抛出，来回作几次短线的进出。如果矩形的上下界线相距较远，短线的收益也是相当可观的。

3. 旗形和楔形

旗形和楔形是两个最为著名的持续整理状态。在股票价格的日K线图上，这两种形态出现的频率最高，一段上升或下跌行情的中途可能出现好几次这样的图形。它们都是一个趋势的中途休整过程，休整之后，还要保持原来的趋势方向。这两个形态的特殊之处在于，它们都有明确的形态方向，如向上或向下，并且形态方向与原有的趋势方向相反。例如，如果原有的趋势方向是上升，则这两种形态的方向就是下降。

（1）旗形

从几何学的观点看，旗形应该叫作平行四边形，它的形状是一个上倾或下倾的平行四边形。旗形大多发生在股价极度活跃、剧烈的，近乎直线上升或下降方式的情况下。这种剧烈运动的结果就是产生旗形的条件。由于上升或下降得过于迅速，市场必然会有所调整，旗形就是完成这一休整过程的主要形式之一。旗形的上下两条平行线起着压力和支撑作用，这一点有些像轨道线。这两条平行线的某一条被突破是旗形形态完成的标志。具体的旗形如图6-96所示。

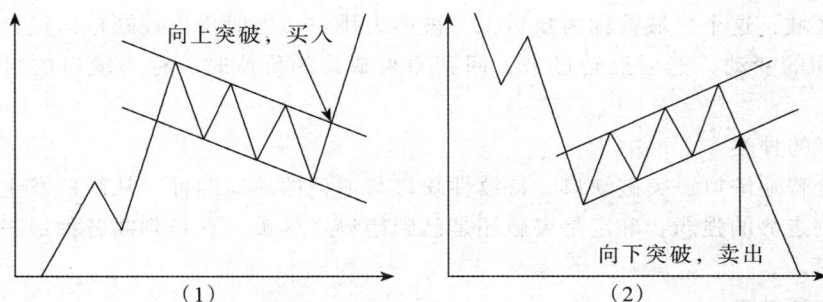

图6-96　旗形

　　旗形也有测算功能。旗形的形态高度是平行四边形左右两条边的长度。旗形被突破后，股价将至少要走到形态高度的距离，大多数情况是走到旗杆高度的距离。

　　应用旗形时有几点要注意：第一，旗形出现之前，一般应有一个旗杆，这是由于价格作直线运动形成的。第二，旗形持续的时间不能太长，时间太长会导致它保持原来趋势的能力下降，一般不超过3周。第三，旗形形成之前和被突破之后，成交量都很大。在旗形的形成过程中，成交量从左向右逐渐减少。

　　（2）楔形

　　如果将旗形中上倾或下倾的平行四边形变成上倾或下倾的三角形，就会得到楔形。从图6-97中可看出，楔形中的三角形的上下两条边都是朝着同一个方向倾斜，这与前面介绍的三角形形态不同。

　　与旗形和三角形一样，楔形有保持原有趋势方向的功能，股价运行趋势的途中会遇到这种形态。与旗形和三角形不同的是，楔形偶尔也可能出现在顶部或底部而作为反转形态。这种情况一定是发生在一个趋势经过了很长时间接近尾声的时候。投资者可以借助很多别的技术分析方法，从时间上判断趋势是否可能接近尾声。尽管如此，当看到一个楔形时，首先还是把它当成股价运行中途的休整状态。

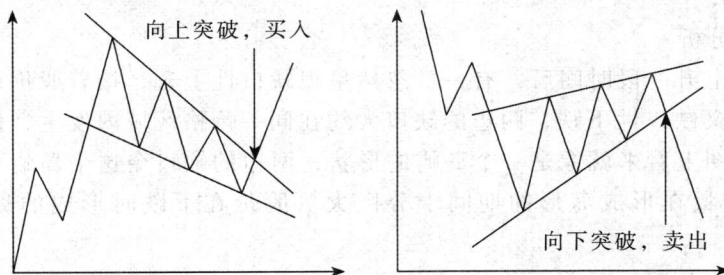

图6-97　楔形

　　在楔形形成的过程中，成交量是逐渐减少的。楔形形成之前和突破之后成交量都很大。

四、缺口形态分析

1. 缺口的概念

　　缺口是指股价在快速大幅变动中有一段价格没有任何交易，显示在股价趋势图上是一个真空区域，这个区域被称为缺口，又被称为跳空。当股价出现缺口，经过几天，甚至更长时间的变动，然后反转过来，回到原来缺口的价位时，称为缺口的封闭，又称补空。

2. 缺口的种类

缺口分普通缺口、突破缺口、持续性缺口与消耗性缺口四种。从缺口发生的部位大小可以预测走势的强弱，确定是突破还是已到趋势之尽头，它是判断各种形态时最有力的辅助资料。

（1）普通缺口

这类缺口通常在密集的交易区域中出现，因此许多需要较长时间形成的整理或转向形态（如三角形、矩形等）都可能由这类缺口形成。

（2）突破缺口

突破缺口是当一个密集的反转或整理形态完成后突破盘局时产生的缺口。当股价以一个很大的缺口跳空远离形态时，表示真正的突破已经形成了。因为错误的移动很少会产生缺口，同时缺口能显示突破的强劲性，突破缺口愈大，表示未来的变动愈强烈。

（3）持续性缺口

在上升或下跌途中出现缺口，可能是持续性缺口。这种缺口不会和突破缺口混淆，任何离开形态或密集交易区域后的急速上升或下跌，所出现的缺口大多是持续性缺口。这种缺口可帮助我们估计后市波动的幅度，因此亦称之为量度性缺口。

（4）消耗性缺口

和持续性缺口一样，消耗性缺口是伴随快的、大幅的股价波动而出现的。在急速的上升或下跌中，股价的波动并非是渐渐出现阻力，而是愈来愈急。这时价格的跳升（或跳位下跌）可能发生，此缺口就是消耗性缺口。

消耗性缺口大多在恐慌性抛售或消耗性上升的末段出现。

3. 岛形反转

（1）形态分析

股市持续上升一段时间后，有一日忽然呈现缺口性上升，接着股价位于高水平徘徊，很快价格又缺口性下跌，两边的缺口大约在同一价格区域内发生，使高水平争持的区域在K线图上看来就像是一个岛屿的形状，两边的缺口令这个岛屿孤立独耸于海洋之上。成交量在形成岛形的期间十分巨大。股价在下跌时形成的岛形形态也是一样。

（2）岛形的含义

股价不断地上升，使原来想买入的没法在预期的价位追入，持续的升势令他们终于忍不住不计价抢入，于是形成一个上升缺口。可是股价却没有因为这样的跳升而继续向上，在高位明显遇到阻力，经过一段短时间的争持后，股价终于没法在高位支撑，而出现缺口性下跌。

股价不断地下跌，最后所形成的岛形和升势时一样。

岛形经常在长期或中期性趋势的顶部或底部出现。当上升时，岛形明显形成后，这是一个沽出信号；反之若下跌时出现这种形态，就是一个买入信号。

（3）要点提示

第一，在岛形前出现的缺口为消耗性缺口，其后在反方向移动中出现的缺口为突破性缺口。

第二，这两个缺口在很短时间内先后出现，最短的时间可能只有一个交易日，亦可能长达数天至数个星期。

第三，形成岛形的两个缺口大多在同一段价格范围之内。

第四，岛形以消耗性缺口开始，以突破性缺口结束，这种情形是以缺口填补缺口，因此缺口已被完全填补了。

4.缺口理论的实战运用

①普通缺口并无特别的分析意义，一般在几个交易日内便会被完全填补，它只能帮助我们辨认清楚某种形态的形成。普通缺口在整理形态时要比在反转形态时出现的机会大得多，所以当发现发展中的三角形和矩形有许多缺口时，就应该增强它是整理形态的信念。

②突破缺口的分析意义较大，经常在重要的反转形态如头肩形态的突破时出现，该缺口可帮助我们辨认突破信号的真伪。如果股价突破支撑线或阻力线后以一个很大的缺口跳离形态，突破便十分强而有力。形成突破缺口的原因是其水平的阻力经过长时间的争持后，供给的力量完全被吸收，短暂时间内缺乏货源，买进的投资者被迫要以更高价求货，又或是其水平的支撑经过一段时间的供给后，购买力完全被消耗，须以更低价才能找到买家，因此便形成缺口。

假如缺口发生前有大的交易量，而缺口发生后成交量却相对减少，则有一半的可能是缺口不久将会被封闭。若缺口发生后成交量并未随着股价远离缺口而减少，反而加大，则短期内缺口将不会被封闭。

③持续性缺口的技术性分析意义最大，它通常是在股价突破后远离形态至下一个反转或整理形态的中途出现，因此持续性缺口能大约地预测股价未来可能移动的距离，所以又称为量度性缺口。其量度的方法是从突破点开始，到持续性缺口始点的垂直距离，就是未来股价将会达到的幅度。或者我们可以说：股价未来所走的距离，和过去已走的距离一样。

④消耗性缺口的出现，表示股价的趋势将暂告一段落。如果消耗性缺口出现在上升途中，即表示股价即将下跌；若在下跌趋势中出现，就表示股价即将回升。不过，消耗性缺口并非意味着市道必定出现转向，尽管意味着有转向的可能性。

在缺口发生的当天或后一天，若成交量特别大，而且未来趋势似乎无法随成交量有大幅变动时，这就可能是消耗性缺口。假如在缺口出现的后一天，其收盘价停在缺口的边缘形成了一天行情的反转时，就更可确定这是消耗性缺口了。

消耗性缺口很少是前一形态大幅度变动过程中的第一个缺口，绝大部分的情形是它的前面至少会再出现一个持续性缺口。因此可以假设，在股价快速直线上升或下跌变动中期出现的第一个缺口为持续性缺口，但随后的每一个缺口都可能是消耗性缺口，尤其是当这个缺口比前一个空距大时，更应特别注意。

持续性缺口是股价大幅变动中途产生的，因而不会于短时期内封闭；消耗性缺口是变动即将到达终点的最后现象，所以多半在 2~5 天内被封闭。

▶▶▶

拓展阅读 6-5

上证指数缺口（日线）如图 6-98 所示。

图6-98　上证指数缺口（日线）

5. 要点提示

第一，一般缺口都会填补。因为缺口是一段没有成交的真空区域，反映出投资者当时的冲动行为，当投资者情绪平稳下来时，投资者反省过去的行为有些过分，于是缺口便被补回。其实并非所有类型的缺口都会被填补，其中突破缺口、持续性缺口未必会被填补，至少不会马上被填补；只有消耗性缺口和普通缺口才可能在短期内补回，所以缺口填补与否对分析者观察后市的帮助不大。

第二，突破缺口出现后会不会马上被填补？我们可以从成交量的变化中观察出来。如果突破缺口出现之前有大量成交量，而缺口出现后成交量相对减少，那么迅速填补缺口的机会只是五五之比；假如缺口形成之后成交量大增，股价在继续移动远离形态时仍保持十分大的成交量，那么缺口短期被填补的可能性会很小了。就算出现回抽，也会在缺口以外。

第三，股价在突破某区域时急速上升，成交量在初期时大，然后在上升中不断减少。当股价停止原来的趋势时，成交量又迅速增加，这是双方激烈争持的结果，其中一方得到压倒性胜利之后，便形成一个巨大的缺口，这时成交量又开始减少。这就是持续性缺口形成时的成交量变化情况。

第四，消耗性缺口通常是形成缺口的某日成交量最高（但也有可能在成交量最高那日的翌日出现），接着成交量减少，显示市场购买力（或沽售力）已经消耗殆尽，于是股价很快便回落（或回升）。

第五，在一次上升或下跌的过程中，缺口出现愈多，显示其趋势愈快接近终结。举个例子，当升势出现第三个缺口时，暗示升势快告终结；当第四个缺口出现时，短期下跌的可能性更大。

实践操作

一、反转突破形态

反转突破形态如图6–99至图6–107所示。

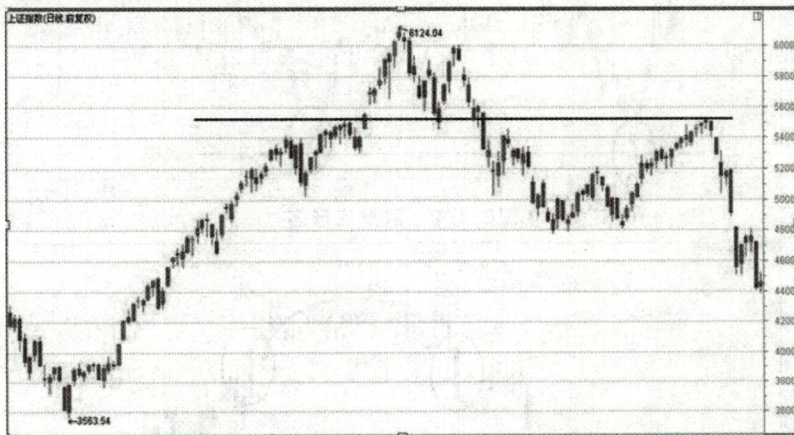

图6-99　头肩顶形态

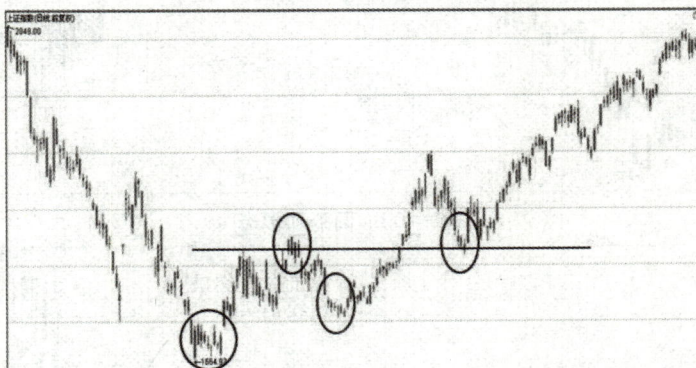

图6-100　头肩底形态

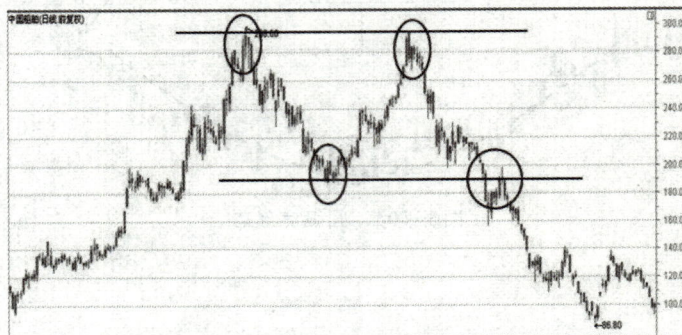

图6-101　双重顶形态

图6-102　双重底形态

图6-103　圆弧顶形态

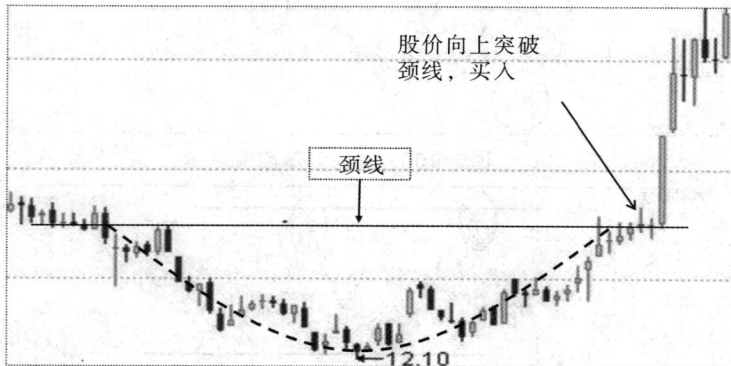

股价向上突破
颈线，买入

颈线

←12.10

图6-104　圆弧底形态

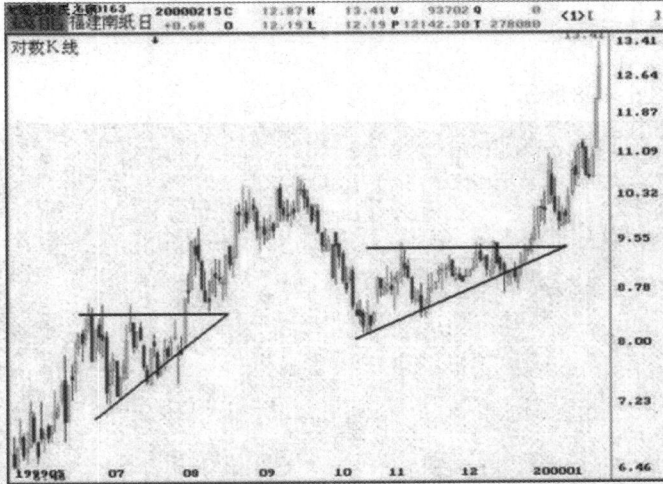

图6-105 上升三角形形态

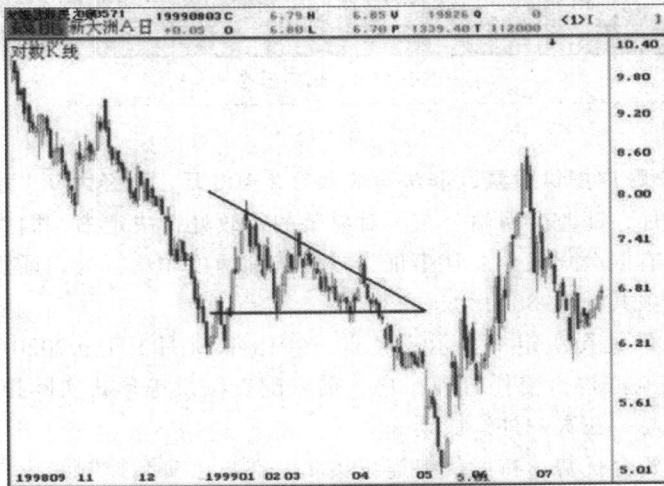

图6-106 下降三角形形态

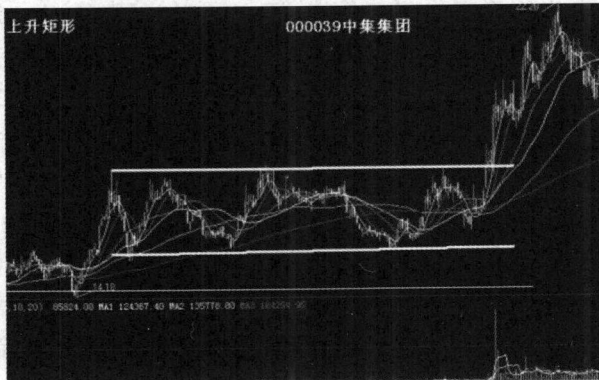

图6-107 矩形形态

二、缺口形态

缺口形态如图6-108所示。

图6-108　缺口形态

【行业视窗】

176个账户操纵股票、非法荐股吸金2 400万，财经大V"翻车"

2023年3月，证监会网站公布了对易某的行政处罚决定书，因操纵北京三夫户外用品股份有限公司股票、从事证券投资咨询两项非法行为，证监会决定对其没收、处罚款项共计9 988万元。

证监会行政处罚决定书显示，经查，2018年11月1日至2020年6月19日，易某以直接控制账户、受托管理账户、借入配资账户等形式实际控制76个证券账户，用于交易"三夫户外"股票。

易某利用资金优势、持股优势连续买卖，在自己实际控制的账户之间进行交易等形式，操纵"三夫户外"股票价格。涉案账户组累计买入"三夫户外"1.94亿股，成交金额36.93亿元；累计卖出1.91亿股，成交金额36.2亿元。期间，账户组存在在自己实际控制的账户之间进行交易的情况，对倒量占市场竞价成交量最高达到25.14%。

证监会还指出，经查，易某通过微博、微信提供推荐个股、预测行情、指导操作等证券咨询服务。2020年5月26日至2021年3月15日，共有534人加入易伟投资咨询群，并实际向易伟指定收款银行账户支付会员费，易伟收入约2 400万元。

资料显示，易某，男，1971年11月出生，上海春山新棠投资管理有限公司法定代表人，住址：广东省深圳市福田区。其是前微博"知名大V"，粉丝数超37万人，自称毕业于耶鲁大学，富有投资经验，是大型美元基金管理人。同时他也是一家上市公司的原董事。

资料来源：根据证监会官网资料整理。

评述：

"股市黑嘴"是指编造、传播虚假信息或误导性信息，影响股票价格或交易量，甚至操纵市场等牟取非法利益的机构和个人。行为模式主要包括：

1. 编造、传播证券虚假信息。主要指通过编造、传播虚假信息或误导性信息，扰乱证券市场。

2. 蛊惑交易。主要指传播虚假或者不确定的重大信息，诱导投资者作出投资决策，影响证券交易价格或交易量，并进行相关交易或者谋取相关利益。

3. 抢帽子交易。主要指对证券及其发行人、上市公司公开作出评价、预测或者投资建议，误导投资者作出投资决策，影响证券交易价格或交易量，并进行与其评价、预测、投资建议方向相反的证券交易。

4. 利用信息优势操纵。主要指控制发行人、上市公司信息的生成或者控制信息披露的内容、时点、节奏，误导投资者作出投资决策，影响证券交易价格或交易量，并进行相关交易或者谋取相关利益。

根据《中华人民共和国证券法》有关规定，上述行为分别涉嫌编造传播虚假信息或者误导性信息（行为模式1），及操纵证券市场（行为模式2~4）等。

这就需要我们注意下面的一些事项：

1. 远离微信荐股、直播荐股，防范股市网络诈骗。

2. 线上股票群有风险，非法荐股有陷阱。

3. 直播荐股是非法行为，盲目跟从会上当受骗。

4. 警惕新型网络诈骗，防范线上所谓"老师"、大V、群友等非法荐股。

5. 网上"内幕消息"不靠谱，坚持理性投资是正道。

项目小结

本章主要介绍了形态理论所包含的形态种类及形态特征和应用。学习形态理论对我们进行投资有一定的指导意义，可以减少投资的盲目性。

形态理论是技术分析理论中较早得到应用的方法，相对来说比较成熟，为我们提供了很多价格运动轨迹的形态。但是，在应用形态理论时还必须解决下面的问题：

（1）形态识别的多样性

站在不同的角度，面对不同时间区间的价格形态图形，对同一位置的某个形态可能有不同的解释。例如，一个头肩形态可能认为是某个局部的顶部或底部的反转形态，但是如果从更大的范围来看，它有可能仅仅是一个更大的波动过程中的中途持续形态，比如说是一个三角形或楔形。在实际的投资行为中，对这样的形态我们究竟应如何判断呢？这个问题既是对波动趋势"层次"的判断问题，也应该用尽可能宽的时间区间，因为时间区间宽的形态所包含的信息更多。

（2）形态真假突破的判断

在进行实际操作的时候，形态理论要求等到形态已经完全明朗后才行动。形态的明朗必然涉及支撑压力线的突破问题，这个问题在支撑压力理论中已经详细阐述。

（3）信号"慢半拍"，获利不充分

形态理论认为需要等到形势明朗后才行动，这就面临获利不充分的问题。从某种意义上讲，有错失机会之嫌。如果等到突破后才行动，有时错误是不可限量的。甚至可以说，此时利用形态分析已经失去意义。

（4）形态规模的大小影响预测结果

形态规模是指价格波动所留下的轨迹在时间和空间上的覆盖范围。形态规模大，表明在形态完成的过程中，价格的上下波动所覆盖的区域大，在技术图形上所表现出来的就是价格起伏大，从开始到结束所经过的时间跨度长。相反，小规模的形态所覆盖的价格区间小，时间长度也短。对形态规模的大小，可以用几何学中的"相似"的概念来解释。规模大的形态是规模小的形态的"放大"。当然，对大小的判断将会涉及主观的因素。

从实际应用的角度讲，规模大的形态和规模小的形态都对行情判断有作用，不能用简单的一句话说清楚两者的区别。一般来说，规模越大的形态所得出的结论越具有战略的性质，规模越小的形态所得出的结论越具有战术的性质。从形态的度量功能看，规模大的形态的高度就大，预测的深度就必然深。

过程考核

一、单项选择题

1.技术分析理论认为市场过去的行为（   ）。

A.完全确定未来的走势

B.可以作为预测未来的参考

C.对预测未来的走势无帮助

D.就是未来的走势

2.与基本面分析相比，技术分析的优点是（   ）。

A.能够比较全面地把握证券价格的基本走势

B.同市场接近，考虑问题比较直观

C.考虑问题的范围相对较窄

D.进行证券买卖见效慢，获得利益的周期长

3.进行证券投资技术分析的假设中，（   ）是从人的心理因素方面考虑的。

A.市场行为涵盖一切信息

B.价格沿趋势移动

C.历史会重演

D.投资者都是理性的

4.认为收盘价是最重要的价格的技术分析理论是（　　　）。

A.道氏理论　　　　　　　　　　　　　　　B.波浪理论

C.切线理论　　　　　　　　　　　　　　　D.形态理论

5.清晨星通常出现在（　　　）。

A.上升趋势中　　　　　　　　　　　　　　B.下降趋势中

C.横盘整理中　　　　　　　　　　　　　　D.顶部

二、判断题

1.对称三角形一般应有6个转折点才能确认。　　　　　　　　　　　　　　（　　）

2.根据经验，突破的位置一般应在三角形的横向宽度的1/4~3/4的某个点。（　　）

3.上升三角形比起对称三角形来有更强烈的上升意识，多方比空方更为积极。通常以三角形的向上突破作为这个持续过程终止的标志。　　　　　　　　　　　（　　）

4.一个标准的喇叭形应该有2个高点、3个低点，股票投资者应在第二峰调头向下时抛出手中的股票。　　　　　　　　　　　　　　　　　　　　　　　　　（　　）

5.V形是一种急剧的反转形态，在转势点需有大成交量配合。　　　　　　（　　）

6.V形反转是一种强势反转，在应用时可大胆使用。　　　　　　　　　　（　　）

7.旗形和楔形都有明确的形态方向，并且和原有的趋势相反。　　　　　　（　　）

8.价和量是市场行为最基本的表现。　　　　　　　　　　　　　　　　　（　　）

9.进行证券投资，技术分析最根本、最核心的因素是价格沿趋势移动。　　（　　）

10.技术分析必须与基本面的分析结合起来使用。　　　　　　　　　　　（　　）

三、填空题

1.常用的证券投资分析方法包括_____和_____两种方法。

2.K线由_____、_____、_____、_____四个价位组成，开盘价低于收盘价称为_____，反之称为_____。

3.股票形态可分为_____和_____。

4.当现价站稳长期与短期MA之上，短期MA又向上突破长期MA时，为_____信号，此种交叉称为_____；反之，若现在行情的价位位于长期与短期MA之下，短期MA又向下突破长期MA时，则为_____信号，此种交叉称为_____。

四、简述题

1.简述头肩形态的形成。

2.三角形态包括哪几种？

3.如何应用三角形态进行分析？

4.移动平均线的买卖信号有哪些？

5.请列出技术分析的三大假设。

项目实训

请标出下表中的图所呈现出的整理形态。

实训任务	下图是某股票的K线走势图，请仔细判断，并标出图中所呈现出的整理形态，并说明理由 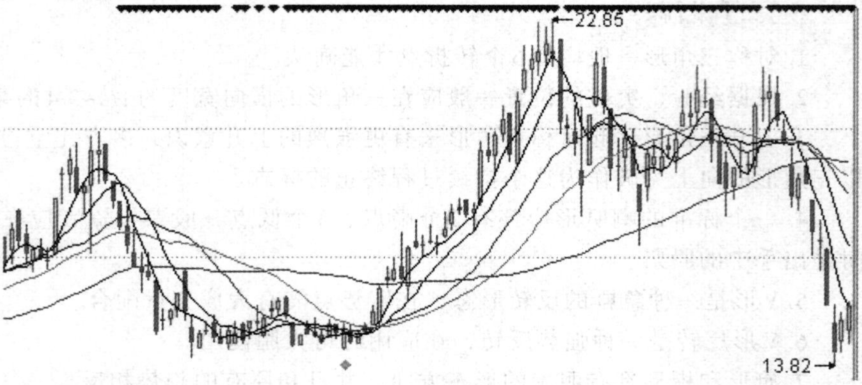 22.85 13.82
条件要求	能接入互联网的证券实验室
资料准备	无
考核要求	完成实训报告
实训过程提示	略
实训报告	

学习目标

职业知识：

1.掌握趋势线、压力线和支撑线的画法和含义；

2.理解技术指标MACD、KDJ；

3.掌握技术指标的不同分类；

4.理解技术指标的计算方法。

职业能力：

1.掌握趋势线、压力线和支撑线等的画法和含义；

2.理解技术指标MACD、KDJ、RSI和BIAS等的含义和使用方法；

3.掌握不同技术指标的计算过程；

4.掌握自主学习技术指标的方法与启示。

职业素养：

1.引导学生树立独立客观的分析精神。证券投资分析的证券技术指标分析必须通过对原始数据，建立数理模型，进行科学分析，真实客观地反映投资标的买卖时机，为投资提供客观的依据。

2.培养学生正确的投资理念。通过对证券投资技术指标分析，培养学生价值投资理念，防止过度短期投机。

任务一　　技术指标分析认知

任务导入

如何判断庄家是洗盘还是出货

庄家在进行出货操作的时候，除了会改变移动均线与 MACD 指标的波动形态外，K 线形态的改变也是必然要出现的。庄家出货时 K 线形态有以下两种改变：①阳线与阴线的数量将会发生明显的改变。②阳线与阴线的实体将会发生明显的改变。

一旦在上涨的高位 K 线形态发生以上任何一种变化，投资者都要记住：庄家的出货操作正在进行，必须要趁早卖光手中的股票。图 7-1 是湘电股份 20××年 6 月至 8 月走势图。

股价在图 7-1 中形成了持续上涨的走势，在上涨初期以及中期阶段，由于 K 线形态比较简单，所以移动均线的变化也显得非常单一，各条均线均挺拔向上。

而当股价进入顶部区域以后，K 线形态变得复杂起来，小级别的波动频繁出现。股价上涨时庄家一心想要快速拉高股价，以便实现高额的盈利，而进入顶部区域以后，庄家想要进行的是出货操作，这个时候只要维持股价不跌就足够，能否上涨并不是主要问题，庄家不再继续强劲拉升股价，K 线形态必然会变得复杂。

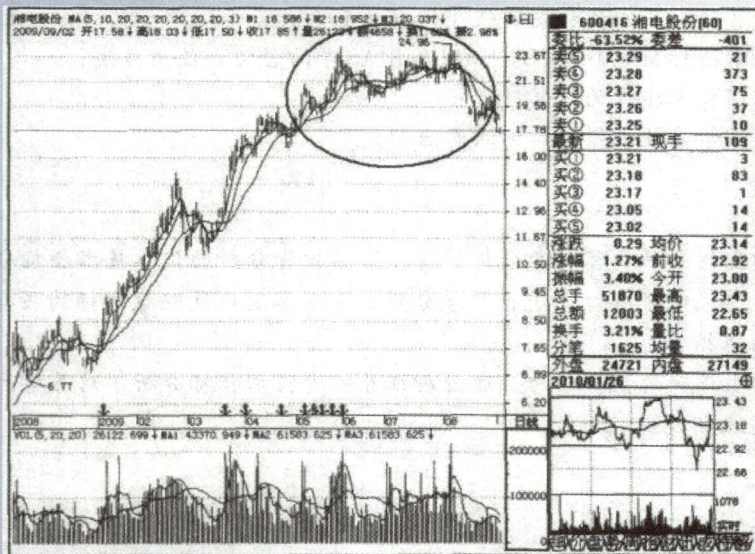

图 7-1　湘电股份 2009 年 6 月至 8 月走势图

主升浪阶段移动均线均保持着挺拔的状态，而进入了顶部区域以后，20 日移动均线的上行角度明显减小，并且 5 日和 10 日移动均线也开始频繁出现金叉与死叉，不再像前期那样始终保持多头排列的状态。切记：庄家出货所改变的第一种形态就是移动均线的变化，只要移动均线的波动方向开始变幻莫测，就要意识到顶部就此形成。

问题：如何判断庄家是洗盘还是出货？

分析提示：

1.震荡幅度：洗盘时一般较小，出货时一般较大。

2.庄家获利空间：洗盘时一般小于 20%，出货时一般大于 50%，甚至达到 100%。

3.当天外盘和内盘成交量比：洗盘时内外盘成交量差不多，出货时一般内盘大于外盘，且常有大卖单出现。

4.均线上攻的斜率及喇叭口发散程度：洗盘时上攻的斜率不是很大，喇叭口刚发散；出货时上攻斜角大于 45 度，喇叭口发散程度放大。

5.成交量：洗盘时成交量萎缩，出货时放大。

6.均线发散趋势：洗盘时仍然呈向上发散趋势，多头排列不变；出货时已被破坏，或者开始向下。

7.是否护盘：洗盘时一般在中低价区不有效破 10 日均线，在中高价区不有效破 20 日均线（或者 30 日均线）；出货时一般会迅速下破 5 日、10 日等短期均线，且在高位出现死叉。

资料来源：根据相关资料整理。

知识准备

微课堂 7-1

技术指标分析
认知

一、技术指标的概念

1.技术指标的含义

所谓技术指标，就是应用一定的数学公式，对原始数据进行加工处理，得出指标值，并将指标值绘成图表，从指标值的大小、指标值图表的形态和走势等多方面对股市的变化趋势进行预测的方法。这里的原始数据是指开盘价、最高价、最低价、收盘价、成交量和成交金额等。

2.技术指标的本质

技术指标的本质是在原始数据的基础上，通过数学公式计算得出一些有别于原始数据的技术指标值。这些指标值反映了股市的某一方面深层次的内涵，这些内涵从原始数据上是很难看出来的。技术指标是一种定量分析方法，它弥补了定性分析方法的不足，极大提高了具体操作时的精确度。例如，我们知道股价下跌多了总是要反弹的，但跌到什么程度，我们可以买进呢？仅凭定性的知识很难准确把握最佳买点，但技术指标在很大程度上能够帮助解决这一问题，尽管不是百分之百准确，但至少能使我们在采取行动前从数据方面得到帮助。

二、技术指标分类

尽管技术指标有上千种，但可以从不同的角度对其进行分类。以技术指标的功能为划分依据，将常用的技术指标分为趋势型指标、超买超卖型指标、人气型指标和大势型指标四类。

1. 趋势型指标

趋势型指标是用于判断证券价格变动趋势的指标，该类指标构造的基本思想是应用统计学中"平均价格"的概念和原理。根据道氏理论，证券市场的价格运动可分为长期运动、中期运动和短期变动三种形式。其中，长期运动和中期运动是两种主要的形式。其技术分析意义最大，而短期变动的影响相对较小。通过计算平均价格，可消除短期变动和其他偶然性因素对证券价格变动所造成的影响，确认证券价格的变动趋势。常见的趋势型指标有移动平均线（MA）、指数平滑异同移动平均线（MACD）等。

2. 超买超卖型指标

超买超卖型指标是根据当日收盘价相对于一段时间内最高价和最低价的位置，判断市场价格走势的强弱和超买超卖现象，以此作为短期投资信号的一种技术指标。该类指标构造的基本原理是，在当天的价格处在一段时间内的全部价格范围内较高的位置时，说明市场处于超买状态，股价可能要回落；在当天的价格处在较低的位置时，股价可能要反弹。常见的超买超卖型指标有威廉指标、随机指标等。

3. 人气型指标

人气型指标是用以反映市场人气聚散程度的技术指标。该类指标构造的基本原理是：根据历史资料，计算出代表多空双方力量的指数值，然后通过对多空双方力量的对比，判断市场的强弱和人气聚散程度，依此作出投资决策。常见的人气型指标有心理线（PSY）指标、能量潮（OBV）指标、人气（AR）指标、意愿（BR）指标、中间意愿（CR）指标等。

4. 大势型指标

大势型指标是用以反映大盘走势的技术指标。一般来说，人们使用综合指数反映股市总体的升降趋势，但综合指数不可能面面俱到，总有不尽如人意的地方。大势型指标可以从某个角度弥补综合指数的不足，提前向我们发出信号。大势型指标构造的基本原理是通过对每日上涨股票和下跌股票家数的累积情况的对比，反映市场人气盛衰和大势走向。常见的大势型指标有腾落（ADL）指标、涨跌比率（ADR）指标及超买超卖线（OBOS）等。大势型指标只适合于投资者研判大势，不可用于选股与研究个股。

三、应用技术指标应注意的问题

无论什么样的技术指标，其应用法则基本上是相同的，技术指标就是根据这些法则向投资者发出买卖信号的。总结起来，应用技术指标应注意的问题有：

1. 指标值的大小或高位、低位

技术指标值的大小或高位、低位可反映市场所处的状态，指出市场是处于超买区还是超卖区，以此向投资者发出买卖信号。

2. 指标值的徘徊

指标值的徘徊是指指标值处于进退两可的状态。如果技术指标值在一段时间内处于徘徊状态，则表明对市场未来方向没有明确的判断，以此向投资者发出的是不宜进行买卖操作的信号。

3. 指标与股价走向的背离

指标与股价走向的背离是指由指标值绘出曲线的走向与股价的走向不一致。当指标与股价走向出现背离时，往往是技术指标向投资者发出的较强烈的买卖操作的信号。

4. 指标的转折与形态

指标的转折是指指标的图形发生了调头，这种调头有时是一个趋势的结束和另一个趋势的开始。指标的转折一般先于股价走势的转折，出现指标的转折往往也是技术指标向投资者发出的买卖操作的信号。

指标的形态是指指标的图形所走出的形态。当出现头肩形态或双重顶（底）形态，往往预示着股价走势的反转。

5. 指标的交叉

指标的交叉是指同一种指标中不同参数形成的两条指标线之间发生的相交现象。当出现指标线的交叉时，也是技术指标向投资者发出的买卖操作的信号。常说的金叉与死叉就属于这种情况。

6. 指标的盲点

指标的盲点是指指标无能为力的时候。每种指标都有自己的盲点，也就是指标失效的时候。当一个技术指标失效时，应考虑使用其他技术指标。

实践操作

运用波浪理论分析股票投资价值

1. 波浪理论的四个基本特点

（1）股价指数的上升和下跌将会交替进行。

（2）推动浪和调整浪是价格波动的两个最基本形态，而推动浪（即与大市走向一致的波浪）可以再分割成5个小浪，一般用第1浪、第2浪、第3浪、第4浪、第5浪来表示，调整浪也可以划分成3个小浪，通常用a浪、b浪、c浪表示。

（3）在上述8个波浪（五升三落）完毕之后，一个循环即告完成，走势将进入下一个八浪循环。

（4）时间的长短不会改变波浪的形态，因为市场仍会依照其基本形态发展。波浪可以拉长，也可以缩短，但其基本形态永恒不变。

2. 波浪理论应用分析

总之，波浪理论可以用一句话来概括，即"八浪循环"。图7-2为隆平高科（000998）2007年10月31日—2008年9月16日的日线图，图中明显标出了波浪理论的八浪循环过程。其中第2浪回调未破第1浪的低点，第3浪是最长的一浪，第4浪调整没有跌穿第1浪的高点，而第5浪是衰竭浪，比起第3浪，股价容易在第5浪高位做双头。而之后，该股走出a-b-c三浪下跌的走势。

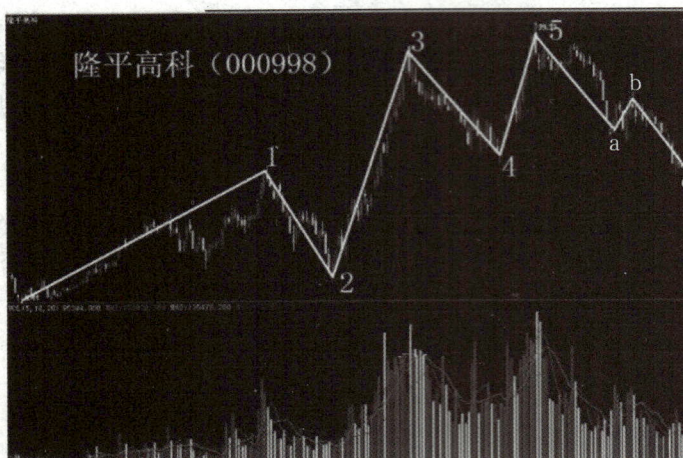

图7-2 隆平高科（000998）日线图

任务二 MACD指标分析

任务导入

技术指标 MACD 分析

图 7-3 是上证指数的技术分析图，图中上半部分为 K 线图，下半部分为技术指标 MACD。

图 7-3 技术指标 MACD

问题：

（1）图中的技术指标 MACD 走势和上证指数的走势有没有关联？

（2）图中的技术指标 MACD 能够指导股票操作吗？

分析提示：要明白 MACD 指标的具体运用规则，可以找到某只股票的具体行情，然后看看行情变化过程中 MACD 指标的具体运用。

知识准备

微课堂 7-2

MACD 指标分析

一、MACD指标的概念

MACD 指标的全称为指数平滑异同移动平均（Moving Average Convergence Divergence）线，是通过计算两条不同速度的指数平滑异同移动平均线之间的离差值来研判股市行情的一种技术分析方法。其基本原理是利用快速与慢速移动平均线聚合与分离的征兆功能，加以双重地平滑计算，以研判买卖时机。

MACD 是一种移动平均线的波动指标，不过它使用的不是普通移动平均线，而是以长期与中期的平滑移动平均（EMA）线的累积差距计算出来的。在 MACD 图形中显示两条线：一条是实线，就是 MACD 线，而另一条线为虚线，即 Trigger 线，就是 MACD 线的移动平均线。可以将 MACD 线与 Trigger 线之间的差距画成柱状垂直线图（Oscillators），且以 0 轴为中心轴，以柱状垂直线图的正负表示 MACD 线与 Trigger 线何者在上、何者在下，作为研判买卖的最佳时机。

二、MACD指标构成

MACD 的计算过程比较复杂，所需要的指标也较多，包括快、慢速移动平均线（12日 EMA、26 日 EMA），快、慢速移动平均线离差值（也称正负差，即 DIF），离差值的平均值（DEA），其中 DIF 是核心，DEA 是辅助（如图 7-4 所示）。

图7-4　技术指标MACD的DIF和DEA

1. DIF 的计算

DIF 是快速平滑移动平均线与慢速平滑移动平均线的差，快速和慢速的区别是进行指数平滑时采用的参数大小不同，快速是短期的，慢速是长期的。下面以常用的参数 12 日和 26 日为例，对 DIF 的计算过程进行介绍。

快速平滑移动平均线是 12 日的，计算公式为：

$$今日 EMA（12）= \frac{2}{12+1} \times 今日收盘价 + \frac{11}{12+1} \times 昨日 EMA（12） \qquad (7.1)$$

慢速平滑移动平均线是 26 日的，计算公式为：

$$今日 EMA（26）= \frac{2}{26+1} \times 今日收盘价 + \frac{25}{26+1} \times 昨日 EMA（26） \qquad (7.2)$$

以上两个公式是指数平滑的公式，平滑因子分别为 2/13 和 2/27。如果选别的系数，也可照此法处理。

$DIF=EMA（12）-EMA（26）$

在此基础上，可以计算出 DEA（MACD），DEA 的参数一般选择 9 天。

$$今日 DEA（MACD）=\frac{2}{10}×今日 DIF+\frac{8}{10}×昨日 DEA \tag{7.3}$$

2. DEA 的计算

DEA 是 DIF 的移动平均值，也就是连续数日的 DIF 的移动平均值。这样，DEA 自己又有了参数，那就是作算术平均的 DIF 的个数，即天数。对 DIF 作移动平均就像对收盘价作移动平均，其目标是消除偶然性因素的影响，使结论更可靠。

此外，在分析软件中还有一个指标叫柱状线（BAR）。

$BAR=2×（DIF-DEA）$ (7.4)

从公式中可以看出，BAR 是 DIF 和 MACD 之间的差距。在分析软件中，BAR 被画成柱状线，分为绿色和红色两种。BAR 的大小反映了 DIF 与自己的移动平均值 MACD 之间的差距。红线越长意味着多方优势越大，绿线越长意味着空方优势越大。

三、MACD 指标应用应注意的问题

（1）牛熊判断。如果 DIF 和 MACD 值都在 0 轴上方，则为牛市；反之为熊市。

（2）买入信号。DIF 上穿 MACD 为买入信号。如果上穿发生在 0 轴上方，则是牛市中发出的买入信号，为强势买入信号，可靠性强；如果上穿发生在 0 轴下方，则是熊市中发出的买入信号，为弱势买入信号，可靠性弱，为空方补仓机会。

（3）卖出信号。DIF 下穿 MACD 为卖出信号。如果下穿发生在 0 轴下方，则是熊市中发出的卖出信号，为强势卖出信号，可靠性强；如果下穿发生在 0 轴上方，则是牛市中发出的卖出信号，为弱势卖出信号，可靠性弱，为多方获利了结机会。

（4）背离信号。MACD 作为最重要的市场趋势指标之一，对于市场主要趋势的预测相当准确，尤其是其与股价的背离走势更是原趋势发生逆转的主要信号。MACD 指标与股价的背离走势有两种，即顶背离与底背离。

顶背离是指股价一峰比一峰高，而 MACD 却一峰比一峰低，是股价由上升转为下降的预警信号；底背离是指股价一谷比一谷底，而 MACD 却一谷比一谷高，是股价由下降转为上升的预警信号。

（5）MACD 曲线的形态分析：MACD 的走势也同 K 线一样，会有各种各样的形态，典型的如双头（底）和头肩顶（底）等，形态分析的有关分析方法完全适用于 MACD 曲线。

实践操作

运用 MACD 分析股票投资价值

1. 金叉介入

0 轴以上第一个金叉介入最好满足的条件：①放量；②K 线突破前高；③金叉位置离 0 轴不太远（如图 7-5 所示）。

图7-5　金叉介入

2.牛熊判断

如果DIF和MACD都在0轴上方，则为牛市；反之为熊市（如图7-6所示）。

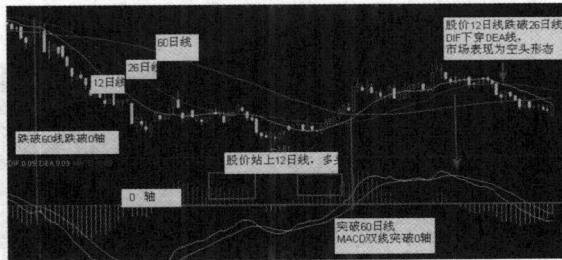

图7-6　牛熊判断

3.买入信号

DIF上穿MACD为买入信号。如果上穿发生在0轴上方，则是牛市中发出的买入信号，为强势买入信号，可靠性强（如图7-7所示）。

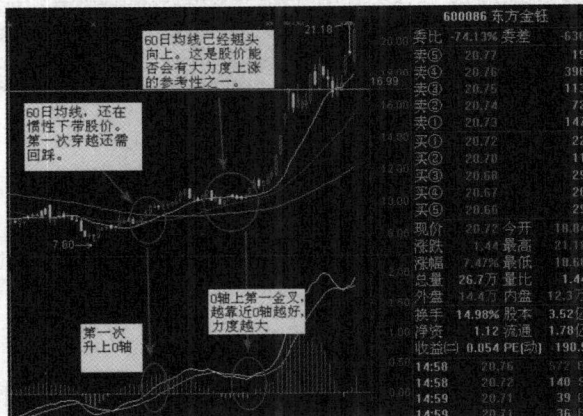

图7-7　买入信号

4.顶背离

顶背离如图 7-8 所示。

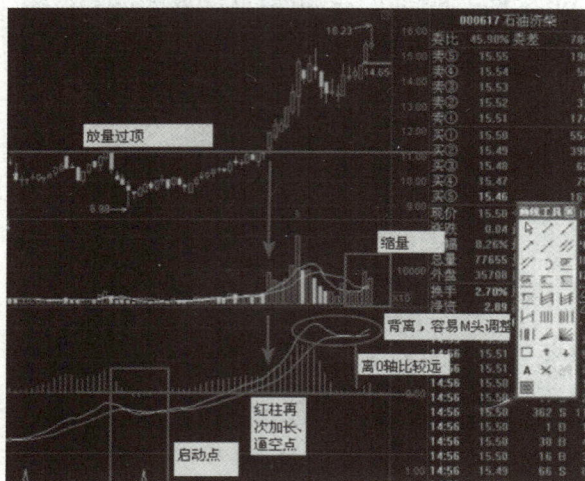

图7-8　顶背离

5.底背离

底背离如图 7-9 所示。

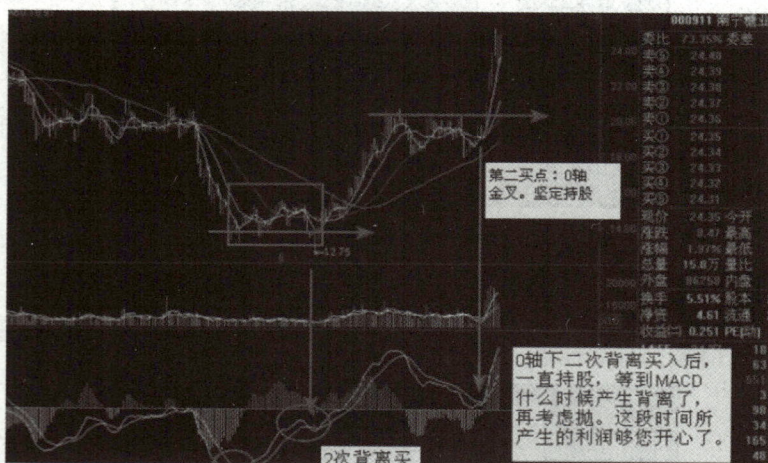

图7-9　底背离

任务三　威廉指标分析

任务导入

威廉指标分析示例

图 7-10 是上证指数的技术分析图，图中上半部分为 K 线图，下半部分为技术指标威廉指标（WR）。

图 7-10 威廉指标

问题：

（1）图中的技术指标 WR 走势和上证指数的走势有没有关联？

（2）图中的技术指标 WR 能够指导股票操作吗？

分析提示：找到行情软件中的 WR 指标，然后利用网络手段查询它的含义及应用。

知识准备

一、威廉指标的概念

威廉指标（WMS 或 WR）是一种兼具超买超卖和强弱分界的指标，属于短线指标，由拉瑞·威廉（Larry Williams）于 1973 年创立。WMS 的取值表示市场当前的价格在过去一段时间内所处的相对高度，进而表明价格是否处于超买或超卖的状态。

二、威廉指标的构成

1.计算公式

$$WMS（n）=\frac{H_n - C_t}{H_n - L_n}\times100 \tag{7.5}$$

式中：C_t 是当天的收盘价；H_n 和 L_n 是最近 n 日内（包括当天）出现的最高价和最低价。

2.指标含义

由公式可知，WMS 有一个参数，那就是选择天数 n。WMS 指标表示的含义是当天的收盘价在过去的一段时间内全部价格范围内所处的相对位置。如果 WMS 的值比较小，则说明当天的价格处在相对较高的位置，要提防回落；如果 WMS 的值较大，则说明当天的价格处在相对较低的位置，要注意反弹；WMS 取值居中，在 50 左右，则价格升降的可能性都有。

3. 参数选择

在WMS出现的初期，人们认为市场出现一个周期循环，大约是4周，那么取周期的前半部分或后半部分，就一定能包含这次循环的最高值或最低值。这样，WMS选的参数只要是2周，则这2周之内的H_n和L_n至少有一个成为顶价或底价，这对应用WMS研判行情很有帮助。基于上述理由，WMS参数的选择应该至少是循环周期的一半。中国证券市场的循环周期目前还没有明确的共识，在应用WMS时，应该多选择几个参数试试。

三、威廉指标应用应注意的问题

第一，强势市场和弱势市场判断。WMS的取值介于0~100，以50为中轴，将其分为上下两个区域。在上半区，WMS大于50，表示行情处于弱势；在下半区，WMS小于50，表示行情处于强势。

第二，超买与超卖区域判断。当WMS高于80，即处于超卖状态，行情即将见底，应当考虑买进；当WMS低于20，即处于超买状态，行情即将见顶，应当考虑卖出。这里80和20只是一个经验数字，不是绝对的，有些个别的股票可能比80大，也可能比80小，不同的情况产生不同的买进和抛出信号，要根据具体情况在实战中不断摸索。

第三，背离分析。在WMS进入低位后，一般要回头，如果这时股价还继续上升，就会产生顶背离，是卖出的信号；在WMS进入高位后，一般要反弹，如果这时股价还继续下降，就会产生底背离，是买进的信号。

第四，WMS指标的形态分析。WMS指标也可以用来进行形态分析，分析要领与K线形态分析要领相同。

实践操作

运用威廉指标分析股票投资价值

（1）WR指标进入80以下超卖区域，而后再度向上穿过超卖线80，是买入信号，预示市场将趋强（如图7-11所示）。

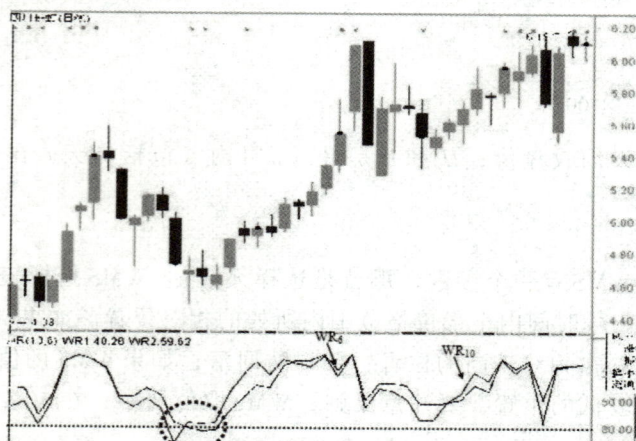

图7-11　买入信号示意图

（2）WR指标进入20以上超买区域，而后再度向下穿过超买线20，是卖出信号，预示市场将趋弱（如图7-12所示）。

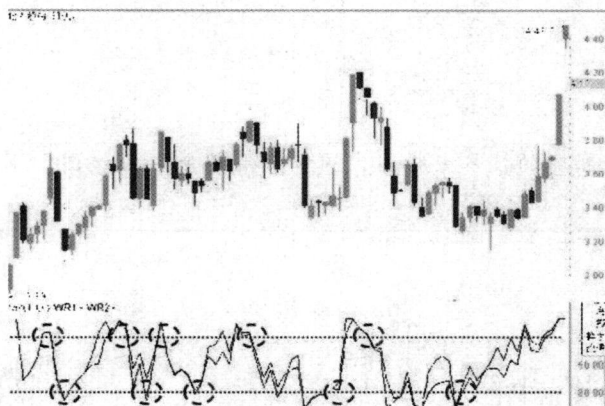

图7-12 卖出信号示意图

（3）当WR向上触及顶4次，则第4次触顶时是一个相当好的卖点；当WR向下触及底4次，则第4次触底时是一个相当好的买点（如图7-13所示）。

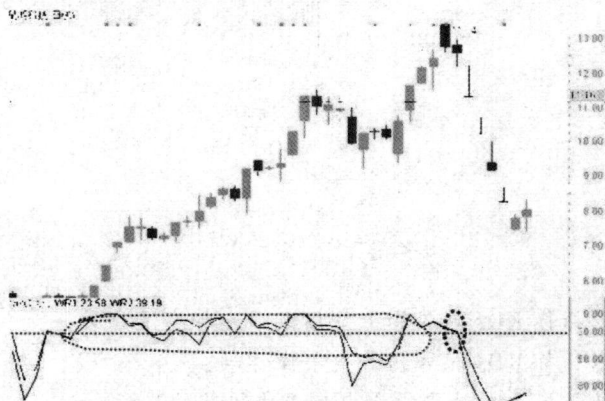

图7-13 卖点和买点示意图

（4）如出现多重顶或多重底，就是采取行动的信号（如图7-14所示）。

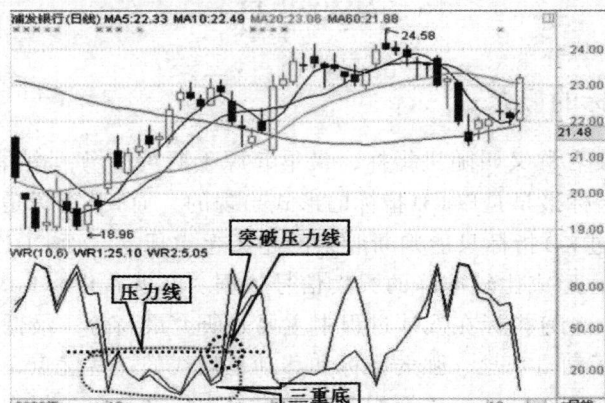

图7-14 采取行动的信号

任务四　KDJ指标分析

任务导入

　　图 7-15 是上证指数的技术分析图，图中上半部分为 K 线图，下半部分为技术指标 KDJ。

图 7-15　KDJ 指标

问题：

（1）图中的技术指标 KDJ 走势和上证指数的走势有没有关联？

（2）图中的技术指标 KDJ 能够指导股票操作吗？

分析提示：KDJ 指标是在股票投资中应用比较多的指标。

知识准备

一、KDJ 指标的概念

　　KDJ 指标的中文名称又叫随机指标，最早起源于期货市场，由乔治·莱恩（George Lane）首创。KDJ 指标最早是以 KD 指标的形式出现的，而 KD 指标是在威廉指标的基础上发展起来的。不过 KD 指标只能判断股票的超买超卖现象，而 KDJ 指标则融合了移动平均线速度的观念，形成比较准确的买卖信号依据。在实践中，K 线与 D 线配合 J 线组成 KDJ 指标来使用。KDJ 指标在设计过程中主要是研究最高价、最低价和收盘价之间的关系，同时也融合了动量观念、强弱指标和移动平均线的一些优点，因此，能够比较迅速、快捷、直观地研判行情，被广泛用于对股市的中短期趋势分析中，是期货和股票市场上最常用的技术分析工具。

KDJ指标是以最高价、最低价及收盘价为基本数据进行计算，得出的K值、D值和J值分别在指标的坐标系上形成的一个点，连接无数个这样的点就形成了一个完整的、能反映价格波动趋势的KDJ指标（如图7-16所示）。

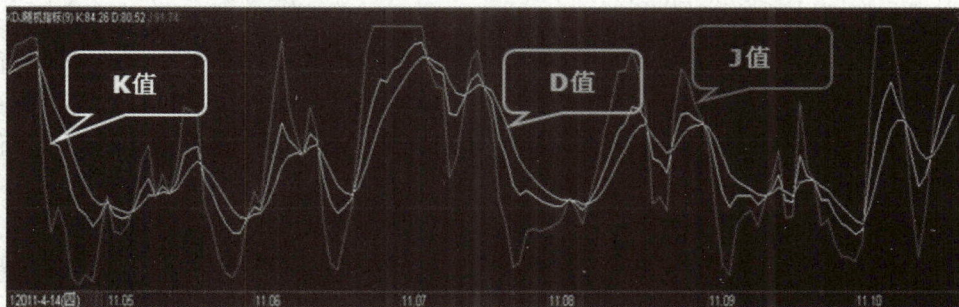

图7-16　K值、D值和J值

二、KDJ指标的构成

KD指标的计算至少有两种公式，下面介绍的是其中一种，分为三个步骤：

（1）计算未成熟随机值RSV（Row Stochastic Value）

其计算公式为：

$$RSV（n）=\frac{C_t-L_n}{H_n-L_n}\times100 \tag{7.6}$$

式中：C_t是当天的收盘价；H_n和L_n是最近n日内（包括当天）出现的最高价和最低价。

（2）对RSV进行指数平滑以得到K值

其计算公式为：

$$今日K值=\frac{2}{3}\times昨日D值+\frac{1}{3}\times今日RSV \tag{7.7}$$

式中：1/3是平滑因子，可以人为选择，不过目前已经约定俗成，固定为1/3。

（3）对K值进行指数平滑以得到D值

其计算公式为：

$$今日D值=\frac{2}{3}\times昨日D值+\frac{1}{3}\times今日K值 \tag{7.8}$$

式中：1/3为平滑因子，可以改成别的数字，同样已约定俗成，1/3也已经固定。

在介绍KD指标时，往往还附带一个J指标，其计算公式为：

$$J=3D-2K \tag{7.9}$$

可见，J是D加上一个修正值。J的实质是反映D和D与K的差值。此外，有的书中J指标的计算公式为$J=3K-2D$。KD指标是在WMS的基础上发展进来的，所以KD就有WMS的一些特性和原理。一般来讲，在反映证券市场价格变化时，WMS最快，K其次，D最慢。在使用KD指标时，往往称K为快指标，称D为慢指标。K指标反应敏捷，但容易出错；D指标反应稍慢，但准确、可靠。

三、KDJ指标应用应注意的问题

KDJ指标是三条曲线，在应用时主要从五个方面进行考虑：K、D取值的绝对数字；K、D曲线的形态；K、D指标的交叉；K、D指标的背离；J指标的取值大小。

（1）超买区和超卖区判断

K、D的取值范围都是0~100，一般将其划分为几个区域：超买区、超卖区、徘徊区。按一般的划分法，80以上为超买区，20以下为超卖区，其余为徘徊区。根据这种划分，K、D超过80就应该考虑卖出，低于20就应该考虑买入。这种操作很简单，但很容易出错，完全按这种方法进行操作很容易导致损失。大多数对KD指标了解不深的人以为KD指标的操作仅限于此，故而对KD指标的作用产生误解。应该说明的是，上述对0~100的划分只是一个应用KD指标的初步过程，仅仅是信号。真正作出买卖的决定还必须从以下几方面考虑。

（2）KD指标形态分析

当KD指标在较高或较低的位置形成了头肩形或多重顶（底）时，是采取行动的信号。注意，这些形态一定要在较高位置或较低位置出现，位置越高或越低，结论越可靠、正确。操作时可按形态分析方面的原则进行。

对于KD的曲线同样也可以画趋势线，以明确KD的趋势。在KD的曲线图中仍然可以引进支撑线和压力线的概念。某一条支撑线或压力线被突破也是采取行动的信号。

（3）买入和卖出信号

一般来说，K线上穿D线是金叉，为买入信号；K线下穿D线是死叉，为卖出信号。但是KD指标较为敏感，频繁地发出买入和卖出信号会使得投资者无所适从，因此，KD指标发出的买入或是卖出信号是否可靠，还要看别的信号。下面以买入信号为例来说明：

第一个条件是金叉的位置应该比较低，最好处在超卖区的位置，越低越可靠。第二个条件是与D线相交的次数较多。有时在低位，K、D线要来回交叉好几次。交叉的次数以2次为最少，越多越可靠。第三个条件是交叉点相对于KD线低点的位置，这就是常说的"右侧相交"原则。K线是在D线已经抬头向上时才同D线相交，比D线还在下降时与之相交要可靠得多。换句话说，右侧相交比左侧相交好。满足了上述条件，买入就放心一些。少满足一条，买入的风险就大一些。但是，如果要求每个条件都满足，尽管比较安全，但也会错过很多机会。对于K线从上向下穿破D线的死叉，也有类似的结果，投资者不妨自己试着分析，这里不再重复。

（4）背离分析

KD指标也会与股价出现背离的走势。当KD处在高位，并形成两个依次向下的峰时，股价还在一个劲儿地上涨，这叫顶背离，是卖出的信号；与之相反，KD处在低位，并一底比一底高，而股价还继续下跌，这就构成底背离，是买入信号。

（5）J值研判

J指标取值超过100和低于0，都属于价格的非正常区域，大于100为超买，小于0为超卖。

实践操作

运用KDJ指标分析股票投资价值

1. 超买区域和超卖区域（如图7-17和图7-18所示）

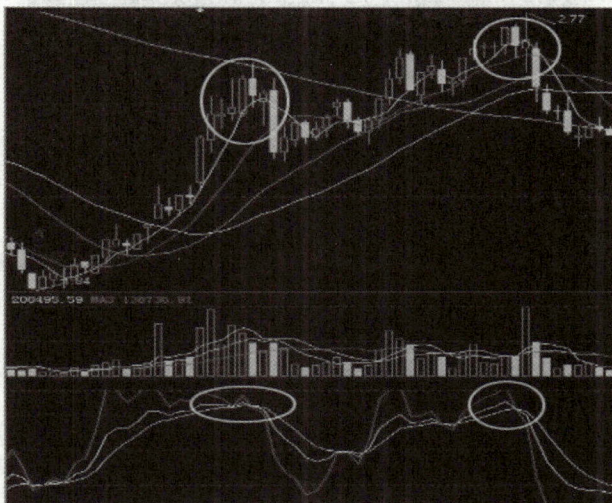

图7-17 超买区域

图7-18 超卖区域

2. KDJ指标形态分析（如图7-19所示）

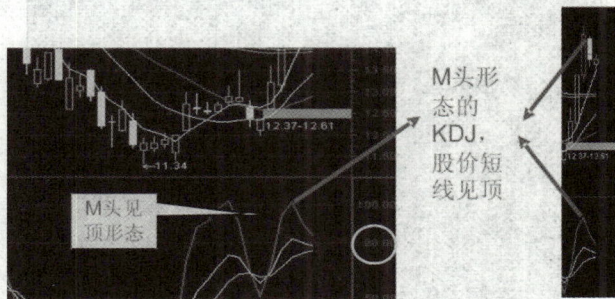

图7-19 KDJ指标形态分析

3. 买入信号和卖出信号（如图7-20和图7-21所示）

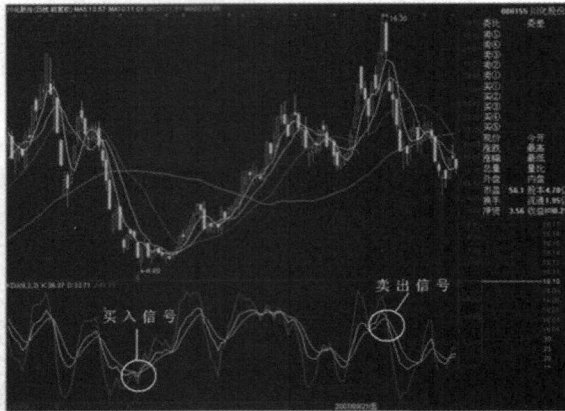

图7-20　买入信号

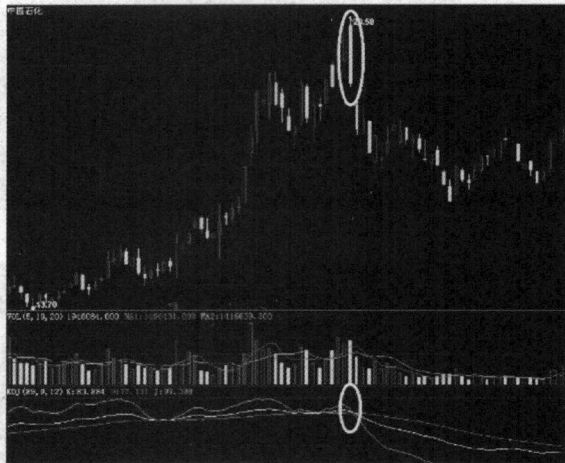

图7-21　卖出信号

4. 顶背离（如图7-22所示）

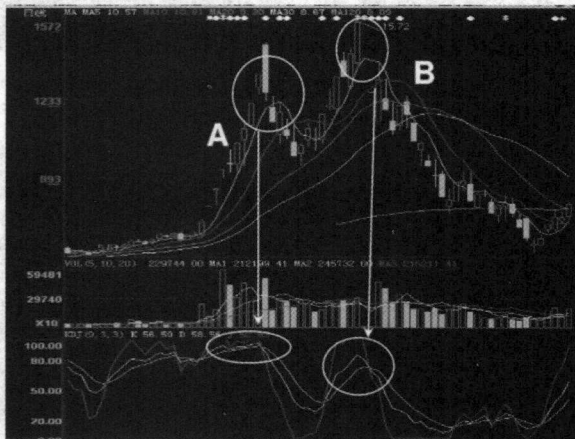

图7-22　顶背离

5. 底背离（如图7-23所示）

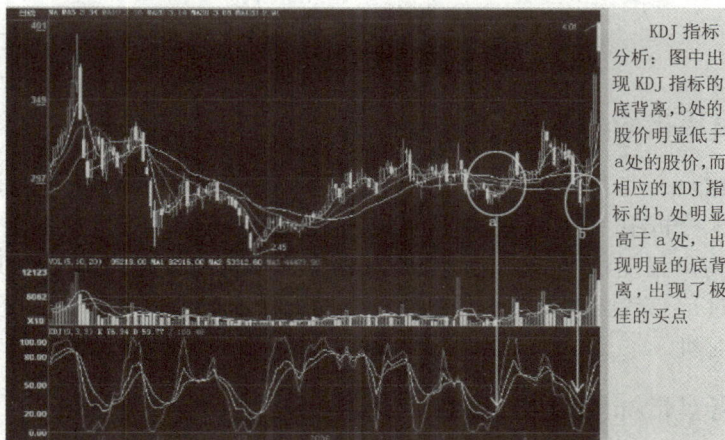

KDJ 指标分析：图中出现 KDJ 指标的底背离,b处的股价明显低于a处的股价,而相应的 KDJ 指标的b处明显高于a处,出现明显的底背离,出现了极佳的买点

图7-23 底背离

任务五 乖离率（BIAS）指标分析

任务导入

图 7-24 是上证指数的技术分析图，图中上半部分为 K 线图，下半部分为技术指标乖离率（BIAS）。

问题：

（1）图中的技术指标乖离率走势和上证指数的走势有没有关联？

（2）图中的技术指标乖离率能够指导股票操作吗？

分析提示：乖离率指标的具体运用原则大家可以结合相关的股票行情总结得出。

图 7-24 乖离率指标

知识准备

一、乖离率指标的概念

乖离率（BIAS）指标又叫 Y 值，是由移动平均原理派生出来的一种技术分析指标，是目前股市技术分析中一种短中长期皆可的技术分析工具。它是反映股价在波动过程中与移动平均线偏离程度的指标。它的理论基础是：不论股价在移动平均线之上或之下，只要偏离距离过远，就会向移动平均线趋近，据此计算股价偏离移动平均线百分比的大小来判断买卖时机。

二、乖离率指标的构成

BIAS 的计算公式及参数如下：

$$BIAS（n）=\frac{C_t - MA(n)}{MA(n)}\times100\% \tag{7.10}$$

式中：$BIAS（n）$ 是 n 日的乖离率；C_t 是当日收盘价；$MA（n）$ 是当天的 n 日移动平均值。从公式中可以看出，$BIAS$ 有正值，也有负值，正值意味着股价向上偏离均线，负值意味着股价向下偏离均线。

BIAS 的公式中含有参数的项只有一个，即 MA，因此 MA 的参数就是 BIAS 的参数，也就是天数 n。参数大小的选择首先影响 MA，其次影响 BIAS，不同的市场和不同的投资者的选择是不同的。

三、乖离率指标应用应注意的问题

1. BIAS 代表了一个时期内市场平均盈利（亏损）程度

前文在移动平均理论中谈到过均线能代表市场的平均成本，再作一个假设，即假设投资者在一天内的买入和卖出价格的平均价是当天的收盘价，这样就可以将 BIAS 理解为一个时期内（n 日）的市场平均盈利程度和平均亏损程度。正值代表盈利，负值代表亏损。当 n 日内市场平均盈利程度高时，多数投资者会选择获利了结，从而使得股价向均线回落；当 n 日内市场平均亏损程度高时，多数没有止损的投资者会选择补仓，以降低其加权成本，另有部分投资者抢反弹，从而推动股价向着均线回升。

以中纺投资（600061）为例，2004 年 9 月 23 日收盘价为 4.25 元，其 20 日和 30 日均线值分别为 3.66 元和 3.52 元，将其代入 BIAS 公式中，可得：其 20 日和 30 日 BIAS 值分别为 16.12% 和 28.41%，也就是说 20 日和 30 日内买入该股的投资者的平均盈利率分别达到 16.12% 和 28.41%，因而短期内投资者获利了结的动力非常大。果然，该股价格自 9 月 24 日开始下跌，进入了一个下跌通道。

2. 买入和卖出信号

从上面这个例子可以看出，BIAS 能够对投资者的短线投资行为进行指导，即通过提示一段时间内的市场平均盈利和亏损程度来发出短线买入和卖出信号。但正如前文所述，不同市场和不同投资者对参数 n 的选择是不同的，所以投资者应该根据自己的实际情况来确定参数 n。以下仅供投资者参考。

第一，BIAS（5）>3.5%、BIAS（10）>5%、BIAS（20）>8% 以及 BIAS（60）> 10%，是卖出时机。

第二，BIAS（5）<-3%、BIAS（10）<-4.5%、BIAS（20）<-7% 以及 BIAS（60）< -10%，是买入时机。

第三，对于综合指数而言，BIAS（10）>30% 为抛出时机；BIAS（10）<-10% 为买入时机。

第四，对于个股而言，BIAS（10）>35% 为抛出时机；BIAS（10）<-15% 为买入时机。

实践操作

运用乖离率指标分析股票投资价值

（1）买入信号如图 7-25 所示。

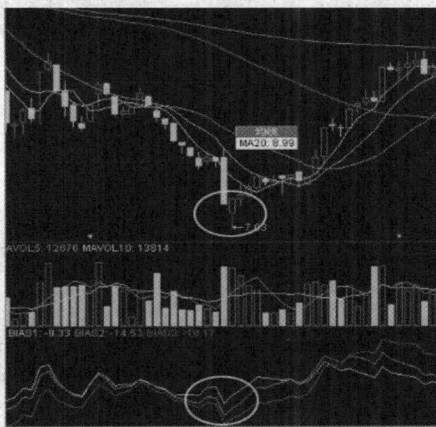

BIAS 负的乖离率愈大，则空头回补的可能性也愈大。如图所示，短中长期各负乖离率均在 -8% 以下，且发出买入信号

图7-25　买入信号

（2）卖出信号如图 7-26 所示。

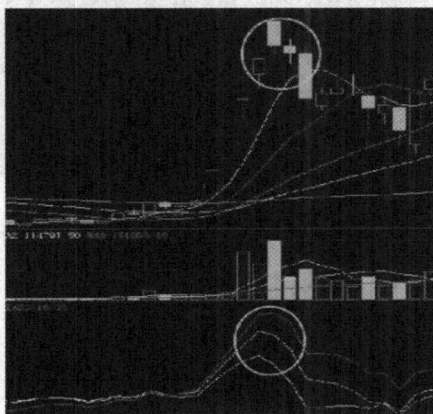

BIAS 正乖离率愈大，则表示短期多头的获利愈大，获利回吐的可能性愈大。如图所示，股价经过急速上涨，短中期正乖离率均在 +8% 以上，且发出卖出信号。股价反转

图7-26　卖出信号

（3）当 MA 向上移动时，出现 BIAS 由负值变为正值，表明多方已控制局势，可跟进做多（如图 7-27 所示）。

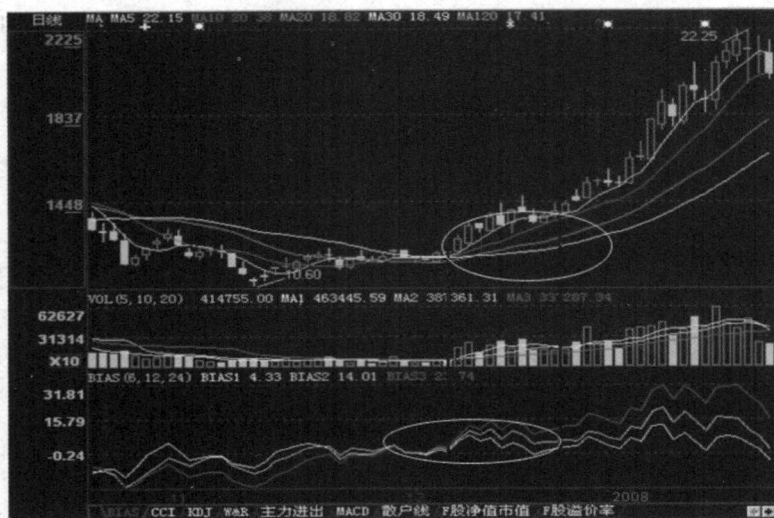

图7-27　BIAS 由负值变为正值

（4）当 MA 向下移动时，出现 BIAS 由负值变为正值，表明多方虽然经过努力，暂时将股价拉到了 MA 上方，但是 MA 仍处于向下移动的过程中，此时行情仍有继续向淡的可能，不宜看多、做多，如图 7-28 所示。

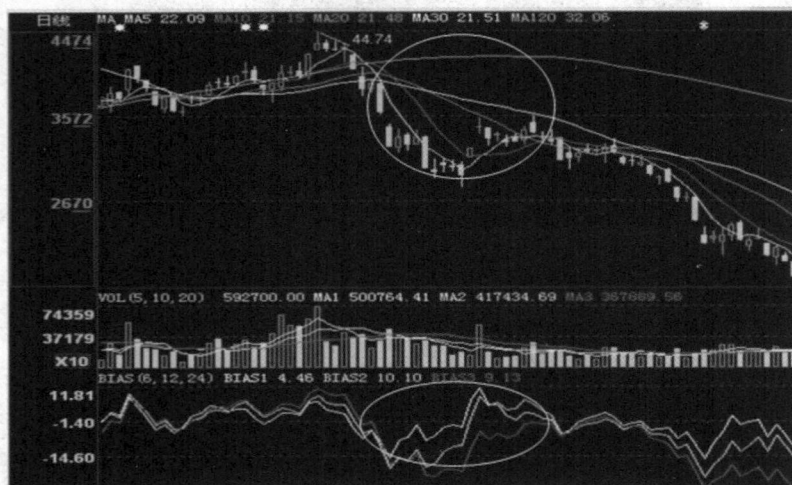

图7-28　BIAS 由负值变为正值

（5）当 MA 处于横向波动时，BIAS 随即进入盲区，即使 BIAS 由负值变为正值，实际上已经没有参考价值。此时，投资者只能参考其他技术分析方法。当 MA 向下移动时，BIAS 由正值变为负值，表明空方继续控制局势，应及时退出观望。当 MA 向上移动时，BIAS 由负值变为正值，表明整个局势在多方控制中，行情有可能继续向上发展，可继续持股待涨（如图 7-29 所示）。

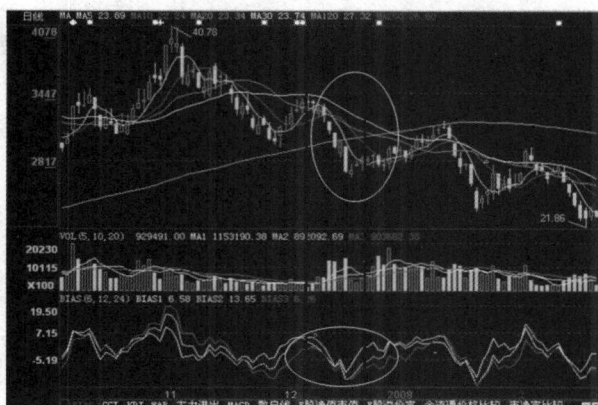

图7-29　BIAS的各种变化

（6）当BIAS接近历史最大值时，表明多方做多能量已到极限，行情随时会掉头向下，此时应分批出货，不应盲目跟进，如图7-30所示。

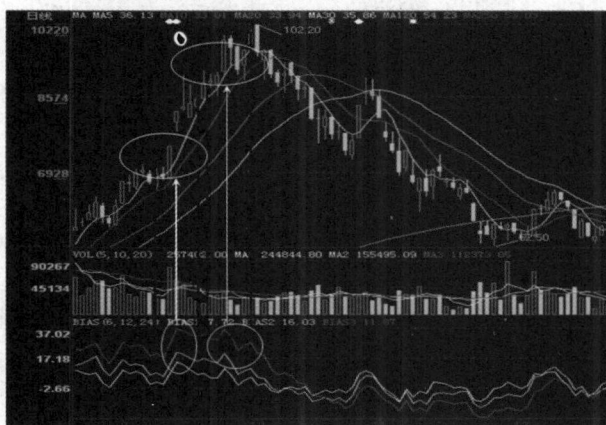

图7-30　BIAS接近历史最大值

（7）当BIAS接近历史最小值时，表明空方做空能量已到极限，行情随时会掉头向上，此时应积极做多，如图7-31所示。

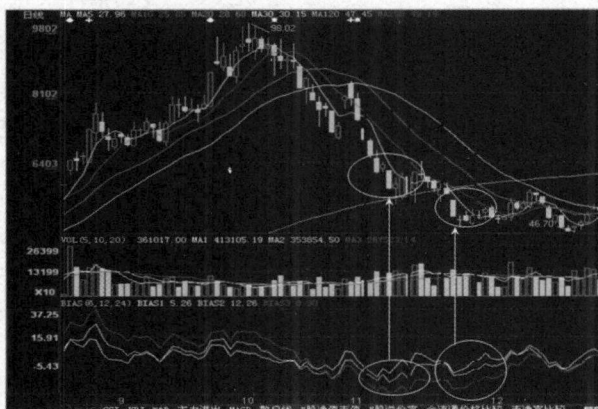

图7-31　BIAS接近历史最小值

任务六　相对强弱指标（RSI）分析

任务导入

图 7-32 是上证指数的技术分析图，图中上半部分为 K 线图，下半部分为相对强弱指标（RSI）。

图 7-32　上证指数的技术分析（相对强弱指标）

问题：

（1）图中的相对强弱指标的走势和上证指数的走势有没有关联？

（2）图中的相对强弱指标能够指导股票操作吗？

分析提示：相对强弱指标的实际运用范围也是比较广泛的，大家可以从行情软件中查找相应的指标，独立分析其规律，然后对照课本知识进行总结。

知识准备

一、相对强弱指标的概念

相对强弱指标（Relative Strength Index，RSI）是由韦尔斯·怀尔德（Welles Wilder）创造的，发表在他的《技术交易系统新思路》一书（1978 年版）中。该指标以某一特定时期内股价的变动情况推测价格未来的变动方向，并根据股价涨跌幅度显示市场的强弱（如图 7-33 所示）。

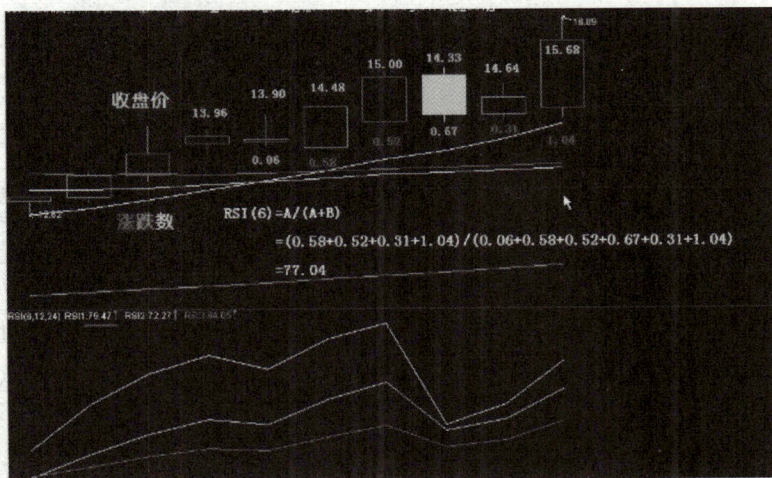

图7-33　相对强弱指标

二、相对强弱指标的构成

RSI 的参数是天数，即考虑的时间长度，一般有 5 日、9 日、14 日等。这里的 5 日与 MA 中的 5 日线是截然不同的。下面以 14 日为例，具体介绍 RSI（14）的计算方法，其余参数的计算方法与此相同。

先找到包括当天在内的连续 15 天的收盘价，用每一天的收盘价减去前一天的收盘价，得到 14 个数字。这 14 个数字中有正（比前一天高），有负（比前一天低），有零（与前一天相等）。令 A=14 个数字中正数之和，B=14 个数字中负数之和×（−1）。此时，A 和 B 都是正数。由此得出 RSI（14）：

$$\text{RSI（14）} = \frac{A}{A+B} \times 100 \tag{7.11}$$

式中：A 表示 14 天中股价向上波动的部分，代表了股价向上的动能；B 表示 14 天中股价向下波动的部分，代表了股价向下的动能；A+B 表示股价总的波动。RSI 实际上是表示向上波动的部分占总的波动的百分比，或者说表示了股价向上的动能占总的动能的比重，如果所占的比重大于 50 就是强市，否则就是弱市。

显然，RSI 的计算只涉及收盘价，并且可以选择不同的参数。RSI 的取值介于 0~100 之间。

三、相对强弱指标应用应注意的问题

1. 不同参数的两条或多条 RSI 曲线的联合使用

同 MA 一样，天数越多的 RSI 考虑的时间范围越大，结论越可靠，但速度也就越慢，这是无法避免的。参数小的 RSI 被称为短期 RSI，参数大的被称为长期 RSI。这样，两条不同参数的 RSI 曲线的联合使用法则可以完全照搬 MA 中的两条 MA 线的使用法则。

第一，如短期 RSI>长期 RSI，则属多头市场；第二，如短期 RSI<长期 RSI，则属空头市场。当然，这两条只是参考，不能完全照此操作。

2. 弱势与强势区域判断

这是指将 0~100 分成 4 个区域，根据 RSI 的取值落入的区域进行操作。划分区域的方法见表 7-1。

表 7-1　　　　　　　　　　　弱势与强势区域

RSI值	市场特征	投资操作
80~100	极强	卖出
50~80	强	买入
20~50	弱	卖出
0~20	极弱	买入

"极强"与"强"的分界线和"极弱"与"弱"的分界线是不明确的，换言之，这两个区域之间不能画一条截然分明的分界线，这条分界线实际上是一个区域。有的技术分析书籍中采用 30、70 或者 15、85，这些数字实际上是对这条分界线的大致描述。应该说明的是，这条分界线位置的确定与下面三个因素有关：第一，与 RSI 的参数有关。不同的参数，其区域的划分就不同。一般而言，参数越大，分界线离中心线 50 就越近，离 100 和 0 就越远。第二，与选择的股票有关。不同的股票，由于其活跃程度不同，RSI 所能达到的高度也不同。一般而言，越活跃的股票，分界线离 50 就应该越远；越不活跃的股票，分界线离 50 就越近。第三，与使用的时期有关。不同的时期，RSI 的波动有不同的表现，所选择的分界线也是有区别的。

随着 RSI 取值的从上到下，应该采取的行动是这样的一个顺序：卖出—买入—卖出—买入。市场进入强市，可以考虑买入，但是强过头了就该抛出。

3. 根据 RSI 的曲线形状判断行情

当 RSI 在较高或较低的位置形成头肩形和多重顶（底）时，是采取行动的信号。这些形态一定要出现在较高位置或较低位置，离 50 越远越好，这样结论越可信，出错的可能性就越小。形态分析中有关这类形态的操作原则，在这里都适用。

与形态分析紧密相连的趋势线在这里也有用武之地。RSI 在一波一波的上升和下降中，也提供了画趋势线的机会。这些起着支撑线和压力线作用的趋势线一旦被突破，就是采取行动的信号。

4. 背离分析

RSI 与 MACD 等技术分析指标一样，会与股价产生顶背离和底背离的现象。顶背离是指股价一峰比一峰高，而 RSI 指标一峰比一峰低，这是股价由上升趋势转为下降趋势的信号；底背离是指股价一谷比一谷低，而 RSI 指标一谷比一谷高，这是股价由下降趋势转为上升趋势的信号。

实践操作

运用相对强弱指标分析股票投资价值

（1）当 RSI 在低位（底部）形成 W 形、头肩底和三角形等形态时是最佳买点；当

RSI在高位（头部）形成M形、头肩顶和三角形等形态时是最佳卖点；当RSI运行到20以下时，进入超卖区，股价容易反弹；当RSI运行到80以上时，进入超买区，股价容易下跌（如图7-34所示）。

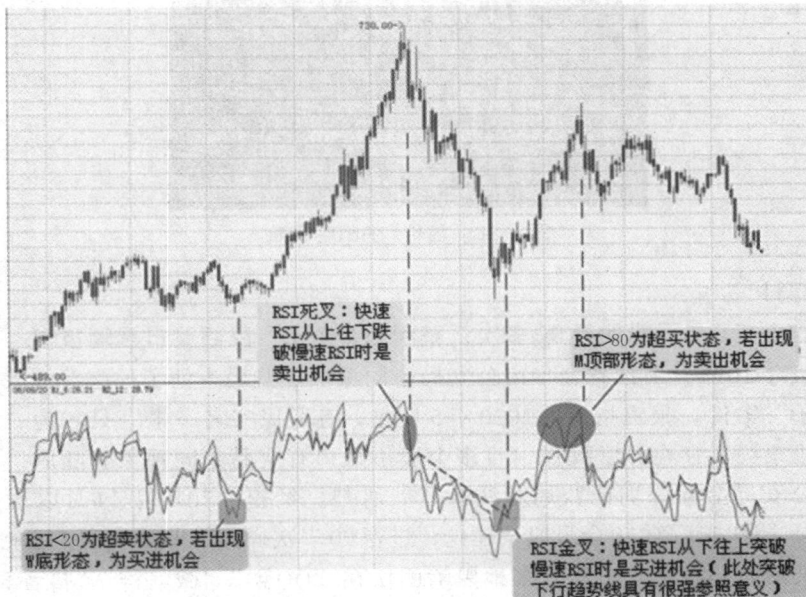

图7-34　RSI的基本应用方法

（2）在RSI中画趋势线来判断股票价格的走势（如图7-35所示）。

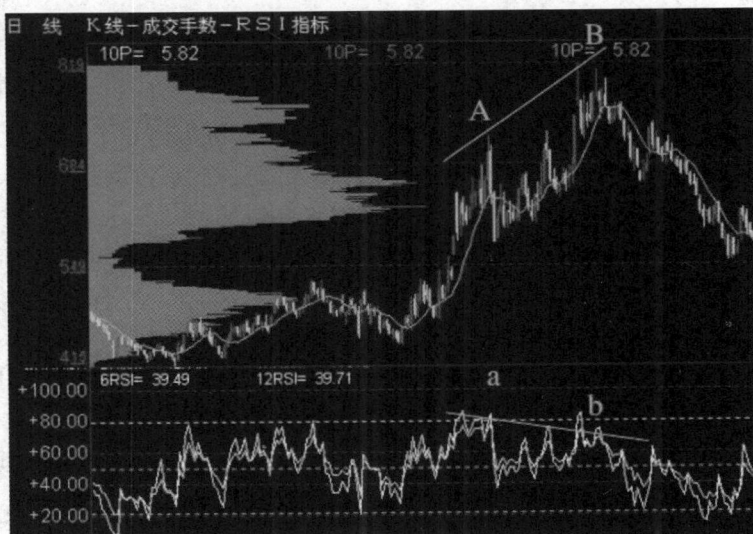

图7-35　RSI中的趋势线

（3）当股指或股价一波比一波低，而RSI相反，一波比一波高，产生底背离（如图7-36所示）时，股指或股价很容易反转上涨；当股指或股价一波比一波高，而RSI相反，一波比一波低，产生顶背离时，股指或股价很容易反转下跌。

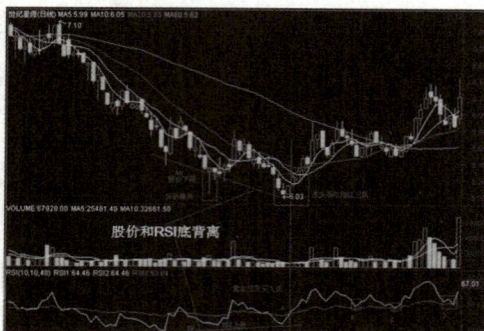

图7-36　股价和RSI底背离

【行业视窗】

坐庄2年操纵股票90多次，获利超2亿元！巨额股市黑嘴被查

2021年10月，浙江省金华市公安局会同深圳证监局查处了一起特大股市"黑嘴抢帽子"案件。报道指出，2020年5月底，有股民实名举报一只名为"阳泉煤业"的股票买卖存在异常操作，且多个股市账户有交易趋同现象。随后，浙江省金华市公安局会同深圳证监局对线索开展研判。经查，2019年11月以来，方某（方奕忠）团伙先后对70余只股票建仓，进行90多次操作，非法获利2亿余元。据悉，方某团队是在建仓后联合多地黑嘴团伙在"QQ群""微信群""抖音直播群"等社交媒体上对交易标的公开作出评价、预测或者投资建议，误导投资者买入。

资料来源：根据证监会官网资料整理。

评述：

"非法推荐基金"是指无资格机构和个人向投资者或客户等服务对象提供公募基金以及其他中国证监会认可的投资产品的投资建议，并直接或者间接获取经济利益的业务活动。"非法推荐股票期货"是指无资格机构和个人向投资者或客户提供证券期货投资分析、预测或建议等直接或间接有偿咨询服务的活动。

"非法推荐股票、基金、期货"行为模式主要包括：

1.网络直播、短视频推荐股票基金期货。主要指创建或利用互联网平台开设直播室或发布短视频，以"主播""播主""博主""圈主"等名义直接或间接推荐股票基金期货。

2.微博、微信推荐股票基金期货。主要指通过微博、微信等网络社交工具，以"股神""大V""老师"等名义直接或间接推荐股票基金期货。

3.软件推荐股票基金期货。主要指通过销售或提供推荐股票基金期货软件，提供股票、基金、期货品种的投资分析意见、选择建议、买卖时机建议，预测价格走势等。

4.培训推荐股票基金期货。主要指通过推销"理财""投资者教育""财商教育""炒股""买基"等课程，举办投资讲座、报告会、分析会等方式直接或间接推荐股票基金期货。

根据《中华人民共和国证券投资基金法》有关规定，"非法推荐基金（公募）"行为涉嫌擅自从事基金服务业务。根据《中华人民共和国证券法》有关规定，"非法推荐股票"行为涉嫌非法经营证券业务。根据《期货交易管理条例》有关规定，"非法推荐期货"行为涉嫌非法经营期货业务。

这就需要我们注意下面的一些事项：

1. 讲学习，重识辨，远离股市"黑嘴""黑群""黑 App"和非法荐股。

2. 不要迷信"内幕信息""股市黑马"，要理性判断、谨慎投资。

3. 不要轻信免费荐股电话、短信、微信和直播，谨防以推荐股票为名的电信诈骗活动。

4. 坚持理性投资，不信网络、电话等传销式蛊惑宣传，远离非法证券活动，防止上当受骗。

5. 不要迷信"炒股高手"，消除"天上掉馅饼"的幻想，改变"一夜暴富"心态，远离非法证券活动欺诈陷阱。

项目小结

本章主要介绍了技术分析指标，其可以帮助我们根据目前盘面上的数值来判断买卖时机。学习好技术分析指标有利于我们掌握市场的动向，更准确地进行投资。

技术分析指标在运用时要注意 7 个原则：

（1）指标的背离：指标的走向与价格走向不一致，这时应多加注意。

（2）指标的交叉：指标的快线与慢线发生相交，根据交叉的情况如"金叉""死叉"来判断未来价格的走向。

（3）指标的高低：指标处于什么状态，超买还是超卖。

（4）指标的形态：指标处于反转形态还是持续形态。

（5）指标的转折：指标是否发生了转向、调头。这种情况有时是一个趋势的结束和另一个趋势的开始。

（6）指标的钝化：指标已失去了敏感度。这主要发生在持续形态中。

（7）指标的适用范围：指标的定义和特性决定了它预测的周期和形态，中线预测指标不能用于短线分析，持续形态分析指标不能用于反转形态等。

过程考核

一、单项选择题

1. KDJ指标又称（　　）。

A. 人气指标　　　　B. 随机指标　　　　C. 能量指标　　　　D. 相对强弱指标

2. 下列各种技术指标中，属于趋势型指标的是（　　）。

A. WMS　　　　B. MACD　　　　C. KDJ　　　　D. RSI

3.今日 EMA（12）=2÷（12+1）×a+11÷（12+1）×b，其中 a、b 分别是（　　　）。

A.今日收盘价、今日 EMA（12）　B.昨日收盘价、昨日 EMA（12）

C.今日收盘价、昨日 EMA（12）　D.昨日收盘价、今日 EMA（12）

4.2014 年 4 月 30 日，某股票最高价为 13.88 元，DIF 值为 1.06，MACD 值为 0.76，4 月 30 日以后股价继续上涨，到 6 月 18 日达到最高价 16.35 元，此时 MACD 值为 0.70，DIF 值为 0.87。据此分析，正确的操作策略应该是（　　　）。

A.股价持续创新高，可以买入

B.指标未创新高，应当卖出

C.指标走势与股价走势形成顶背离的特征，股价可能反转下跌，应减仓

D.指标走势与股价走势形成底背离的特征，股价可能加速上扬，应适时增仓

5.表示市场处于超买或超卖状态的技术指标是（　　　）。

A.PSY　　　　　　　　B.BIAS　　　　　　　　C.MACD　　　　　　　　D.WMS

6.根据表 7-2 给出的条件，M 公司股票的短期（5 天）RSI 值为（　　　）。

表 7-2　　　　　　　　　　　　M 公司股票连续 6 天的收盘价　　　　　　　　　　　单位：元/股

第 1 天	第 2 天	第 3 天	第 4 天	第 5 天	第 6 天
10.00	10.50	10.20	10.60	10.40	11.00

A.75　　　　　　　　　　B.70　　　　　　　　　　C.80　　　　　　　　　　D.85

7.一般而言，当参数为 9 的 RSI>95 时，应该（　　　）。

A.持币观望　　　　　B.持股观望　　　　　C.买进　　　　　D.卖出

8.技术指标乖离率的参数是（　　　）。

A.天数　　　　　　　B.收盘价　　　　　　C.开盘价　　　　　D.MA

9.如果遇到由于突发的利多或利空消息而产生股价暴涨暴跌的情况，对数据分界线说法正确的是（　　　）。

A.对于综合指数，BIAS（10）>35% 为抛出时机

B.对于综合指数，BIAS（10）<20% 为买入时机

C.对于个股，BIAS（10）>30% 为抛出时机

D.对于个股，BIAS（10）<-15% 为买入时机

二、判断题

1.WMS 和 MACD 的计算只用到了收盘价。　　　　　　　　　　　　　　　　（　　）

2.MACD 在股市没有明显趋势时，失误的时候较少。　　　　　　　　　　　（　　）

3.MACD 能够表示股价的波动趋势，并追随这个趋势，不轻易改变。MA 则不具备这个保持追踪趋势的特性。　　　　　　　　　　　　　　　　　　　　　　（　　）

4.DIF 和 DEA 均为正值时，属多头市场。DEA 向上突破 DIF 是买入信号；DEA 向下跌破 DIF 只能认为是回落，作获利了结。　　　　　　　　　　　　　　　（　　）

5.可以根据 WMS 指标形成的形态进行判别，一般当 WMS 指标连续几次撞顶，形成双重或多重顶，则是卖出的信号。　　　　　　　　　　　　　　　　　　（　　）

6.KD 是在 WMS 的基础上发展起来的，所以 KD 有 WMS 的一些特性。　　（　　）

7.在低位，K、D来回交叉次数很多，则表明发出信号的可靠性减弱。　　　　（　　）

8.K线上穿D线的"右侧相交"是指K线在D线已经抬头向上时才同D线相交，比D线还在下降时与之相交，信号要可靠得多。　　　　　　　　　　　　　　　　　（　　）

9.BIAS的原理是如果股价偏离移动平均线太远，不管是在移动平均线上方还是下方，都有向平均线回归的要求。　　　　　　　　　　　　　　　　　　　　　　　（　　）

三、填空题

1.MACD与MA比较而言，前者较后者_____。

2.根据技术指标理论，WMS值越大，当日股价相对位置_____。

3.短期RSI>长期RSI，应属_____市场。

四、简述题

1.MACD指标的使用原则有哪些？

2.如何运用KDJ指标？

3.WMS指标在技术分析时如何应用？

项目实训

实训任务	综合运用各种基本分析和技术分析方法，选定一只个股，在对大盘进行分析研判的基础上，对该股进行综合分析与预测，制订对该股的操作计划，并说明理由
条件要求	能接入互联网的证券实验室
资料准备	无
考核要求	完成实训报告
实训过程提示	第一步，大盘分析（基本面、技术面）；第二步，个股分析（基本面、技术面）；第三步，写出个股操作计划并说明理由
实训报告	

［1］墨菲．期货市场技术分析［M］．丁圣元，译．北京：地震出版社，1994．

［2］哈根．现代投资学［M］．郭世坤，等译．北京：中国财政经济出版社，1992．

［3］夏普．投资学［M］．赵锡军，等译．5版．北京：中国人民大学出版社，1998．

［4］吴晓求．证券投资学［M］．北京：中国金融出版社，1998．

［5］李英．证券投资学［M］．北京：中国经济出版社，2008．

［6］张启富．证券投资概论［M］．上海：上海财经大学出版社，2019．

［7］赵文君．证券投资理论与实务．［M］．北京：北京邮电大学出版社，2016．

［8］中国证券业协会．证券市场基础知识［M］．北京：中国财政经济出版社，2017．

［9］何平林，李涛．证券投资分析［M］．北京：清华大学出版社，2017．

［10］中国证券投资基金业协会．证券投资基金［M］．北京：高等教育出版社，2018．

［11］刘旭东、赵红梅．金融法规［M］．大连：东北财经大学出版社，2020．

［12］高泽金、郑兴．个人理财实务［M］．大连：东北财经大学出版社，2021．

［13］刘大赵．证券投资基金［M］．大连：东北财经大学出版社，2023．

［14］郝晶．投资者关注与公司整理［M］．北京：中国金融出版社，2022．

［15］李以学．私募证券FOF基础与投资实务［M］．北京：中国金融出版社，2022．